KB072495

독자의 1초를 아껴주는 정성!

세상이 아무리 바쁘게 돌아가더라도
책까지 아무렇게나 빨리 만들 수는 없습니다.
인스턴트 식품 같은 책보다는
오래 익힌 술이나 장맛이 밴 책을 만들고 싶습니다.

길벗이지톡은 독자여러분이
우리를 믿는다고 할 때 가장 행복합니다.
나를 아껴주는 어학도서,
길벗이지톡의 책을 만나보십시오.

독자의 1초를 아껴주는
정성을 만나보십시오.

미리 책을 읽고 따라해본 2만 베타테스터 여러분과
무따기 체험단, 길벗스쿨 엄마 2% 기획단,
시나공 평가단, 토익 배틀, 대학생 기자단까지!
믿을 수 있는 책을 함께 만들어주신 독자 여러분께 감사드립니다.

(주)도서출판 길벗 www.gilbut.co.kr
길벗 이지톡 www.gilbut.co.kr
길벗 스쿨 www.gilbutschool.co.kr

mp3 파일 다운로드 무작정 따라하기

길벗 홈페이지 (www.gilbut.co.kr)로 오시면 오디오 파일 및 관련 자료를 다양하게 이용할 수 있습니다.

1단계 도서명 ▼ [　　　　　　　　　] 검색 에 찾고자 하는 책이름을 입력하세요.

2단계 검색한 도서로 이동하여 〈자료실〉 탭을 클릭하세요.

3단계 mp3 및 다양한 서비스를 받으세요.

전체 대본으로 배우는

스크린 일본어회화

어그레시브 레스고

스크린 일본어회화 – 어그레시브 레츠코
Screen Japanese - Aggretsuko

초판 발행 · 2022년 6월 30일

해설 · 김진아
발행인 · 이종원
발행처 · (주)도서출판 길벗
브랜드 · 길벗이지톡
출판사 등록일 · 1990년 12월 24일
주소 · 서울시 마포구 월드컵로 10길 56(서교동)
대표 전화 · 02)332-0931 | **팩스** · 02)323-0586
홈페이지 · www.gilbut.co.kr | **이메일** · eztok@gilbut.co.kr

기획 및 책임 편집 · 오윤희(tahiti01@gilbut.co.kr) | **디자인** · 최주연 | **제작** · 이준호, 손일순, 이진혁
마케팅 · 이수미, 장봉석, 최소영 | **영업관리** · 심선숙 | **독자지원** · 윤정아, 최희창

편집진행 및 교정 · 이정주 | **원어민 감수** · 尾崎達治 | **전산편집** · 수(秀) 디자인 | **오디오 녹음 및 편집** · 와이알미디어
CTP 출력 및 인쇄 · 예림인쇄 | **제본** · 예림바인딩

ISBN　979-11-6521-986-4 03730 (길벗 도서번호 301120)

정가 24,000원

독자의 1초까지 아껴주는 정성 길벗출판사
길벗 | IT실용서, IT/일반 수험서, IT전문서, 경제경영서, 취미실용서, 건강실용서, 자녀교육서
더퀘스트 | 인문교양서, 비즈니스서
길벗이지톡 | 어학단행본, 어학수험서
길벗스쿨 | 국어학습서, 수학학습서, 유아학습서, 어학학습서, 어린이교양서, 교과서

페이스북 · www.facebook.com/gilbuteztok
네이버 포스트 · http://post.naver.com/gilbuteztok
유튜브 · https://www.youtube.com/gilbuteztok

전체 대본으로 배우는

스크린 일본어회화

해설 김진아

재미와 효과를 동시에 잡는 최고의 학습법! <어그레시브 레츠코> 전체 대본으로 나도 주인공처럼 말한다!

재미와 효과를 동시에 잡는 최고의 일본어 학습법!

애니메이션이나 드라마로 일본어 공부를 하는 것은 이미 많은 언어 고수들에게 검증된 학습법이자, 많은 이들이 입을 모아 추천하는 학습법입니다. 재미는 기본이고, 구어체의 생생한 일본어 표현과 자연스러운 발음까지 익힐 수 있기 때문이죠. 잘만 활용한다면, 원어민 과외나 학원 없이도 살아 있는 일본어를 익힐 수 있는 최고의 방법입니다. 일본어 공부가 지루하게만 느껴진다면, 비싼 학원이나 인강을 끊어놓고 효과를 보지 못했다면, 재미와 실력을 동시에 잡을 수 있는 영상 매체로 일본어 공부에 도전해 보세요!

애니메이션, 선택이 중요하다!

일본어 학습을 위한 최적의 장르로 애니나 드라마를 꼽는 사람이 많은데, 그중에서도 애니는 성우들의 깨끗한 발음으로 더빙되어 있기 때문에 듣기와 발음 훈련에도 많은 도움이 된다는 장점이 있습니다. 하지만 일본어 학습을 위해서는 애니 장르를 신중하게 골라야 합니다. 자칫하면 현실과 동떨어진 일본어와 잘못된 어투를 익힐 수 있기 때문이죠. 그렇다면 어떤 애니로 일본어 공부를 하는 것이 좋을까요? 비현실적인 설정이 기반이 되는 애니는 피하고 일상생활이 주가 되는 애니를 고르는 것이 중요합니다. 실생활에서 자주 쓰지 않는 용어나 단어가 많이 나오는 장르, 속어나 사투리가 많이 나오는 작품도 처음에는 피하는 것이 좋습니다.

이 책은 넷플릭스에서 방영 중인 〈어그레시브 레츠코 시즌1〉의 대본을 소스로 합니다. 내용은 오피스 드라마로, 대부분의 에피소드가 현실 직장인들의 일상을 담고 있습니다. 이 책으로 현지에서 사용하는 신선하고 리얼한 표현을 배워보세요.

가장 실용적인 30장면만 뽑아 효과적으로 공부한다!

대본도 구해놓고 영상도 준비했는데 막상 시작하려니 어떻게 공부를 해야 할지 막막하다고요? 애니를 통해 일본어 공부를 시도하는 사람은 많지만 좋은 결과를 봤다는 사람을 찾기는 쉽지 않습니다. 어떻게 해야 효과적으로 일본어를 공부할 수 있을까요? 무조건 많이 보면 될까요? 아니면 무조건 대본만 달달 외우면 될까요? 이 책은 시간 대비 최대 효과를 볼 수 있는 학습법을 제시합니다. 전체 스크립트를 수록하면서도 가장 실용적인 표현이 많이 나오는 30장면을 뽑았습니다. 실용적인 표현이 많이 나오는 대표 장면 30개만 공부해도, 훨씬 적은 노력으로 전체 대본을 학습하는 것만큼의 효과를 얻을 수 있죠. 또한 이 책의 3단계 훈련은 30장면 속 표현을 효과적으로 익히고 활용하는 데 도움을 줍니다. ❶ 핵심 표현 설명을 읽으며 표현에 대해 전반적으로 이해한 후 ❷ 패턴으로 표현을 확장하는 연습을 하고 ❸ 확인학습으로 익힌 표현들을 되짚으며 애니 속 표현을 확실히 익히는 것이죠. 유용한 표현이 가득한 30장면과 체계적인 3단계 훈련으로 애니 속 표현들을 내 것으로 만드세요!

이 책은 스크립트북과 워크북, 전 2권으로 구성되어 있습니다. 이 책은 스크립트북으로 전체 대본과 번역, 주요 단어와 표현 설명을 포함합니다. 각 Day마다 가장 실용적인 표현이 많이 나오는 '바로 이 장면!'이 표시되어 있습니다. 이 장면을 워크북에서 집중 훈련합니다.

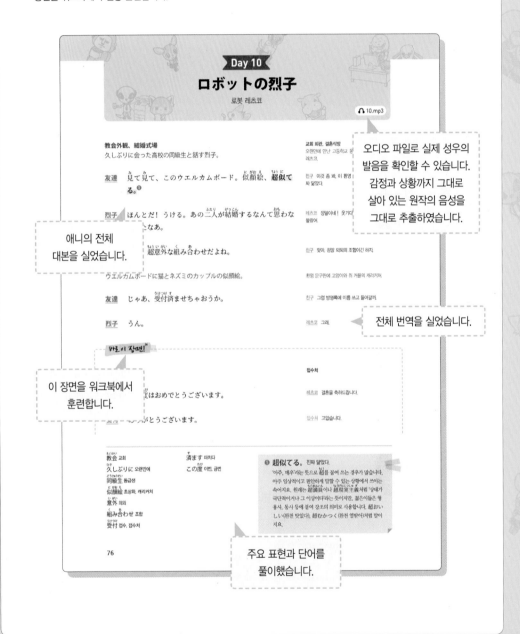

애니의 전체 대본을 실었습니다.

이 장면을 워크북에서 훈련합니다.

오디오 파일로 실제 성우의 발음을 확인할 수 있습니다. 감정과 상황까지 그대로 살아 있는 원작의 음성을 그대로 추출하였습니다.

전체 번역을 실었습니다.

주요 표현과 단어를 풀이했습니다.

레츠코

무역 회사 경리부에서 일하고 있어요. 무리하게 일만 밀어붙이는 상사와 제멋대로인 동료 때문에 나날이 스트레스를 받고 있습니다. 스트레스가 쌓이면 참지 못하고 혼자 노래방에서 데스메탈을 부르며 스트레스를 해소하곤 합니다.

릴라

재능과 노력을 겸비한 마케팅부의 부장이에요. 외모와 다르게 굉장히 섬세한 내면의 소유자이며, 자신의 생각과 감정을 표현하는 것이 무척 서투르답니다.

수리미

사장의 비서로 일하고 있어요. 사장이 신경 쓰지 못한 곳에서 일을 척척 해내는 능력자예요. 회사에서 이성적이고 쿨한 모습을 유지하느라 정작 본인 속은 말이 아니라고 하네요.

페네코

레츠코와 동기이며 꼼꼼한 성격에 분석을 매우 잘해요. 레츠코와는 고민을 함께 나누는 친구이지만 사생활에 대해서는 공유하지 않아요.

하이다

레츠코와 동기이며 상사에게 신임을 얻기 위해 노력하는 타입입니다. 자꾸만 신경이 쓰이는 레츠코에게 호감을 느끼고 있어요.

황돈

레츠코가 일하는 경리부의 부장이에요. 상당히 꼰대적인 사고방식을 가지고 있어서 여자가 차를 대접해야 한다고 생각합니다. 기분 좋은 날과 나쁜 날의 차이가 확연하여 부하 직원들은 그의 눈치를 살펴야 해요.

烈子の忙しい朝

레츠코의 바쁜 아침

🎧 01.mp3

入社式の会場
社長が壇上で話す。

入社式이 열리는 장소
사장이 단상에 올라 말한다.

社長 入社おめでとうございます。本日は皆さんが新社会人として、そして我が社の一員として記念すべき第一歩を踏み出す日です。

사장 입사를 축하드립니다. 오늘은 여러분이 새로운 사회인으로서, 또한 우리 회사의 일원으로서 기념할 만한 첫발을 내딛는 날이죠.

リクルートスーツに身を包んだ烈子。希望に満ち溢れた表情。

정장 차림의 레츠코. 희망에 넘치는 표정이다.

烈子 [私の名前は烈子。都内の企業に就職が決まり、今日から新生活が始まります。]

레츠코 [제 이름은 레츠코입니다. 도쿄 내에 있는 기업에 취직이 결정되어 오늘부터 새로운 생활이 시작됩니다.]

会場の外、桜並木
青空に映える桜を見上げる烈子。

회장 바깥, 벚꽃 가로수 길
푸른 하늘을 배경으로 빛나는 벚꽃을 올려다보는 레츠코

烈子 [新しい土地、新しい出会い、私の進む先に輝く希望あふれる未来!]

레츠코 [새로운 장소, 새로운 만남, 제가 앞으로 나아갈 곳에 빛나는 희망 가득한 미래!]

走りだす烈子。

달리기 시작하는 레츠코.

烈子 [よーし! これが私の社会人生活第一歩!]

레츠코 [좋았어! 이제부터 나도 사회인으로서의 생활에 첫발을 내딛는 거야!]

笑顔で高く飛び上がる烈子。桜吹雪、スローモーション。そして着地。グキッと思い切り足をくじく。

웃으며 높게 뛰어오르는 레츠코. 벚꽃이 흩날리고, 슬로 모션. 그리고 착지. 삐끗 하고 심하게 발목을 삔다.

デス烈子 ぎゃああああ!

데스 레츠코 꺄아아아아악!

会場 회장, 모임이 열리는 장소
壇上 단상
本日 오늘
皆さん 여러분
新社会人 새로운 사회인
踏み出す 발을 내디디다. 출발하다.
リクルートスーツ 신입 사원용 슈트

包む 감싸다, 두르다
満ち溢れる 가득 차서 넘치다
都内 도내 (도쿄도 내부 지역)
並木 가로수
映える (빛을 받아) 빛나다
見上げる 올려다보다
出会い 만남

進む (앞으로) 나아가다
輝く 빛나다, 반짝이다
走りだす 달리기 시작하다
飛び上がる 뛰어오르다
桜吹雪 벚꽃이 눈보라처럼 흩날리는 모양
思い切り 실컷, 세게
足をくじく 발목을 삐다

10

絶望の始まり。

入社から 5 年後。

烈子の部屋
雑然とちらかっている。脱ぎ捨てられた衣服。テーブルの上、食いかけのコンビニ弁当。布団から伸びた手がアラームを止める。のそりと布団から顔を出す烈子。

烈子　会社行きたくない。

再び布団にもぐる。アラームが再び鳴り始める。再び、乱暴にアラームを止める。

烈子　**10数えたら起きる。**❶ 10数えたら私は、模範的な社会人。1、2、3、4、5、6、7、8、9……10。

デスメタルが鳴り響く中、顔を洗い、食パンを牛乳で流し込み、朝の身支度を済ませる。

烈子　財布持った! 定期持った! 携帯持った! 忘れ物なし!

玄関に向かって走る。しかし、また戻ってくる。

烈子　忘れた!

部屋に転がっているカラオケ用のマイクを手にとる。

절망의 시작.

입사 5년 후.

레츠코의 방
너저분하게 어질러져 있다. 벗어 던져진 옷가지. 테이블 위에는 먹다 남긴 편의점 도시락. 이불 밖으로 뻗어 나온 손이 알람 시계를 끈다. 느릿하게 이불에서 얼굴을 내미는 레츠코.

레츠코　회사 가기 싫다.

다시 이불 속으로 기어들어 간다. 알람 시계가 다시 울리기 시작한다. 또다시, 거칠게 알람 시계를 끈다.

레츠코　열까지 세고 일어나야지. 열까지 세고 나면 난, 모범적인 사회인이 되는 거야. 1. 2. 3. 4. 5. 6. 7. 8. 9…… 10.

데스메탈이 울려 퍼지는 중, 세수하고 식빵을 우유와 함께 흘려 넣고 아침 몸단장을 끝낸다.

레츠코　지갑 있고! 정기권 있고! 핸드폰도 있어! 잊은 물건 없음!

현관을 향해 달려간다. 그러나 다시 되돌아온다.

레츠코　깜빡했다!

방에 굴러다니고 있는 노래방용 마이크를 집어 든다.

雑然 어수선한 모양새

ちらかる 어질러지다

脱ぎ捨てる 옷을 벗어 던지다

食いかけ 먹다 만 음식

布団 이불

のそり 느릿느릿

もぐる (안쪽으로) 파고들다

数える 수를 세다

鳴り響く 울려 퍼지다

流し込む 흘려 넣다

身支度 몸단장

済ませる 끝내다. 마치다

定期 정기 승차권(定期乗車券의 준말)

転がる 굴러다니다

❶ **10数えたら起きる。**
열까지 세고 일어나야지.

10まで数える는 '10까지 세다'라는 뜻입니다. 여기서는 まで가 회화적으로 생략되었지요. 起きる는 '(그 자리에서 벌떡) 일어나다'라는 뜻도 있지만, 여기서처럼 '기상하다'라는 뜻으로 쓸 때도 많습니다. 아침 기상과 관련하여 早起き '일찍 일어나는 일, 일찍 일어나는 사람'이라는 표현도 알아둡시다.

電車内
電車の走行音。太ったサラリーマン達につぶされそうな烈子。烈子の視線の先に吊り広告。「転職」の二文字。

전철 안
전철이 달리는 소리. 뚱뚱한 회사원들 사이에서 찌부러질 듯한 레츠코. 레츠코의 시선 끝에 매달려 있는 광고. '이직'이라는 두 글자.

キャラリーマン商事株式会社の自社ビルの前
会社のビルを見上げる烈子。暗い気持ちを振り払うように顔をふり、気持ちを入れ替える。

캐러리맨 상사 주식회사 빌딩 앞
회사 빌딩을 올려다보는 레츠코. 어두워진 기분을 떨쳐버리듯 고개를 젓고, 마음을 고쳐먹는다.

烈子　ハア……。ん?

레츠코　하아…… 으음?

一歩踏み出すが……違和感を覚える烈子。その踏み出した足がクロックス風のサンダル。

그렇게 한 걸음 내딛지만…… 위화감을 느끼는 레츠코. 그 내디딘 발이 크록스 샌들.

烈子　あああああっ! サ……**サンダルで来ちゃった。**[2] 超ありえない。

레츠코　아아아아아아아앗 새…… 샌들 신고 와버렸네. 세상에, 말도 안 돼.

恥ずかしさで頬を赤く染める烈子。

부끄러움에 뺨을 붉히는 레츠코.

바로 이 장면! *

烈子　[大丈夫。どうせすぐ制服に着替えるし。]

레츠코　[괜찮아. 어차피 곧 유니폼으로 갈아입을 거니까.]

会社に入っていく烈子。

회사 안으로 들어가는 레츠코

会社のエントランスホール
柱の影に隠れながら、キョロキョロとエントランスホールを進む烈子。

회사의 입구 홀
기둥 그림자에 숨으면서 두리번거리며 입구 홀을 지나가는 레츠코

烈子　[もし途中で誰かと会ったら、不思議な踊りを踊って、上半身に注意を引き付ければ、多分気付かれない。]

레츠코　[만약 도중에 누군가 만나면, 이상한 춤을 춰서 상반신으로 주의를 끌면 아마 안 들킬 거야.]

柱の影から顔を出し、エレベーターホールの様子を確認する。

기둥 그림자 속에서 얼굴을 내밀고, 엘리베이터 홀의 상황을 확인한다.

つぶす 찌부러뜨리다
吊り広告 (전철, 버스 통로에 매단) 광고
自社 자기가 경영하는 (또는 소속된) 회사
見上げる 올려다보다
振り払う 떨쳐내다
気持ちを入れ替える 마음을 고쳐먹다
覚える 느끼다

ありえない 있을 수가 없다
赤く染める 붉게 물들이다
着替える 옷을 갈아입다
隠れる 숨다
きょろきょろ 두리번두리번
踊る 춤추다
注意を引き付ける 주의를 끌다
様子 상태, 상황

[2] サンダルで来ちゃった。
샌들 신고 와버렸네.

サンダル(샌들)는 쉽게 벗고 신을 수 있게 끈이나 밴드로 고정하는 실외화라는 뜻입니다. 즉, 집에 있다가 슈퍼 등에 갈 때 아무렇게나 대충 신고 나가는 슬리퍼를 의미하지요. 우리나라에서는 슬리퍼가 이렇게 대충 신고 나가는 신발을 말하지만, 일본에서 スリッパ(슬리퍼)는 뒷굽이 평평한 실내화라는 뜻입니다.

烈子	[前方にエレベーターホール。あの集団がいなくなったタイミングで突入する。]

すると、烈子の背後から屈託のない声が聞こえる。

角田	おはようございます、烈子先輩！

烈子	え〜！ つ……角田さん！

うわずった声を出しながら、目くらましの奇妙な踊りを踊る烈子。

角田	何ですか、その動き？

烈子	ん？ えーと……踊ってるだけ。

角田	金曜の飲み会の幹事の件、ありがとうございました〜。私の仕切り下手のせいで、先輩に全部やっていただく形になっちゃって。

烈子を見る角田の視線がゆっくりと下がっていく。

角田	思ったんですよ、烈子先輩って……。

サンダルを凝視する角田。

角田	……。

烈子	……。

레츠코 [전방에 엘리베이터 홀이다. 저 사람들이 다 없어졌을 때 달려가는 거야.]

그때 레츠코의 등 뒤에서 천진한 목소리가 들려온다.

쓰노다 안녕하세요, 레츠코 선배!

레츠코 앳 쓰…… 쓰노다 씨!

놀라서 새된 목소리를 내며, 눈속임용의 괴상한 춤을 추는 레츠코

쓰노다 왜 그렇게 움직이세요?

레츠코 응? 어어…… 그냥 춤추는 거야.

쓰노다 금요일 회식 때 간사 해주셔서 감사했어요. 제가 그런 진행을 잘 못해서, 선배가 전부 해준 모양새가 돼서.

레츠코를 보는 쓰노다의 시선이 천천히 아래로 내려간다.

쓰노다 그런 생각이 들더라고요. 레츠코 선배는…….

샌들을 가만히 응시하는 쓰노다.

쓰노다 …….

레츠코 …….

突入する 돌입하다, 기세 좋게 안으로 들어가다
屈託 걱정, 염려
うわずった声 (놀라서) 이상한 느낌으로 내는 새된 목소리
目くらまし 눈속임
飲み会 회식, 술자리
仕切り (일 등의) 진행

下手 (솜씨 등이) 서투름
形 형태
凝視する 응시하다

角田、思い出したように笑顔を作る。

쓰노다. 뭔가 생각이 났다는 듯 미소를 짓는다.

角田 優しくて素敵な人だなあって!

쓰노다 친절하고 대단한 사람인 것 같다고요!

烈子 [スルーかよ!❸]

레츠코 [지금 일부러 못 본 척했어!]

烈子 ああ、えっと、このサンダル? バカだよね、私!
今朝、慌てて家出たから、うっかり間違えて……ん?
あれ?

레츠코 아, 그러니까, 이 샌들 말이지? 나도 참 바보 같기 뭐야! 아침에 서둘러 집을 나오느라 깜박 실수하는 바람에…… 응? 어어?

烈子が顔を上げて角田を見ると、角田はエレベーターの中に納まっている。

레츠코가 얼굴을 들어 쓰노다를 쳐다보니, 쓰노다는 이미 엘리베이터 안에 들어가 있다.

角田 またご一緒してくださ〜い。

쓰노다 다음에 또 같이 얘기해요.

烈子 えっ、ちょっと!

레츠코 앗, 잠깬!

ドアが閉まる瞬間、ブブッと吹き出す角田。

문이 닫히는 순간, 푸흡 하고 웃음을 터뜨리는 쓰노다.

角田 先行ってま〜す。ブブッ……。

쓰노다 먼저 갈게요! 푸흡…….

エレベーターの扉が閉まり、置き去りにされる烈子。

엘리베이터 문이 닫히고, 홀로 남겨진 레츠코.

烈子 ちょっとおおお!

레츠코 잠깐만!

更衣室前
烈子、ドアの前で眉間にできたシワを指でこすり、深呼吸をする。

탈의실 앞
레츠코, 문 앞에서 미간에 생긴 주름을 손가락으로 문지르며 심호흡을 한다.

烈子 フウ……。よし!

레츠코 후우……. 좋아!

思い出す 생각해 내다
慌てる 허둥대다, 당황하다
うっかり 무심코, 깜박
間違える 착각하다, 실수하다
納まる 수납되다, 쏙 들어가 있다
一緒 같이, 함께
吹き出す 웃음을 터뜨리다

置き去り 혼자 내버려 두고 가버림
更衣室 탈의실
眉間 미간
しわ 주름
こする 문지르다, 비비다

> ❸ **スルーかよ!** 지금 일부러 못 본 척했어!
> 여기서 スルー는 영어 through(〜을 관통하여)의 일본어 발음으로, 무시하거나 못 본 척하는 것을 의미합니다. 거기에 [명사·형용사 + 〜かよ]의 형식으로 말하면 주로 상대에 대한 지적이나 추임새의 뉘앙스가 있지요. 이런 지적이나 추임새를 츳코미(ツッコミ)라고 하며, 주로 만담 개그에서 자주 사용된답니다.

更衣室
ドアを開ける。

탈의실
문을 연다.

カバ恵 烈子ちゅわ～ん！ ねぇ、ねぇ、この噂聞いた？ こだけの話なんだけど、ダレソレがアレして、ナニがコレして、ブッワ～みたくなって、アッソッコがドーンって……すごくない？ すごくない？ ていうか、うちの甥っ子の写真見る？

가바에 레츠코! 있지, 그 소문 들었어? 우리끼리만 하는 말인데, 그 사람들이 그래서 이런저런 일을 하고 그렇게 돼서, 그게 또 엄청나게 됐다나 뭐야……. 대단하지? 그렇지? 그나저나, 우리 조카 사진 볼래?

室内を跳ねるカバ恵の勢いにドン引きする烈子。

실내를 폴짝거리며 돌아다니는 가바에의 기세에 질겁하는 레츠코.

烈子 ああ～かわいいですね……。

레츠코 와, 귀엽네요…….

カバ恵 アッソッコがドーンの感想？

가바에 '엄청난 거'에 관한 감상이야?

烈子 いえ、甥っ子さんのほう。

레츠코 아니요, 조카분요.

カバ恵 でっしょ～！ ありがとう～！

가바에 그렇지? 고마워!

入り口から、社員が入ってくる。

입구에서 직원이 들어온다.

ワラビ田 おはようございます。

와라비다 좋은 아침입니다.

カバ恵 おはよう～！ ねぇ、ねぇ、あの話聞いた？ ここだけの話だけど……。

가바에 좋은 아침 있지, 그 얘기 들었어? 우리끼리만 하는 말인데…….

烈子 ふぅ……。

레츠코 후우…….

フェネ子 烈子、おはよう。

페네코 레츠코, 안녕.

噂 소문
ここだけの話 여기서 우리끼리만 하는 이야기
甥っ子 조카
跳ねる 뛰다. 뛰어오르다
勢い 기세
ドン引き 어떤 발언이나 행동에 의해 분위기가
　　　　깨지거나 썰렁해지는 상태

15

烈子	あっ、フェネ子、おはよう。朝から疲れたよ。さっき下で角田さんと会ってさ。
	レ츠코 아, 페네코, 안녕. 아침부터 지치네. 방금 밑에서 쓰노다 씨를 만났어.
フェネ子	角田……。私、あの子嫌い。
	페네코 쓰노다……. 나, 걔 싫어.
烈子	え〜。
	레츠코 정말?
烈子	[うん。私も苦手。]
	레츠코 [응. 나도 걔 별로야.]
フェネ子	私あの子のアカウント、フォローしてんだけどさ、分析の結果、分かったんだよね。周期。
	페네코 나, 걔 SNS 계정 팔로우하는데, 분석해 본 결과, 주기를 알아냈어.
烈子	周期?
	레츠코 주기?
フェネ子	あの子がアイドル気取りでSNSにアップする写真。ほら見て。
	페네코 걔가 아이돌이나 된 것처럼 SNS에 올리는 사진들이야. 봐봐.
スマホを取り出し、角田のSNSを表示させる。	스마트폰을 꺼내 쓰노다의 SNS를 화면에 띄운다.
フェネ子	自撮り、スイーツ、ラテアート、 自撮り、スイーツ、ラテアート、 自撮り、スイーツ、 自撮り、スイーツ、 自撮り、自撮り、生足。 正確に13日に一度のリズムで生足放り込んでくんの。もっかい言うね。 自撮り、スイーツ、ラテアート、 自撮り、スイ……。
	페네코 셀카, 디저트, 라테 아트, 셀카, 디저트, 라테 아트, 셀카, 디저트, 셀카, 디저트, 셀카, 셀카, 맨다리. 정확히 13일에 한 번꼴로 맨다리 사진을 올려. 다시 한번 말할게. 셀카, 디저트, 라테 아트, 셀카, 디저…….

疲れる 지치다

嫌い 싫다, 마음에 들지 않다

苦手 대하기 거북하고 싫은 사람

アカウント (SNS 등의) 계정

フォロー 팔로우

〜気取り 〜하는 체험

取り出す 꺼내다

自撮り 셀카, 자기 자신의 사진을 찍는 일

生足 맨다리

放り込む (아무렇게나) 던져 넣다

もっかい 한 번 더 (もう一回の준말)

烈子　あっ、もう大丈夫。

フェ子がスカートから伸びた太ももにペットボトルのお茶を乗せた写真を指す。

フェ子　この写真、見せたいのはペットボトルじゃなくて太ももだからね。分かってる？

烈子　う……うん。

フェ子　で、土曜に投稿された写真が生足。これ、いつもの周期より三日早いの。多分、急に見せたい男が出来たんだと思う。金曜の飲み会が怪しいんだよね。

社内の廊下

角田　あっ、フェ子先輩、おはようございま～す！

フェ子　おはよう！

超笑顔のフェ子。

フェ子　あっ、角田、ネイル変えた？

角田　あっ、そうなんですよ。初めて行ったお店なんですけど～。

フェ子　やばい、超かわいい～。

態度を180度変えたフェ子と角田のやりとりを目の当たりにして、しらけた顔の烈子。

레츠코　아, 이제 그만해도 돼.

페네코가 스커트에서 뻗어 나온 허벅지에 차 페트병을 얹은 사진을 가리킨다.

페네코　이 사진에서 보여주려는 건 페트병이 아니라 허벅지야. 알겠어?

레츠코　으…… 응.

페네코　그리고 토요일에 올라온 사진이 바로 맨다리야. 이건 평소의 주기보다 사흘 빨라. 아마 갑자기 보여주고 싶은 남자가 생긴 거겠지. 금요일 회식이 의심스럽네.

회사 내부 복도

쓰노다　앗, 페네코 선배, 안녕하세요!

페네코　안녕!

활짝 웃는 페네코

페네코　아, 쓰노다, 네일 새로 했어?

쓰노다　아, 맞아요. 처음 가본 가게였지만요.

페네코　세상에, 진짜 귀엽다.

태도를 180도 바꾼 페네코와 쓰노다의 대화하는 모습을 보고, 어색한 표정을 짓는 레츠코.

太もも 허벅지
投稿する 투고하다, (인터넷 등에) 글을 올리다
三日 사흘, 3일
急に 갑자기
怪しい 의심스럽다, 수상하다
廊下 복도
変える 바꾸다, 변하다

やりとり (물건, 말 등을) 주고받음
目の当たりにする 눈앞에서 직접 보다
しらけた顔 어색한 표정

経理部のオフィス、本当の戦場

경리부 사무실, 진짜 전쟁터

🎧 02.mp3

経理部のオフィス
烈子、自分の席に座る。

경리부 사무실
레츠코, 자기 자리에 앉는다.

烈子 [まあ、まあ、まあ、まあ、朝からちょっと疲れる職場だけど、これくらいは学生時代でもよくあったことです。本当の戦場は、ここ。私が所属する経理部のオフィス。]

레츠코 [뭐, 이런 것쯤이야. 아침부터 좀 지치는 직장이지만, 이런 건 학생일 때도 자주 겪었던 일이죠. 진짜 전쟁터는 여기. 제가 소속된 경리부 사무실입니다.]

ズシーン！地響き。

쿠웅! 땅이 울리는 소리.

烈子 [上司という名のモンスターが生息する場所。]

레츠코 [상사라는 이름의 괴물이 서식하는 곳.]

ズシーン！

쿠웅!

烈子 [そして、そのモンスターの頂点に君臨する、ラスボス。]

레츠코 [그리고 그 괴물의 정점에 군림하는 최후의 보스.]

ズシーン！

쿠웅!

烈子 [トン部長の居城。]

레츠코 [황돈 부장이 거하는 성.]

トンが、巨体を揺らしながら登場する。ズシーン！

황돈이 거구를 흔들면서 등장한다. 쿠웅!

トン ぐわああああうう～！
ふっふっふっふ～。

황돈 크우우우우!
흐흐흐흐

ダルそうにゴキゴキと首を鳴らしながら呻くトン。ズズウーンと地響きを立てて、背もたれ付きの椅子に腰を下ろすトン。

피곤하다는 듯 목을 이리저리 움직여 뚝뚝 소리를 내며 신음하는 황돈. '쿠우웅' 하고 땅을 울리면서 등받이 의자에 앉는 황돈.

職場 직장
戦場 전장, 싸움터
ずしん 쿵(무거운 것이 떨어질 때 나는 둔한 소리)
地響き 땅울림
生息 생존, 서식
ラスボス 숙명적 적, 강력한 보스 캐릭터
　　　　(ラストボスの준말)

居城 늘 거처하는 성
揺らす 흔들다
だるい (피로가 쌓여) 나른하다, 피곤하다
ゴキゴキ 뚝뚝(단단한 물체가 서로 스치거나, 관절을 꺾을 때 나는 소리)
鳴らす 소리를 내다, 울리다
呻く 신음하다

背もたれ 의자의 등받이
腰を下ろす 자리에 앉다

トン	ぐわああ。	**황돈**	크으으

トン、デスクの上に指を滑らせて、積もった埃を拭い取る。

황돈, 책상 위를 손가락으로 쓱 쓸어, 쌓인 먼지를 닦아낸다.

トン 埃が溜まってる。花瓶に花も挿さってねえ。加湿器の水も入ってねえ！

황돈 먼지가 쌓였잖아. 화병에 꽃도 없고, 가습기에 물도 없어!

係長の小宮が慌ててトンの元に走り寄る。

고미야 계장이 다급하게 황돈 곁으로 뛰어간다.

小宮 よければ私が加湿器の水を足しましょうか？ 部長のお喉に障りますので〜。

고미야 괜찮다면 제가 가습기 물을 채울까요? 부장님 목에 안 좋으니까요…….

トン フン！現在8時57分。**あと3分で始業だ！** [1] 今日の当番は誰だ！？

황돈 흥! 현재 8시 57분. 3분 뒤면 업무 시작이다! 오늘 당번 누구야?!

小宮 えっと、今日の当番はですね……。

고미야 그게, 오늘 당번은 말이죠…….

慌てる小宮がオフィスを見回す。

당황한 고미야가 사무실을 둘러본다.

烈子の席
フェネ子が声をかけると、慌てて立ち上がる烈子。

레츠코의 자리
페네코가 부르자, 다급히 자리에서 일어나는 레츠코.

フェネ子 烈子。

페네코 레츠코

烈子 ん？

레츠코 응?

フェネ子 あんた月曜担当じゃなかった？

페네코 너 월요일 당번 아니었어?

烈子 すみません、すぐやります！

레츠코 죄송합니다. 바로 할게요!

指 손가락
滑る 미끄러지다
積もる 쌓이다
埃 먼지
拭い取る 닦아내다
溜まる (한곳에) 모이다. 쌓이다
走り寄る 뛰어서 다가가다(다가오다)

足す 채우다. 더하다
喉 목
障る 지장이 있다. 해롭다
見回す 둘러보다
声をかける 부르다. 말을 걸다

❶ あと3分で始業だ！ 3분 뒤면 업무 시작이다!
회사 업무 규정(就業規則)에 따라 '업무를 실제로 시작하는 것'을 始業라고 합니다. 업무를 마치는 것은 終業라고 하지요. 일본의 비즈니스 관련 용어를 보면 우리나라의 말과 비슷하지만 미묘하게 다를 때가 참 많습니다. 出勤은 '(꼭 자기 회사가 아니더라도) 근무지로 가는 일', '일을 하는 상태'라는 의미이며, 出社는 '자기가 근무하는 회사에 가는 경우'만 해당합니다.

トン	あと２分30秒!	황돈	앞으로 2분 30초 남았다!

ガコッと音を立てて、時計が９時を指す。磨かれたトンの机。一輪挿しに挿された花。

'째깍' 하는 소리를 내며 시계가 9시를 가리킨다. 잘 닦인 황돈의 책상. 작은 꽃병에 꽂힌 꽃 한 송이.

烈子	終わりました。	레츠코	다했습니다.

トン	フン。	황돈	흥.

ゆったりした背もたれ付きの椅子にふんぞり返って感謝の意もなく応えるトン。

느긋하게 기운 등받이 의자에 앉아 몸을 뒤로 젖힌 채, 감사를 표하지도 않고 답하는 황돈.

烈子	あの、それでは仕事に戻ります。	레츠코	저어, 그럼 일하러 가보겠습니다.

トン	茶。	황돈	차.

烈子	はっ?	레츠코	네?

トン	茶。	황돈	차.

烈子	はい?	레츠코	네?

トン	茶を、淹れろ。❷ これも仕事だ。女のな!	황돈	차를, 내오란 말이야. 이것도 일이야. 여자가 할 일이지!

烈子	……。	레츠코	…….

烈子の顔に怒りの表情が浮かぶ。爆発寸前の顔。デスメタルのリフが鳴り響き、怒りが暴発しそうな雰囲気に。コトッとトンの机の上に静かに置かれるお茶。

레츠코의 얼굴에 분노의 표정이 떠오른다. 폭발 직전의 얼굴. 데스메탈의 반복 악절이 울려 퍼지며, 분노가 폭발할 것만 같은 분위기로 변한다. 달그락 소리를 내며 황돈의 책상 위에 조용히 놓이는 차.

磨く 문질러 닦다. 윤을 내다
一輪挿し (한두 송이 꽂이하는) 작은 꽃병
ふんぞり返る (의자 등에) 거만히 앉아 몸을 젖히다
怒り 분노, 화
寸前 직전
リフ 리프(riff), 반복 악절
鳴り響く 울려 퍼지다

❷ 茶を、淹れろ。 차를, 내오란 말이야.
お茶をいれるは '차를 끓이다'라는 뜻입니다. 차를 어떻게 만드냐에 따라 いれる의 한자가 달라진다는 사실 아시나요? 발음이 같은 淹れる, 煎れる, 入れる가 모두 차를 만들 때 쓰는 말입니다. 淹れる는 애니메이션에서처럼 불에서 내려 데운 물을 담은 찻주전자에 찻잎을 우려 만드는 차(일본 차 내리는 일반적인 방법), 煎れる는 팔팔 끓인 물에 찻잎을 넣어 추출하는 차, 入れる는 淹れる와 煎れる의 양쪽 의미를 겸하고 있답니다.

烈子　どうぞ。

レェツコ　드세요.

トン　おう。

황돈　그래.

烈子　失礼します。

レェツコ　실례하겠습니다.

烈子はその場を離れる。トン、お茶をズズッと一口すする。

레츠코는 그 자리를 떠난다. 황돈, 차를 후루룩 한 모금 마신다.

トン　ほとんどお湯だな。

황돈　그냥 뜨거운 물이잖아.

小宮　烈子君、淹れ直して！

고미야　레츠코 씨, 다시 만들어 와!

トン　ああ、いい、いい。可愛いもんじゃねえか。出来ねえ女はムカつくが、出来る女よりはまだマシだろ？　へへッ、へへッ、ダハハハ！

황돈　아, 괜찮아, 괜찮아. 귀여운 면이 있잖아. 능력 없는 여자는 짜증 나지만, 능력 있는 여자보다는 낫잖아? 으히히, 으히히, 으히히히히!

トン・小宮　ハハハハハハ……。

황돈・고미야　하하하하하…….

烈子　……。

레츠코　…….

女子トイレの個室
デスメタル開始。

여자 화장실 개별칸
데스메탈 음악 시작.

デス烈子　権力を傘に粋がる上司は
男尊女卑のアナクロ男児！
朝っぱらからムカつかせる。
しゃべる度吐くその妄言。
クソ上司！
クソ上司！

데스 레츠코　권력을 이용해 허세 부리는 상사는 남존여비의 시대착오적 애송이!
아침 댓바람부터 짜증 나게 하네.
말할 때마다 내뱉는 그 망언.
망할 상사!
망할 상사!

場を離れる 자리를 뜨다. 떠나다

すする 후루룩 마시다

お湯 따듯한 물, 끓인 물

出来る 할 줄 알다, 능력이 있다

ムカつく 화가 치밀다, 열받다

粋がる 허세를 부리다

男尊女卑 남존여비

アナクロ 시대착오(アナクロニズム의 준말)

朝っぱら 이른 아침

しゃべる 말하다

吐く 토하다, 내뱉다

女子トイレの個室

烈子　フウ……。

歌い終わった烈子の顔が通常の顔に戻る。そして、マイクに向かって語りかける。

烈子　10数えたら、私は従順な会社員。

バ로이 장면!*

経理部オフィス
仕事をしている烈子達。

フェネ子　烈子は偉いよ。

烈子　えっ？

フェネ子　私だったらあの場でトン部長にブチ切れてる。

烈子　ああ……でもぼけっとしてた私も悪かったし。

フェネ子　何言ってんの。あいつの身の回りの世話とか、仕事と全く関係ないじゃん。あれって、パワハラでクビとかに出来ないの？

ハイ田　「申し訳ございません。指導を熱心にしすぎました」とか誤魔化されて良くて左遷ってとこじゃねえの？ 訴えたほうにだってリスクはあるし、そう簡単にはいかねえよ。

여자 화장실 개별칸

레츠코　후우…….

노래를 마친 레츠코의 얼굴이 평소처럼 돌아온다. 그리고 마이크를 향해 말한다.

레츠코　열을 세고 나면, 난 고분고분한 회사원이 되는 거야.

경리부 사무실
일하는 레츠코와 다른 직원들.

페네코　레츠코는 대단해.

레츠코　응?

페네코　나였으면 그 자리에서 황돈 부장한테 엄청 화냈을 거야.

레츠코　아아……, 하지만 멍하니 있었던 나도 잘못했고.

페네코　무슨 소리야. 그 녀석 주변에서 잡다하게 시중드는 건 일이랑 전혀 관계없잖아. 그런 건 권력 남용으로 잘릴 수 없나?

하이다　'정말 죄송합니다. 너무 과하게 지도한 탓입니다' 같은 말로 넘어가서 그래 봤자 좌천이겠지, 신고한 쪽도 위험한 건 마찬가지고, 간단한 문제가 아니야.

語りかける 말을 걸다, 말을 해서 들려주다
従順な 순종적인, 고분고분한
偉い 훌륭하다
ブチ切れる (결국 참지 못하고) 화가 폭발하다
ぼけっと 멍하니, 멍청히
身の回り 신변의 잡다한 일
世話 도와줌, 시중듦

パワハラ (직장 상사 등) 직위를 이용한 괴롭힘
クビ 해고, 면직
誤魔化す 어물어물 넘기다
左遷 좌천
訴える 소송하다, 고소하다

フェネ子	ネットで仕入れた知識乙。	페네코	인터넷으로 얻은 지식이네. 수고했어.
ハイ田	わ……悪いかよ。でも、そもそも仕事なんて理不尽なもんだろ？上司なんて適当におだてときゃ……。	하이다	그, 그게 어때서? 하지만 원래 일이란 게 불합리한 거잖아? 상사한테 적당히 아부해야…….
フェネ子	ハイ田は上に媚びすぎ。	페네코	하이다는 아부가 지나쳐.
ハイ田	はあ？合理的な処世術だろ。	하이다	뭐? 합리적인 처세술이라고.

烈子はモニター越しにトンの方向を見る。トンの笑い声。　레츠코는 모니터 너머로 황돈 쪽을 바라본다. 황돈의 웃음소리.

トン	ウヘヘヘヘハハハハ……。	황돈	하하하하…….
角田	すご〜い。	쓰노다	대단해요!

視線の先にゴルフのスイングの練習をしているトンと角田がいる。　시선 끝에는 골프 스윙 연습을 하는 황돈과 쓰노다가 있다.

角田	いいなあ、ゴルフ。今度連れてってくださいよ〜。	쓰노다	골프 좋네요. 다음에 저도 데려가 주세요.
トン	じゃあ、今度一緒に行くか？	황돈	그럼 다음에 같이 갈까?
角田	わぁ、是非お願いします〜。	쓰노다	왜! 꼭 부탁드려요.
トン	チャーシュー麺！チャーシュー大盛り！	황돈	차슈멘! 차슈 곱빼기!

ゴルフのスイングを続けるトン。　골프 스윙을 계속하는 황돈.

仕入れる (지식 등을) 얻다
乙 빈정거리는 뜻으로 '수고했어' 하고 말끝에 붙일 때 쓰는 표현 (お疲(つか)れ様(さま)의 준말)
理不尽 불합리함
おだてる 추켜세우다
媚びる 알랑거리다
処世術 처세술

今度 이번에, 다음에
連れていく 데려가다
是非 꼭
大盛り 곱빼기

23

角田　すごいです〜。**超絶ヤバいです〜**。❸
　　　かっこいいです〜。さすがトン部長です〜。

쓰노다　대단해요! 완전 장난 아니에요. 멋있어요!
역시 황돈 부장님이세요!

それを見る烈子、フェネ子、ハイ田は気分が悪くなって席を立つ。

그 모습을 본 레츠코, 페네코, 하이다는 기분이 언짢아서서 자리를 뜬다.

フェネ子　私何か飲み行こ。

페네코　나 뭐라도 마시러 갈래.

烈子　私も。

레츠코　나도.

ハイ田　俺も。

하이다　나도.

超絶 월등히 뛰어남
気分が悪い 기분이 나쁘다. 속이 안 좋다

❸ **超絶ヤバいです〜。** 완전 장난 아니에요.

원래 やばい는 '위태롭다, 위험하다'라는 부정적인 의미로 쓰이는 말입니다. 그런데 1990년대부터 그 의미가 변화하더니 지금은 凄い(대단하다), 最高(최고), 素敵(멋진), かっこいい(멋있는), おいしい(맛있는) 등 긍정적인 의미까지 포함하게 되어 다양하게 쓰이고 있지요. 예를 들어, TV에 나오는 맛집 방송에서 음식 맛이 좋다고 할 때 このラーメン、超やばい! (이 라멘, 완전 장난 아니네요!)라는 표현을 들을 수 있어요. 심지어는 별 의미 없이 やばい를 갖다 붙이며 말하는 젊은 세대도 있답니다.

終わらない残業

끝나지 않는 야근

🎧 03.mp3

エレベーター
扉が開き、カツカツとハイヒールの音が二つ。ゴリと鷲美が颯爽と歩いてくる。二人が進む先に烈子達がいる。

엘리베이터
문이 열리고 두 사람의 또각거리는 하이힐 소리가 들린다. 릴라와 수리미가 시원스럽게 걸어온다. 두 사람이 나아가는 곳에 레츠코 일행이 있다.

烈子　[あっ……。]

레츠코 [아······.]

ゴリ達とすれ違う烈子達。フェネ子、ほれぼれとした顔で彼女たちを見る。

릴라 일행과 스쳐 지나가는 레츠코 일행. 페네코가 황홀한 얼굴로 그녀들을 바라본다.

フェネ子　ハア……二人<ruby>とも<rt></rt></ruby>**バシッと<ruby>決<rt>き</rt></ruby>まってて**❶<ruby>素敵<rt>すてき</rt></ruby>だよね。

페네코 하아······. 둘 다 옷맵시도 끝내주고 멋지네.

烈子　うん、カッコいい。

레츠코 응. 멋있어.

ハイ田　マーケティング<ruby>部<rt>ぶ</rt></ruby>のゴリ<ruby>部長<rt>ぶちょう</rt></ruby>と、<ruby>社長秘書<rt>しゃちょうひしょ</rt></ruby>の<ruby>鷲美<rt>わしみ</rt></ruby>さんだろ？　<ruby>二人<rt>ふたり</rt></ruby>とも<ruby>仕事<rt>しごと</rt></ruby>できそうだよな。

하이다 마케팅부의 릴라 부장이랑 사장 비서인 수리미 씨지? 둘 다 능력 있어 보이네.

フェネ子　<ruby>鷲美<rt>わしみ</rt></ruby>さんには、<ruby>社長<rt>しゃちょう</rt></ruby>も<ruby>頭<rt>あたま</rt></ruby>が<ruby>上<rt>あ</rt></ruby>がらないって。

페네코 수리미 씨한테는 사장도 고개를 숙인대.

ハイ田　トン<ruby>部長<rt>ぶちょう</rt></ruby>が<ruby>嫌<rt>きら</rt></ruby>いなタイプの<ruby>女<rt>おんな</rt></ruby>だな。

하이다 황돈 부장이 싫어할 타입의 여자네.

烈子　……。

레츠코 ······.

烈子、振り返って二人の背中を見る。

레츠코, 뒤를 돌아 두 사람의 뒷모습을 바라본다.

廊下を進むゴリと鷲美。

복도를 지나가는 릴라와 수리미.

カツカツ 딱딱, 또각또각
　　　　　(딱딱한 것이 부딪치는 소리)
<ruby>颯爽<rt>さっそう</rt></ruby> 씩씩하고 시원스러운 모습
すれ<ruby>違<rt>ちが</rt></ruby>う 스쳐 지나가다
ほれぼれ 홀딱 반한 모양, 넋을 잃은 얼굴
<ruby>頭<rt>あたま</rt></ruby>が<ruby>上<rt>あ</rt></ruby>がらない 머리를 못 들다,
　　　　　　대등하게 맞설 수 없다
<ruby>振<rt>ふ</rt></ruby>り<ruby>返<rt>かえ</rt></ruby>る 뒤를 돌아보다

<ruby>背中<rt>せなか</rt></ruby> 등, 뒷모습
<ruby>廊下<rt>ろうか</rt></ruby> 복도

❶ **バシッと決まってて**
옷맵시도 끝내주고
決まる는 '정해지다'라는 뜻이지만, 이렇게 옷이나 행동 등이 '멋지다'라는 의미로도 쓸 때가 있답니다. 그래서 '딱, 꽉' 등의 각 잡힌 모습을 느끼게 하는 의태어와 함께 쓰입니다. ビシッと決まる, パパッと決まる, キリリと決まる처럼 말이지요.

| ゴリ | ねえ、鷲美、正直この歩き方、超腰に来るんだけど。 | 릴라 | 수리미, 솔직히 이렇게 걸으면 허리가 너무 아픈데. |
| 鷲美 | ゴリちゃん、会社で弱みを見せたら負けよ。 | 수리미 | 릴라, 회사에서 약한 모습을 보이면 안 돼. |

再び歩き出す二人。 / 다시 걷기 시작하는 두 사람.

| 鷲美 | 今度いい整体紹介する。 | 수리미 | 다음에 괜찮은 마사지사 소개해 줄게. |

トンと角田。 / 황돈과 쓰노다.

| 角田 | トン部長〜実はお願いがあって〜。この書類なんですけど〜。 | 쓰노다 | 황돈 부장님, 사실은 부탁드릴 게 있어서요. 이 서류 말인데요. |
| トン | おっ? おおおお、分かった、分かった。 | 황돈 | 오? 오오오오, 그래, 그래. |

바로 이 장면!*

| 角田 | すみません、提出が遅れちゃって〜。 | 쓰노다 | 죄송해요, 제출이 늦어서. |
| トン | 心配すんな。俺がちゃんとやっといてやるよっと。 | 황돈 | 걱정하지 마, 내가 제대로 해놓을 테니까. |

休憩室 / **휴게실**
烈子、フェネ子、ハイ田が談笑している。 / 레츠코, 페네코, 하이다가 담소를 나누고 있다.

| ハイ田 | うしっ、そろそろ行くか。 | 하이다 | 좋아, 슬슬 가볼까? |
| 烈子 | 行こうか。 | 레츠코 | 가자. |

経理部オフィス / **경리부 사무실**
休憩室から戻ってくる烈子。トンとかち合う。 / 휴게실에서 돌아온 레츠코, 황돈과 딱 마주친다.

腰に来る 허리가 아프다
弱み 약점
負け 패배
整体 지압이나 안마 마사지 요법
談笑する 담소를 나누다
かち合う 만나다, 부딪치다

トン　暇（ひま）そうだな。これ、処理（しょり）しとけ。

烈子に書類の束を渡すトン。

烈子　……。

トン　じゃあ、頼（たの）むわ。

書類の束を前に呆然と固まる烈子。戻ってくるハイ田とフェネ子。

ハイ田　手伝（てつだ）おっか？

烈子　大丈夫（だいじょうぶ）。

フェネ子　烈子（れっこ）は偉（えら）いなあ。

とだけ言うフェネ子。笑顔のまま固まっている烈子。

職場のビル
暮れなずむ空、人の少なくなったオフィス。

カバ恵　あっら～まだ帰（かえ）れないの？ 大変（たいへん）ね。

烈子　アハハ……。

力なく笑う烈子。

カバ恵　じゃあ、私（わたし）、保育園（ほいくえん）に子供迎（こどもむか）えに行（い）かなきゃだから！❷ バッハハーイ！

황돈 한가한 모양이네. 이거 처리해 둬.

레츠코에게 서류 더미를 건네는 황돈.

레츠코 …….

황돈 그럼 부탁한다.

서류 더미를 앞에 두고 멍하게 굳어버린 레츠코. 돌아오는 하이다와 페네코.

하이다 도와줄까?

레츠코 괜찮아.

페네코 레츠코는 대단하네.

그렇게만 말하는 페네코. 미소를 지은 채로 굳은 레츠코.

회사 빌딩
해가 뉘엿뉘엿 저물어가는 하늘, 사람이 적어진 사무실.

가바에 어머, 아직도 못 갔어? 안됐다.

레츠코 하하…….

힘없이 웃는 레츠코.

가바에 그럼, 나는 보육원에 아이 데리러 가야 하니까! 먼저 갈게!

暇（ひま） 한가한 상태
束（たば） 다발, 뭉치
渡す（わた） 건네주다
呆然（ぼうぜん） 멍함, 어리둥절함
固まる（かた） 굳어지다
手伝う（てつだ） 돕다, 거들다
偉い（えら） 훌륭하다, 대단하다

暮れなずむ （해가）뉘엿뉘엿하면서 쉬이 지지 않다
迎えに行く（むか） 데리러 가다

❷ **保育園（ほいくえん）に子供迎（こどもむか）えに行（い）かなきゃだから！** 보육원에 아이 데리러 가야 하니까!
保育園（ほいくえん）은 글자 그대로 보면 보육원이지만, 일본의 보육원은 우리나라의 어린이집과 유사합니다. 미취학 어린이를 돌보는 시설이고, 보호자가 맞벌이를 하거나 병 등으로 요양 중이어서 유아를 키울 여건이나 시간이 안 되는 것을 이용 조건으로 합니다.

烈子	お疲れ様です。	레츠코 수고하셨습니다.

夜10時、仕事を続ける烈子。

밤 10시, 일을 계속하는 레츠코.

烈子	ハア……何か飲もっかな。	레츠코 후우……, 뭐라도 마실까.

烈子が席を立ち上がる。

레츠코가 자리에서 일어난다.

照明の消えた給湯室
コンロの点火スイッチをひねると、炎が燃え上がる。照明の消えた給湯室で、炎を見つめる烈子。

조명이 꺼진 탕비실
가스레인지 점화 스위치를 돌리자 불꽃이 활활 타오른다. 조명이 꺼진 탕비실에서 불꽃을 바라보는 레츠코.

烈子	……。	레츠코 …….

燃え上がるコンロの炎。

타오르는 가스레인지의 불꽃.

烈子	[私の名前は烈子。]	레츠코 [내 이름은 레츠코.]

ぐつぐつと沸騰し音を立て始めるケトルのお湯。青白く照らされる烈子の顔。

보글보글 끓는 소리를 내기 시작하는 주전자의 뜨거운 물. 창백하게 비치는 레츠코의 얼굴.

烈子	[25歳独身、さそり座のＡ型。]	레츠코 [스물다섯 살 독신, 전갈자리 A형.]

ケトルが音を立てる。

주전자가 소리를 낸다.

夜の街
クロックスサンダルで夜の街を歩く烈子。

밤거리
크록스 샌들을 신고 밤거리를 걷는 레츠코

烈子	[多分どこにでもいる、ありふれた普通のOL。だけど、私には人に言えない、秘密の趣味がある。]	레츠코 [아마 어디에나 있는, 널리고 널린 보통의 직장인. 하지만 내게는 아무에게도 말할 수 없는 비밀 취미가 있다.]

立ち上がる 일어나다

消える 꺼지다, 사라지다

給湯室 탕비실

コンロ 가스레인지

ひねる 비틀다, 돌리다

炎 불꽃

燃え上がる 불타오르다

ぐつぐつ 보글보글(물 등이 끓는 소리)

沸騰する 끓어오르다

ケトル 주전자

お湯 뜨거운 물

青白い 창백하다, 해쓱하다

照らす 빛을 비추다, 밝히다

さそり座 전갈자리

ありふれる 흔하다, 어디에나 있다

カラオケ店を見つける。

カラオケルームの看板

カラオケ店員　いらっしゃいませ。お一人様（ひとりさま）ですか？❸

カラオケルームで一人歌う烈子。

デス烈子　ここは地（ち）の果（は）て、一人（ひとり）カラオケ。
会社帰（かいしゃかえ）りの安（やす）らぎの場所（ばしょ）！
夜（よ）が明（あ）けりゃまた終日出社（しゅうじつしゅっしゃ）！
命（いのち）切（き）り売（う）る社畜小屋（しゃちくこや）！
賃金労働者（ちんぎんろうどうしゃ）！
賃金労働者（ちんぎんろうどうしゃ）！

おもむろに、烈子がいるカラオケルームの防音扉が開き、カラオケルームの従業員が入ってくる。

従業員　ご注文（ちゅうもん）の品（しな）お持（も）ちしました。

デスフェースのまま固まる烈子。

烈子　……。頼（たの）んでませんけど。

バツが悪そうに答える烈子。

노래방을 발견한다.

노래방 간판

노래방 점원　어서 오세요. 혼자 오셨나요?

노래방 개별실에서 혼자 노래하는 레츠코.

데스 레츠코　여기는 세상의 끝, 1인 노래방.
퇴근길에 오는 피난처!
아침이 오면 또 종일 회사에서!
영혼을 파는 회사의 노예가 되지!
임금 노동자!
임금 노동자!

천천히 레츠코가 있는 노래방 개별실의 방음문이 열리며, 노래방 종업원이 들어온다.

종업원　주문하신 음식 나왔습니다.

데스메탈 페이스인 채로 굳은 레츠코.

레츠코　……. 안 시켰는데요.

겸연쩍은 듯 대답하는 레츠코.

地（ち）の果（は）て 땅끝
安（やす）らぎ 평안, 평온함
夜（よ）が明（あ）ける 날이 새다
終日出社（しゅうじつしゅっしゃ） 종일 출근
切（き）り売（う）る (인간에게 가치가 있는 것 등을) 조금씩 잃어 가다

社畜（しゃちく） 사축('회사에서 기르는 가축'이라는 뜻으로, 회사를 위해 군말 없이 일하는 회사원을 이르는 말)
小屋（こや） 오두막집
おもむろに 서서히, 천천히
バツが悪（わる）い 겸연쩍다. 난처하다

❸ **お一人様（ひとりさま）ですか？** 혼자 오셨나요?
레스토랑 등 음식점에 혼자 갔을 때 안내하는 직원이 손님에게 제일 먼저 묻는 말입니다. 같은 의미로 一名様（いちめいさま）ですか？라고 묻기도 하지요. お一人様（ひとりさま）가 '독신, 혼자 사는 사람'이라는 뜻인데, 《오히토리사마》라는 예전 드라마가 독신을 다소 부정적으로 표현했었다고 해요. 이제는 솔로 문화가 발달한 일본이지만 종종 혼자(一人（ひとり）)라는 것이 친구 하나 없는 부정적인 이미지로 여겨져서 이렇게 물으면 고객 클레임이 들어오기도 한다고 합니다.

真面目でいい子はつらい

성실하고 착한 사람은 괴로워

 04.mp3

ショッピングモール
服屋で春物を見ている烈子。店員が烈子の傍を通り過ぎる。

쇼핑몰
옷 가게에서 봄옷을 살펴보는 레츠코. 점원이 레츠코의 곁을 지나간다.

<u>店員</u> いらっしゃいませー。ごゆっくりご覧くださーい。

점원 어서 오세요. 천천히 둘러보세요.

<u>烈子</u> あっ……。

레츠코 아……

店員と軽く会釈する烈子。

점원과 가볍게 고개 숙여 인사하는 레츠코

<u>店員</u> あっ、それかわいいですよねー。サイズなかったら出しますよー。

점원 아, 그 옷 귀엽죠? 사이즈가 없으면 꺼내드릴게요.

<u>烈子</u> あっ、大丈夫でーす。

레츠코 아, 괜찮아요.

店員につきまとわれる烈子。

레츠코를 졸졸 따라다니는 점원.

<u>店員</u> ひやかしのお客様も笑顔で対応させていただいておりまーす。❶ ご試着したい時は言ってくださいねー。

점원 그냥 둘러보시는 고객님께도 웃는 얼굴로 응대합니다. 입어보고 싶으시면 말씀하세요.

<u>烈子</u> 大丈夫でーす。

레츠코 괜찮아요.

また通り過ぎる店員。

또 옆을 지나가는 점원.

<u>店員</u> ごゆっくりご覧くださーい。

점원 천천히 둘러보세요.

服屋 옷 가게
春物 봄철에 입는 옷
傍 옆, 곁
通り過ぎる 지나가다, 통과하다
ゆっくり 천천히, 느긋이
軽い 가볍다
会釈する 인사하다

つきまとう 항상 따라다니다
ひやかしのお客様 물건은 사지 않고 둘러보기만 하는 손님
試着 옷이 맞는지 입어보는 것

❶ **笑顔で対応させていただいておりまーす。**
웃는 얼굴로 응대한답니다.

일본어의 경어에는 존경어(尊敬語), 겸양어(謙讓語), 공손어(丁寧語) 세 가지가 있습니다. 존경어는 상대방에 관련된 행동이나 소유물에 경의를 표하는 것으로 いただいております(~해드리고 있습니다)가 여기에 해당하지요. 겸양어는 나를 낮추고 상대를 높이는 표현이고, 공손어는 です나 ます가 붙어 상대방에게 공손한 태도를 보일 때 씁니다.

また通り過ぎる店員。

また 옆을 지나가는 점원.

店員　ごゆっくりご覧くださーい。
　　　　ごゆっくりご覧くださーい。
　　　　ごゆっくりご覧くださーい。

점원　천천히 둘러보세요.
천천히 둘러보세요.
천천히 둘러보세요.

結局烈子がキレて、マイクを持ってシャウトする。

결국 레츠코가 울컥 화가 나서 마이크를 쥐고 샤우팅한다.

デス烈子　ごゆっくりさせろや!

데스 레츠코　천천히 보게 해달라고!

服屋レジ前
会計している烈子。

옷 가게 계산대 앞
계산 중인 레츠코

店員　靴下3足セットのみのお買い上げで1080円になりまーす。

점원　양말 세 켤레 세트만 사셔서 1080엔입니다.

店員　ポイントカードお持ちですかー?

점원　포인트 카드 갖고 계세요?

烈子　あ……いえ……。

레츠코　아……. 아니요…….

店員　ただいま**ポイント2倍キャンペーン中なのでお得ですよー**。❷

점원　지금 포인트 2배 행사 중이라 정말 이득이에요.

烈子　えっと……あの……。

레츠코　으음……. 저…….

烈子　[めんどくさいな。次いつ来るか分かんないしな。]

레츠코　[귀찮네. 다음에 언제 올지도 모르는데.]

キレる (격앙된 감정으로) 울컥하다, 화가 나다

レジ 계산대 (레지스터의 준말)

会計 대금 지불

足 켤레 (양말 등을 세는 단위)

〜のみ 〜뿐, 〜만

お買い上げ 손님이 물건을 사는 행위에 대한 높임말

ただいま 지금, 현재

❷ **ポイント2倍キャンペーン中なのでお得ですよー**。 포인트 2배 행사 중이라 정말 이득이에요.
得는 '이득'이라는 뜻인데, 유익한 일이 발생할 때만 사용할 수 있습니다. 여기에 경어를 만들 때 쓰는 お가 붙는 것만 봐도 상대방에게 어떤 물건이 유익해지길 바라는 마음을 존경의 뜻으로 전하는 것임을 알 수 있지요. お得은 물건 구입이나 광고 등 상업적인 상황에서 자주 접할 수 있습니다. 예를 들어 お得な商品은 1+1 행사 상품처럼 싸게 많이 살 수 있는 상품을 의미하지요.

店員	お作りしますかー？	점원	만들어드릴까요?
烈子	あの……け……結構です。	레츠코	저어……, 돼, 됐어요.
店員	はい？	점원	네?

烈子の声が小さくて聞こえない店員。

레츠코의 목소리가 작아서 잘 안 들리는 점원.

店員	お作りしますかー？	점원	만들어드릴까요?
烈子	ああ……じゃあ……。	레츠코	아……, 그럼…….

折れてしまう烈子。

꺾이고 마는 레츠코

店員	かしこまりましたー。	점원	알겠습니다!

出されるポイントカードの記入欄。

앞에 내밀어진 포인트 카드 기입란.

店員	それではこちらの記入欄にお名前と、携帯のメールアドレスをご記入頂いて。	점원	그럼 여기 기입란에 성함과 이메일 주소를 적어주시고.

途中で店員の台詞を遮って、烈子の背後から聞き覚えのある声。

도중에 점원의 말을 자르면서 레츠코 뒤에서 들려오는 익숙한 목소리.

プー子	カードいりませーん。	푸코	카드 필요 없어요
烈子	えっ？	레츠코	어?

烈子が振り向くと、そこにプー子が立っている。

레츠코가 뒤를 돌아보니 그곳에 푸코가 서 있다.

折れる 꺾이다, 접히다

かしこまりました 잘 알겠습니다
('알겠다'라는 뜻의 존댓말)

途中 도중
台詞 말, 대사
遮る 가로막다
背後 배후, 등 뒤

聞き覚えのある 들어본 적이 있는

振り向く 뒤를 돌아보다

プー子 行こ、烈子。

紙袋を持って店を後にするプー子。

烈子 プー子!?

モール内

プー子 半年日本でバイトして、お金が溜まったら後の半年は海外。お金がなくなったら、また日本で半年バイトして海外。みたいな生活、高校出てからずーっと繰り返しててさ。

烈子 へえー、そんなことしてたんだ。すごいね。

プー子 すごくないって。おかげで、未だに定職にも就いてない。

烈子 でも、プー子らしいよ。楽しそうで羨ましい。

プー子 そう? 烈子は働いてんだよね?

烈子 うん、**普通にOL。**❸

プー子 どんな仕事?

烈子 一応、商社。そこで経理の仕事してる。

プー子 すごいじゃん! 烈子は昔っから真面目で堅実だもんね。

푸코	가자, 레츠코

종이 가방을 들고 가게를 떠나는 푸코.

레츠코	푸코?!

쇼핑몰 안

푸코	반년간 일본에서 아르바이트해서 돈이 좀 모이면, 나머지 반년은 해외에서 지내. 돈이 떨어지면 다시 일본에서 반년 아르바이트하고 해외로 가지. 이런 생활을 고등학교 졸업하고 계속 반복하고 있어.
레츠코	아하, 그렇게 지냈구나. 대단하다.
푸코	대단하긴 뭘. 그 덕분에 여태껏 제대로 된 직장도 없는걸.
레츠코	그래도 푸코답네. 즐거워 보여서 부럽다.
푸코	그래? 레츠코는 취직해서 일하고 있지?
레츠코	응, 그냥 사무직이야.
푸코	어떤 회사야?
레츠코	그냥 무역 회사야. 거기서 경리 일 하고 있어.
푸코	대단하네! 레츠코는 예전부터 성실하고 착실한걸.

紙袋 종이 가방

後にする 어떤 장소를 떠나다

溜まる 모이다, 쌓이다

繰り返す 반복하다

定職 일정한 직업

就く 그 직위에 앉다, 종사하다

羨ましい 부럽다

働く 일하다

一応 우선, 일단

商社 상사, 상품을 유통하는 회사

昔 예전, 옛날

真面目 성실함, 착실함

堅実 견실함

❸ **普通にOL。** 그냥 사무직이야.

OL은 Office Lady의 약어로, 회사에서 일하는 여성 사무원을 가리키는 일본식 영어 조어입니다. 주로 OL이라고 하면 사무 보조를 담당하는 일반직의 젊은 여자 회사원의 이미지가 있지만, 실생활에서는 학력, 직종, 나이를 떠나서 '회사에 근무하는 여직원' 전반을 가리킬 때 사용합니다.

烈子	っていうか、私ってそんな真面目？
プー子	だって烈子ってさ、携帯アプリの長ったらしい利用規約を端から端まで読み尽くすまで、絶対に同意ボタン押さないタイプでしょ？
烈子	普通に押すよ。
プー子	この年で老後のために貯金してるタイプ。
烈子	してないよ。
プー子	服屋で何も買わずに帰るのは悪いような気がして、とりあえず３足千円の靴下買っちゃうタイプ。
烈子	当たってる……。
プー子	ほら、真面目じゃん！
烈子	ま……真面目なのかな……。よく分かんないけど。
プー子	褒めてんのよ？ それが烈子のいいとこだし。ただ、そこがちょっと心配でもあるんだけど。
烈子	えっ？
プー子	人生楽しめてる？ 何かさ、顔、疲れてるよ。

레츠코	근데 내가 그렇게나 성실해?
푸코	레츠코는 말이지, 핸드폰 앱의 길디긴 이용약관을 처음부터 끝까지 다 읽기 전엔 절대로 동의 버튼 안 누르는 타입이지?
레츠코	아니, 그냥 눌러.
푸코	이 나이에 노후를 위해 저축하고 있는 타입.
레츠코	안 해.
푸코	옷 가게에서 아무것도 안 사고 가는 게 미안해서 일단 세 켤레에 천 엔짜리 양말을 사버리는 타입.
레츠코	맞아…….
푸코	봐, 성실하잖아!
레츠코	서…… 성실한 걸까……. 잘 모르겠는데.
푸코	칭찬이야. 그게 레츠코의 장점이고. 다만, 그게 조금 걱정이기도 하지만.
레츠코	뭐?
푸코	인생을 즐기고 있는 거야? 뭐랄까, 얼굴이 피곤해 보여.

アプリ 앱, 어플(アプリケーション의 준말)	褒める 칭찬하다
長ったらしい 끝도 없이 길다	心配 걱정
端 끝	楽しめる 즐길 수 있다
読み尽くす 다 읽다	疲れる 피로해지다, 지치다
押す 누르다	
貯金 저금	
当たる 맞다, 적중하다, 들어맞다	

仕事を押しつける上司

일을 떠넘기는 상사

🎧 05.mp3

満員電車
ギュウギュウの電車に揺られる烈子。「転職したいあなたに❶」の広告
を見る。

만원 전철
사람들로 꽉 찬 전철 안에서 흔들리는 레츠코. '이
직하고 싶은 당신에게'라는 광고를 본다.

会社のオフィス
烈子の机にどさどさと積まれていく書類の山。

회사 사무실
레츠코의 책상에 턱턱 쌓여가는 서류의 산.

坪根　ハアー、忙しい、忙しい。

쓰보네　하아, 바쁘다 바빠.

言いながら書類を持ってくる坪根。

그렇게 말하며 서류를 가져오는 쓰보네.

烈子　……。

레츠코　…….

憔悴した烈子の顔。坪根が烈子の頭に書類の束を置く。

초췌한 레츠코의 얼굴. 쓰보네가 레츠코의 머리 위
에 서류 다발을 올려놓는다.

坪根　あら？ ちょっと疲れた顔してるわね。

쓰보네　어머? 얼굴이 좀 피곤해 보이네.

烈子　ええ……まあ……ちょっと……。

레츠코　네……. 뭐……, 약간요…….

坪根　あらー、ちゃんと寝てる？ 食べてる？ 私、ちょっとあ
　　　なたに甘え過ぎてたかもしれないわね。

쓰보네　저런. 제대로 자고 있어? 밥은 먹고 다니
니? 내가 너한테 너무 기댔나 보다.

烈子　えっ？

레츠코　네?

坪根の優しい声に意表を突かれる烈子。

쓰보네의 다정한 목소리에 깜짝 놀라는 레츠코

ギュウギュウ 꼭꼭, 꽉 (어떤 것이
　　　　　 꽉 찬 모습)

揺る 흔들다

転職 이직

広告 광고

どさどさ 털썩털썩, 우르르 (무거운
　　　　 물건이 떨어지는 모습)

積む 쌓다

忙しい 바쁘다

憔悴 초췌

束 다발, 뭉치

置く 두다, 놓다

疲れる 지치다

甘える 응석을 부리다.
　　　 (호의에) 기대다

意表を突く 엉뚱한 짓으로
　　　　　 깜짝 놀라게 하다

❶ **転職したいあなたに** 이직하고 싶은 당신에게

転職는 우리말의 '이직'에 해당합니다. '재취업'에 해당하는
再就職라는 말도 있는데, 이는 일을 그만두고 실업 기간을
둔 다음에 새로운 직장에 취직하는 의미라서 뉘앙스의 차이
가 있어요. 이직과 재취업 관련한 장소로 ハローワーク라
는 곳이 있는데, 원래 이름은 公共職業安定所입니다.
국민에게 안정된 취업 기회를 제공하기 위한 행정기관으로,
일본인들이 일자리를 구할 때 애용하는 곳이랍니다.

坪根	あなたを信頼してついつい**仕事振っちゃうの。❷** ごめんなさいね。	쓰보네	널 믿어서 나도 모르게 일을 넘기게 돼. 미안해.

坪根の優しい表情。 　　　　　　　　　　쓰보네의 다정한 표정.

| 烈子 | 坪根さん……。 | 레츠코 | 쓰보네 씨……. |

坪根、意味ありげに遠くを見つめる。 　　　　쓰보네, 의미심장하게 먼 곳을 바라본다.

| 坪根 | 私最近、健康のためにジョギングしてるのよ。 | 쓰보네 | 난 요즘 건강 관리를 위해 조깅을 하고 있어. |

| 烈子 | はっ？ | 레츠코 | 네? |

| 坪根 | これが最初のうちは辛くてねえ。それでも続けてると、だんだん楽になってくるの。きっと必要な筋肉がついてくるのね。 | 쓰보네 | 이게 처음에는 좀 괴로웠는데. 그래도 계속하다 보니 점점 편해지더라. 분명 필요한 근육이 붙고 있는 거야. |

| 烈子 | はあ……。 | 레츠코 | 네……. |

きょとんとしている烈子。 　　　　　　　　어리둥절한 레츠코.

| 坪根 | つまり！ | 쓰보네 | 다시 말해서! |

坪根、烈子を威嚇するように顔を近づける。 　쓰보네, 레츠코를 위협하듯 얼굴을 불쑥 들이민다.

| 坪根 | あんたはまだ仕事の筋肉が足りてないってこと！ | 쓰보네 | 너는 아직 일하는 데 필요한 근육이 부족하다는 거야! |

| 烈子 | ええっ！？ | 레츠코 | 네에?! |

意味ありげに 의미심장하게
見つめる 바라보다
健康 건강
辛い 괴롭다
続ける 계속하다
楽になる 편해지다
筋肉がつく 근육이 붙다

きょとんとする 어리둥절하다
威嚇する 위협하다
近づける 가까이 대다
足りる 충분하다. 족하다

❷ **仕事振っちゃうの。** 일을 넘기게 돼.
仕事を振る는 일을 상대방에게 맡기기는 하나, 결정권 자체는 일을 부탁한 의뢰자가 갖고 있다는 뉘앙스입니다. 그래서 일하다가 어떤 판단을 내려야 하는 상황이 되면 일을 준 사람에게 확인을 받아야 하지요. 참고로 仕事を任せる는 업무 재량을 아예 상대방에게 맡기겠다는 의도가 포함돼 있습니다. 단순히 일을 시키는 게 아니라 판단이나 결정도 함께 맡기지요.

坪根　はい！ どんどん頑張って、筋肉つけちゃって！	쓰보네　자! 더 힘내서 근육을 만들어!
書類をどさどさ置いていく坪根。げっそりした顔の烈子。	서류를 턱턱 올려놓는 쓰보네. 해쓱해진 얼굴의 레츠코.
坪根　疲れてる暇なんてないわよ！ この時期は人手が足りないの！	쓰보네　피곤해할 시간 없어! 이 시기에는 일손이 부족하다고!
烈子がゴルフスイングの練習をするトンの姿。	레츠코가 시선을 옮긴 저편에 골프 스윙 연습을 하는 황돈의 모습.
トン　フン！ フン！	황돈　헙! 헙!
烈子　あの……あそこに人手が余ってるように見えるんですけど……。	레츠코　저어……. 저쪽은 일손이 남는 것처럼 보이는데요…….
坪根が烈子を振り返り、睨みつける。	쓰보네가 레츠코를 돌아보며 째려본다.
坪根　あれは仕事！	쓰보네　저건 일하는 거야!
烈子　はあ……。	레츠코　네…….
ゴルフの練習をするトン。	골프 연습을 하는 황돈.
トン　あー、とっても忙しい！ あー、とっても忙しい！	황돈　아, 너무 바빠! 아, 너무 바빠!
リズムをつけながら、クラブを振るトン。そこにノートパソコンを持った小宮が卑屈な態度で現れる。	리듬을 타며 골프채를 휘두르는 황돈. 그때 노트북을 든 고미야가 비굴한 태도로 나타난다.
小宮　トン部長！ お忙しいところ申し訳ありませ〜ん！	고미야　황돈 부장님, 바쁘신데 죄송합니다!
トン　今、手が離せん。	황돈　지금은 손을 뗄 수 없어!

どんどん 자꾸자꾸, 계속 (잇따르는 모양)	余る 남다	現れる 나타나다
頑張る 힘내다	振り返る 돌아보다	申し訳ありません 죄송합니다
げっそり 훌쭉, 맥이 빠진	睨みつける 매섭게 쏘아보다	手を離す 손을 놓다
暇 한가한 상태, 틈, 겨를	リズムをつける 리듬을 붙이다	
人手 일손	振る 휘두르다	
足りない 부족하다	卑屈 비굴	
移す 옮기다	態度 태도	

小宮	お仕事を増やしてしまい心苦しいのですが、少々お時間を頂けますでしょうか？ 是非見ていただきたいものが……。	고미야	일을 늘리는 것 같아 마음이 괴롭습니다만, 잠시 시간 좀 내주시겠습니까? 꼭 봐주셨으면 하는 것이…….
トン	フン、見せてみろ。	황돈	흥, 보여줘 봐.
小宮	ありがとうございます！	고미야	감사합니다!

ノートパソコンの画面を示す小宮。画面にゴルフ場、クラブハウスの写真。

노트북 화면을 내보이는 고미야. 화면에 골프장과 클럽 하우스 사진

小宮	北茨城にあるゴルフ場なんですが……。	고미야	기타이바라키에 있는 골프장인데요…….
トン	うむ。	황돈	으음.
小宮	値段も手ごろです。	고미야	가격도 정말 괜찮습니다.
トン	うむ。	황돈	으음.
小宮	しかも……敷地内に温泉施設もあります。	고미야	게다가…… 부지 안에 온천도 있답니다.
トン	うむ～！ 小宮よ、忙しくなりそうだな。	황돈	으으음! 고미야, 바빠질 것 같군!
小宮	過労で倒れてしまいそうです。	고미야	과로로 쓰러질 것 같습니다.
トン・小宮	あー、とっても忙しい！	황돈・고미야	아, 너무 바빠!

二人は仲良くゴルフスイングを始める。

두 사람이 사이좋게 골프 스윙을 시작한다.

増やす 늘리다
心苦しい 마음이 괴롭다
画面 화면
示す 내보이다, 가리키다
値段 가격, 값
手ごろ 적당함, 알맞음
敷地 부지

過労 과로
倒れる 쓰러지다
仲良く 사이좋게
始める 시작하다

トン・小宮 あー、とっても忙しい！ あー、とっても忙しい！ あー、とっても忙しい！	**황돈·고미야** 아, 너무 바빠! 아, 너무 바빠! 아, 너무 바빠!

そんな二人の姿を遠巻きに見ている烈子。怒りの表情。トイレに駆け込みデスメタルを歌う烈子。デスメタル開始。

그런 두 사람의 모습을 저 멀리서 지켜보는 레츠코, 분노의 표정이다. 화장실로 뛰어 들어가서 데스메탈을 부르는 레츠코, 데스메탈 시작.

デス烈子 雷よ！願わくば！ トンのクラブの先端に！ 雷よ！願わくば！ 小宮のクラブの先端に！ 雷よ！願わくば！ 走る坪根の脳天に！ 天誅を！ 天誅を！ 天誅を！ 天誅を！	**데스 레츠코** 벼락이여! 바라건대! 황돈의 골프채 끝에! 벼락이여! 바라건대! 고미야의 골프채 끝에! 벼락이여! 바라건대! 달리는 쓰보네의 머리에! 천벌을 내려줘! 천벌을 내려줘! 천벌을 내려줘! 천벌을 내려줘!

トイレの個室
烈子がマイクを持って天を仰ぐ。デスメタル顔から通常の顔に戻る烈子。

화장실 개별칸
레츠코가 마이크를 들고 하늘을 올려다본다. 데스메탈 얼굴에서 평소 얼굴로 돌아오는 레츠코

烈子 よし、戻って仕事しよ。	**레츠코** 좋아, 돌아가서 일하자.

休憩室
ジュースを飲んで休憩している烈子達。

휴게실
주스를 마시며 휴식을 취하고 있는 레츠코 일행.

フェネ子 烈子、どうした？	**페네코** 레츠코, 왜 그래?
烈子 えっ？ 何が？	**레츠코** 어? 뭐가?

姿 모습
遠巻き 저 멀리서
怒り 분노
駆け込む 뛰어 들어가다
雷 벼락, 천둥
先端 뾰족한 끝, 첨단
脳天 정수리

天誅 천벌
仰ぐ 올려다보다
通常 평소, 보통
戻る 돌아가다, 돌아오다

座ってる烈子とフェネ子。

자리에 앉아 있는 레츠코와 페네코.

フェネ子 うーん、多分烈子のおばあちゃんってこんな顔なんだろうなーって顔してる。

페네코 음. 레츠코의 할머니는 이런 얼굴이겠지, 싶은 얼굴을 하고 있어.

烈子 えっ……。

레츠코 뭐?

30歳老け込んだような顔をしている烈子。手鏡を出して、覗き込む。

서른 살 더 늙어버린 듯한 얼굴을 한 레츠코. 손거울을 꺼내 들여다본다.

烈子 ああっ！狭山のばあちゃん！

레츠코 아앗! 사야마에 계신 할머니!

ハイ田 烈子、まさかあの仕事全部終わらせたのか？

하이다 레츠코, 설마 그 일 다 끝낸 거야?

烈子 うん、根性で終わらせた。

레츠코 응. 이 악물고 끝냈어.

手で顔を覆って揉みほぐす烈子。

손으로 얼굴을 덮고 꾹꾹 주무르는 레츠코

フェネ子・ハイ田 おおー、真面目。

페네코・하이다 오오, 성실하네.

烈子、手で顔を覆ったまま、しばし考える。

레츠코, 손으로 얼굴을 덮은 채 잠시 생각에 잠긴다.

烈子 それ友達にも言われた。私ってそんな真面目？

레츠코 그 말 친구한테도 들었어. 내가 그렇게 성실해?

ハイ田 えっ？ああ……、まあ……。

하이다 어? 아……. 그렇지…….

フェネ子 真面目で堅実だよね。携帯アプリの利用規約を端から端まで読み尽くすまで、同意ボタン押さないタイプ。

페네코 성실하고 착실하잖아. 핸드폰 앱 이용약관을 처음부터 끝까지 다 읽기 전엔 '동의' 버튼을 안 누르는 타입.

座る 앉다

多分 아마도

老け込む 늙어버리다

手鏡 손거울

覗き込む 들여다보다

狭山 사야마 (일본 사이타마현 남서부에 위치한 도시)

根性 근성, 참을성

覆う 덮다, 씌우다

揉みほぐす (응어리 등을) 주물러 풀다

真面目 성실

しばし 잠시

友達 친구

堅実 견실, 착실

端 끝, 가장자리

読み尽くす 다 읽다

押す 누르다

烈子	それ友達にも言われた。	레츠코 그 말 친구한테도 들었어.
ハイ田	この年で老後のために貯金してるタイプ。	하이다 이 나이에 노후를 위해 저축하고 있는 타입
烈子	それも言われた。	레츠코 그 말도 들었어.

ハイ田とフェネ子、顔を見合わせる。

하이다와 페네코, 얼굴을 마주 본다.

フェネ子・ハイ田	服屋で何も買わずに帰るのは悪いような気がして、とりあえず3足千円の靴下買っちゃうタイプ。	페네코·하이다 옷 가게에서 아무것도 안 사고 가는 게 미안해서 일단 세 켤레에 천 엔짜리 양말 사버리는 타입.
烈子	だから何で分かるの?	레츠코 그러니까 어떻게 아는 거냐고?

바로 이 장면!

フェネ子	だって、相手に何か期待されると、身を削ってクソ真面目に応えちゃうタイプじゃん。	페네코 상대가 뭔가 기대하면 살을 깎아 피나도록 성실하게 부응하는 타입이잖아.
烈子	ああ……なるほど……そうかも……。	레츠코 아아……, 정말…… 그럴지도 몰라…….
フェネ子	会社ではその性格が災いして、上司に仕事を押し付けられて自滅するタイプ。	페네코 회사에선 그 성격이 화를 불러 상사의 일도 떠맡으며 자멸하는 타입.
烈子	ああ……。	레츠코 아아…….

落ち込んでいく烈子。

점점 풀이 죽는 레츠코.

老後 노후
貯金 저금
見合わせる 서로 마주 보다
悪い 미안하다, 나쁘다
相手 상대
身を削る 살을 깎듯 몹시 고생하다
応える 응하다, 반응하다

災いする 불행을 초래하다, 화가 되다
押し付ける 억지로 떠맡기다, 강압하다
自滅する 자멸하다
落ち込む 풀이 죽다

フェネ子	小心者であるがゆえに、企業の思惑にからめ捕られたロボット。
	페네코 소심한 탓에 기업의 기대에 얽매인 로봇.
烈子	あああ……。
	레츠코 아아앗…….
フェネ子	過労死を待つ列に自分から並ぶ、従順な社畜。
	페네코 과로사를 기다리는 행렬에 스스로 줄 서는 순종적인 회사 노예.
烈子	うう……。
	레츠코 으으…….
フェネ子	**ブラック企業を肥え太らせるための餌。❸**
	페네코 악덕 업체를 살찌우기 위한 먹이.
ハイ田	おい、フェネ子、そのへんにしとけよ。
	하이다 야, 페네코, 그 정도로 해둬.
フェネ子	あっ、ごめん。言い過ぎた。
	페네코 아, 미안, 말이 심했다.
ハイ田、落ち込んだ烈子を気遣う。	
	하이다, 풀이 죽은 레츠코를 걱정한다.
ハイ田	うーん、つまり、あれだ！ 烈子はいい子ってことだよ。なっ？
	하이다 으음, 그러니까, 이런 거야! 레츠코는 착한 애라는 거지. 안 그래?
フェネ子	まあね。だけど、ずっといい子でいるのは……疲れるよね。
	페네코 뭐 그렇지. 그래도 계속 착한 애로 남는 건…… 지치지.

ハイ田	……。
	하이다 …….
烈子	……。
	레츠코 …….
ハイ田、肩をすくめる。	
	하이다, 어깨를 으쓱한다.

小心者 소심한 사람
〜がゆえに 〜때문에, 〜이기에
思惑 의도, 기대
からめ捕る 잡아 묶다, 포박하다
過労死 과로사
列 줄, 행렬
自分から 스스로

並ぶ 늘어서다
従順 순종
肥え太る 토실토실 살찌다
餌 먹이
言い過ぎる 말이 지나치다
気遣う 염려하다
肩をすくめる 어깨를 으쓱하다

❸ **ブラック企業を肥え太らせるための餌。** 악덕 업체를 살찌우기 위한 먹이.
레츠코가 일하는 곳은 직원에게 과하게 일을 시키고, 상사가 부하 직원에게 업무를 마구 떠맡기는 회사로 그려집니다. 이런 기업을 ブラック企業(블랙 기업)라고 하는데 일본식 영어 조어입니다. 반대말은 ホワイト企業(화이트 기업)인데 노동법 준수, 든든한 복리 후생 등으로 이직률이 낮은 회사를 뜻합니다.

デスメタル開始。

デス烈子　まわりが下す評価！
　　　　　ソツのないホメ言葉！
　　　　　害がない便利な存在！
　　　　　それ以上でも、以下でもねえ！
　　　　　「マジメないい子！」

데스메탈 시작.

데스 레츠코　주변에서 내리는 평가!
토씨 하나 안 틀린 칭찬의 말!
해로울 것 없는 만만한 존재!
그 이상도 이하도 아니지!
'성실하고 착한 애!'

まわり 주변
下す (평가, 판단 등을) 내리다

そつがない 실수가 없다, 소홀함이 없다
褒め言葉 칭찬의 말
害がない 해가 없다

グラグラ揺れる心

이리저리 흔들리는 마음

 06.mp3

更衣室
ロッカー前の烈子。

탈의실
로커 앞의 레츠코.

烈子　ってことなんだよね……多分……。

레츠코　그런 거겠지…… 아마도…….

会社の廊下
俯いた烈子がエレベーターに向かう。ゴリと鷲美が背筋を伸ばし、颯爽と歩いてくる。

회사 복도
고개를 푹 숙인 레츠코가 엘리베이터로 향한다. 릴라와 수리미가 등을 곧게 펴고 시원스럽게 걸어온다.

烈子　[いつもかっこいいな。自信に満ちた働く女性って感じ。私みたいに中途半端じゃ、この人達みたいにキラキラした存在にはなれないんだろうな。かといって、プー子みたいに自由に生きることもできない。ハア……。]

레츠코　[항상 멋지네. 자신감 넘치는 커리어 우먼 같아. 나처럼 어중간해서는 이 사람들처럼 반짝이는 존재가 될 수 없겠지. 그렇다고 푸코처럼 자유롭게 살 수도 없어. 하아…….]

烈子が乗ったエレベーターの扉が閉まる。烈子がいなくなったフロアを無言で進むゴリと鷲美。

레츠코가 탄 엘리베이터 문이 닫힌다. 레츠코가 떠난 층의 복도를 묵묵히 지나가는 릴라와 수리미.

ゴリ　超ラッキー。

릴라　운이 좋았어.

表情も変えずに呟くゴリ。

표정도 바꾸지 않고 중얼거리는 릴라.

鷲美　どうしたの?

수리미　무슨 일인데?

ゴリ　さっき擦れ違った子。ずっと会いたいなって思ってたの。朝の占いで黄色がラッキーカラーだって言ってたから。

릴라　방금 지나친 애. 온종일 만나고 싶었어. 아침에 본 오늘의 운세에서 노란색이 행운의 색이랬거든.

グラグラ 흔들흔들 (크게 흔들려 움직이는 모양)	颯爽 (태도 등이) 시원스럽고 씩씩한 모양	進む 나아가다
更衣室 탈의실	自信に満ちる 자신감에 넘치다	変える 바꾸다
廊下 복도	働く 일하다	呟く 중얼거리다
俯く 머리를 숙이다	中途半端 어중간함	擦れ違う 엇갈려 지나가다
向かう 향하다	かといって 그렇다고 해서	
背筋 등줄기	閉まる 닫히다	
伸ばす 곧게 펴다	無言 무언, 말이 없음	

鷲美　良かったわね。

수리미　잘됐네.

会社を出る烈子。

회사를 나오는 레츠코.

烈子　[ハア……。]

레츠코　[하아…….]

烈子の携帯が鳴る。画面にはプー子からのメッセージ。

레츠코의 핸드폰이 울린다. 화면에는 푸코에게서 온 메시지.

プー子　(仕事終わった？　今から会える？)

푸코　(일 끝났어? 지금 만날 수 있어?)

夜の街、飲み屋
飲み屋の座敷席で、向かい合わせに座る烈子とプー子。

밤거리, 주점
주점의 좌식 테이블에 마주 보고 앉은 레츠코와 푸코.

プー子　ういーす、お疲れー！

푸코　건배, 수고했어!

烈子　お疲れさま！❶

레츠코　수고했어!

ビールで乾杯する二人。

맥주로 건배하는 두 사람.

プー子　って、私は別に疲れてないんだけどさ。働いてないし。

푸코　뭐, 나야 딱히 수고한 게 없지, 일도 안 하고.

プー子、グラスのビールを飲み干す。

푸코, 잔에 담긴 맥주를 다 마신다.

プー子　プハー！　ほら、烈子もグーッと空けな。

푸코　푸하! 자, 레츠코도 한잔 쭉 마셔.

グラスを空ける烈子。烈子はだいぶ酔っている。

잔을 비우는 레츠코. 레츠코는 제법 취해 있다.

烈子　でさ、職場の飲み会で、トン部長にお酌させられるでしょ？　で、ビールをこうやって注ぐとさ……。

레츠코　그래서 회식 때 황돈 부장한테 술을 따르게 됐거든? 근데 맥주를 이렇게 따르니…….

鳴る　(소리 등이) 울리다
飲み屋　주점. 술집
座敷席　(식당 등이) 의자 없이 방석만
　　　　깔고 앉는 좌석
向かい合わせ　마주 봄
乾杯する　건배하다
別に　별로, 특별히

飲み干す　다 마시다
空ける　(속에 담긴 것을) 비우다
だいぶ　상당히, 어지간히
酔う　취하다
お酌する　술을 따르다
注ぐ　(액체 등을) 따르다

> ❶ **お疲れさま！** 수고했어!
> 상대방의 노고를 치하하거나 감사의 뜻을 드러내는
> 인사말입니다. 그러니까 푸코와 레츠코가 하루 일과
> 를 마치고 '오늘 하루 고생했다, 잘했다'라는 뜻으로
> 서로를 격려하는 것이지요. 이 인사는 동료나 후배 등
> 동등하거나 자신보다 아랫사람에게 씁니다. 비슷한
> 뜻을 가진 ご苦労様는 윗사람이 아랫사람에게 '수고
> 했다, 고생했다'라고 말할 때만 씁니다.

瓶ビールのラベルを下にして手酌する烈子。	병맥주의 라벨을 아래로 향하게 해서 자기 잔에 술을 따르는 레츠코
※飲み会の回想	※회식 때의 회상
トン 注ぐときはラベルを上に向けるのが礼儀だろうが、そんなことも知らねえのか！ これだから若い女はよ！	**황돈** 따를 때는 라벨을 위로 향하는 게 예의지. 그런 것도 모르나! 이래서 젊은 여자들은!
※回想終わり	※회상 끝
プー子 何だそれ？	**푸코** 그게 뭐야?
烈子 思うでしょ？ ほんと意味分かんない！	**레츠코** 너도 그렇게 생각하지? 정말 이해가 안 돼!
プー子 そんなオヤジ、昭和の時代に絶滅したんじゃないの？	**푸코** 그런 아저씨는 80년대에 멸종된 거 아니었어?
烈子 ウチにはまだいるんだよ……。最近、コンセントプラグ見ても、トン部長の顔思い出しちゃってさ。	**레츠코** 우리 회사에는 아직 있어……. 요즘은 콘센트 구멍만 봐도 황돈 부장 얼굴이 떠올라.

바로 이 장면!＊

プー子 ハッハッハッハッ……うける。	**푸코** 하하하……. 웃기다.
烈子 いつかあいつの顔面にバシーッと退職願を叩きつけてやりたいんだよね。それが私の夢。	**레츠코** 언젠가 그 녀석 얼굴에 확 사표를 던져버리고 싶어. 그게 내 꿈이야.
酒を呷る烈子。	술을 들이켜는 레츠코
プー子 アッハッハッ……烈子って話すと面白いよね。	**푸코** 아하하……. 레츠코는 얘기하면 재미있다니까.

手酌 자기가 자기 잔에 술을 따르는 것　　退職願 사표
礼儀 예의　　叩きつける 세게 내던지다
若い 젊다　　夢 꿈
オヤジ 아저씨　　呷る (술 등을) 단숨에 들이켜다
昭和 쇼와 (1926부터 1989까지 일본의 연호)
絶滅する 멸종하다
思い出す (생각 등을) 떠올리다

烈子	あっ、ごめん。私ばっか話してるね。プー子はこれからどうするの？　しばらく日本にいる？	레츠코	아, 미안. 나만 얘기했네. 푸코는 이제 어떻게 할 거야? 당분간 일본에 있을 거야?
プー子	実は、今度日本でビジネス始めてみようかなって思ってて。	푸코	사실 이번에 일본에서 사업을 시작해 볼까 해.
烈子	ビジネス！？	레츠코	사업?!
プー子	まあ、先輩と一緒にやるんだけどね。	푸코	뭐, 선배랑 같이할 거긴 하지만.
烈子	何するの？	레츠코	뭐 할 건데?
プー子	輸入雑貨屋。	푸코	수입 잡화점.
烈子	［輸入雑貨屋！］	레츠코	[수입 잡화점!]

キラキラとしたお洒落な店のイメージ。　　　　　　　　　반짝반짝하고 멋들어진 가게의 이미지.

プー子	海外から商品買い付けてさ。ホラ、私向こうにもたくさん友達いるし。自分達のセンスで何か面白いこと出来ないかなって。	푸코	해외에서 물건을 사 오려고. 난 해외에도 친구가 많으니까. 우리의 센스를 살려서 뭔가 재미있는 일을 할 수 있지 않을까 해서.
烈子	何それ……超素敵なんだけど。	레츠코	뭐야……, 엄청 멋지잖아.
プー子	やめてよ。別にそんな大したもんじゃ……。	푸코	그러지 마. 별로 대단한 일도 아닌데…….

輸入 수입
雑貨屋 잡화점
お洒落 멋을 냄, 멋쟁이
買い付ける 대량 구매하다
素敵 아주 근사함, 멋짐

烈子　最高! 超羨ましい!

レツコ　최고야! 진짜 부러워!

プー子　……。

プコ　…….

烈子の食いつきっぷりを見て呆気にとられたプー子。

레츠코의 혹하는 모습을 보고 어안이 벙벙한 푸코.

プー子　じゃ、一緒にやる?

プコ　그럼 같이할래?

烈子　えっ?

레츠코　응?

ぐらっとくる烈子。

마음이 확 흔들린 레츠코

烈子　ちょっと待って……。やめて、今本当グラッと来た。

레츠코　잠깐……. 그만, 지금 진심으로 흔들렸어.

プー子　ほんと? じゃあ、やろうよ。

プコ　정말? 그럼 하자.

烈子　いや……。や……やっぱり、会社あるし……。

레츠코　아니……. 아무래도 회사도 있고…….

プー子　辞めちゃえば?

プコ　그만두면 되잖아?

烈子　……。

레츠코　…….

ぐらぐらと揺れる烈子。

이리저리 마음이 흔들리는 레츠코.

帰り道、夜の住宅街
プー子の言葉を反芻する烈子。

귀갓길, 한밤중의 주택가
푸코의 말을 다시 떠올리는 레츠코.

プー子　(回想) 烈子だったら、経理も出来るじゃん。それに私も先輩もちゃらんぽらんな性格してるからさ、真面目な烈子と足りないところ補い合ってさ。

プコ　(회상) 레츠코는 경리도 할 수 있잖아. 그리고 나도 선배도 되는대로 사는 성격이니까, 성실한 레츠코와 부족한 면을 서로 채워줄 수 있잖아.

食いつきっぷり 혹하여 덤비는 모습
呆気にとられる 어안이 벙벙하다
ぐらっと 기우뚱 (크게 흔들리는 모양)
辞める 그만두다
反芻する 반추하다, 다시 떠올리다
ちゃらんぽらん 되는대로 행동함
補う 보충하다

夜道を歩く烈子の背中。一人、千鳥足でアパートに向かう烈子。

밤길을 걷는 레츠코의 뒷모습. 혼자 갈지자걸음으로 아파트로 향하는 레츠코

烈子 [何それ……。]

레츠코 [뭐라는 거니…….]

プー子 (回想) 買い付けの時は経費で海外も行けちゃうよ。

푸코 (회상) 물건 살 때는 회사 경비로 해외도 갈 수 있어.

烈子 [何それ……。]

레츠코 [뭐래…….]

烈子の口元がゆるんでくる。

레츠코의 입가에 슬그머니 웃음이 걸린다.

プー子 (回想) ねえ、一緒にやろ?

푸코 (회상) 응? 같이할래?

烈子 [何それ、何それ、何それ、何それ。]

레츠코 [뭐래, 뭐라는 거야.]

夢見る表情の烈子、空を飛ぶような気分。夜空にジャンプしてる烈子。

꿈꾸는 표정을 짓는 레츠코, 하늘을 나는 듯한 기분이다. 밤하늘에 점프하는 레츠코.

烈子 [何それ～!]

레츠코 [정말 뭐라는 거니!]

次の朝、会社のビル外観

다음 날 아침, 회사 빌딩 외관

経理部のオフィス

경리부 사무실

烈子 フン! フン!
フン! フン!
フン!

레츠코 에잇! 에잇!
에잇! 에잇!
에잇!

まだ誰もいないオフィスで、ふきんを振りながら、ピッチャーの投球フォームで素振りを繰り返している烈子。経理部にトンが入ってくる。

아직 아무도 없는 사무실에서 행주를 휘두르며, 투수가 공을 던지는 몸으로 휘두르기를 반복하는 레츠코. 경리부로 황돈이 들어온다.

トン 何やってんだ?

황돈 뭐 하고 있나?

背中 등, 뒷모습
千鳥足 갈지자걸음, 술에 취해 비틀거리는 걸음
経費 경비
口元がゆるむ 웃음을 띠다
夢見る 꿈꾸다
空を飛ぶ 하늘을 날다
夜空 밤하늘

ふきん 행주
投球 (야구 등의) 투구
素振り (배트나 목검 등을) 휘두르는 것
繰り返す 반복하다

烈子　うう……運動です。

トン　あっ？

烈子が慌ててふきんで机を拭う。

烈子　エヘへ……掃除がてら朝の運動を……。❷

トン　フン！ 気楽なもんだな。運動したいならメニューを追加してやる。俺のクラブも磨いとけ。

烈子　あっ、はーい。

トン　傷つけんなよ。
　　　あー、とっても、忙しい！ あー、とっても、忙しい！
　　　あー、とっても、忙しい！

トン、いつものようにゴルフの素振りを始める。

烈子　[気楽なもんね。このフォームが、そう遠くない未来、退職願をあんたの顔面に叩きつけるための練習だとも知らずに。]

トンの顔面に退職願を叩きつけるイメージ。

레츠코　우…… 운동이요.

황돈　어엉?

레츠코가 황급히 행주로 책상을 닦는다.

레츠코　에헤헤……, 청소하면서 아침 운동을…….

황돈　흥! 천하태평이군. 운동하고 싶으면 메뉴를 더 늘려주지. 내 골프채도 닦아놔.

레츠코　앗, 알겠습니다.

황돈　흠집 내지 마.
아, 너무, 바빠! 아, 너무, 바빠! 아, 너무, 바빠!

황돈, 평소처럼 골프채 휘두르기를 시작한다.

레츠코　[천하태평이구나. 이 자세가 머지않은 미래에 사표를 네 얼굴에 내던지기 위한 연습인 것도 모르고 말이야.]

황돈의 얼굴에 사표를 내던지는 이미지.

慌てる 당황하다
拭う 닦다
掃除 청소
気楽 무사태평함, 속이 편함
磨く 윤이 나게 문질러 닦다
傷つける 흠집을 내다
遠い (거리나 시간 등이) 멀다

❷ 掃除がてら朝の運動を……。
청소하면서 아침 운동을…….
~がてら는 '~하면서, ~하는 김에'라는 뜻입니다. '~할 시간을 활용해서 같이 …를 한다'라는 의미를 담아, 두 가지 행동이 동시 진행됨을 나타낼 때 쓰는 표현입니다. 레츠코가 책상 청소를 하면서 아침 운동을 한다고 했는데, 이렇게 ~がてら의 앞에 나오는 행동이 주된 동작이 됩니다. 다만 ~がてら는 딱딱한 느낌을 주는 표현이기도 해서, 일상생활에서는 같은 뜻인 ~ついでに나 ~ながら가 더 자주 쓰입니다.

烈子の机
坪根がどさどさと書類を積んでいく。

| 烈子 | [辞めてやる……。
辞めてやる……。
こんな会社!] |

坪根　じゃ、お願いね。

烈子　[バシーッと辞めてやる! ワッハッハッ……。]

悪魔的な高笑いをしながら、❸ 猛スピードでキーボードを叩く烈子。

레츠코의 책상
쓰보네가 턱턱턱턱 하고 서류를 쌓아놓는다.

레츠코　[그만둬 주겠어…….
그만둬 주겠어…….
이따위 회사!]

쓰보네　그럼, 부탁해.

레츠코　[시원하게 그만둬 주겠어! 하하하하핫
……]

높다랗게 거만한 웃음을 흘리며, 맹렬한 속도로 키보드를 두들기는 레츠코.

どさどさ 털썩털썩 (무거운 물건이 계속해서
　　　　 떨어지는 모양)
積む 쌓다
高笑い 큰 소리로 웃음
猛スピード 매우 빠른 속도
叩く 두드리다. 때리다

❸ **悪魔的な高笑いをしながら、**
높다랗게 거만한 웃음을 흘리며.
高笑い는 '아주 의기양양한 태도로 크게 터뜨리는 웃음'입니다. 우리말처럼 일본어에도 크게 깔깔거리는 웃음을 의미하는 표현이 많아요. 大笑い는 큰 소리로 웃는 비웃음, 爆笑는 팍 하고 웃음이 터지는 폭소, 哄笑는 입을 크게 벌리고 큰 소리로 웃는 웃음, バカ笑い는 주변 눈을 신경 쓰지 않고 정신없이 웃어대는 웃음입니다. 이렇게 미묘한 차이가 있으므로 어떤 상황에서 써야 하는지 뉘앙스를 구분해야 합니다.

夢に浮かれて

꿈에 들떠서

渋谷、テレビ画面の映像
画面に書いてある「街角インタビュー ムカつく上司!」のテロップ。

시부야, 텔레비전 화면 영상
화면에 적힌 '길거리 인터뷰, 짜증 나는 상사'라는 텔롭 자막.

レポーター 今日はここ渋谷に来ております! 今回のテーマは「ムカつく上司!」。早速、聞いて参りましょう! あっ! そこの黄色い女性の方! お仕事何をされてますか?

리포터 오늘은 여기 시부야에 나와 있습니다! 이번 주제는 '짜증 나는 상사'. 그럼 바로 시작해 봅시다!
앳! 거기, 노란 숙녀분! 어떤 일을 하시나요?

烈子 あっ、あの……OLです。

레츠코 아, 저어……, 사무직입니다.

インタビューされている烈子の顔はモザイクで隠されている。

인터뷰 질문을 받는 레츠코의 얼굴은 모자이크로 가려져 있다.

レポーター 職場にムカつく上司、いますよね?

리포터 회사에 짜증 나는 상사가 있죠?

烈子 えーまあ、いますね。

레츠코 아, 네, 물론 있죠.

レポーター それはどんな?

리포터 어떤 분인가요?

烈子 えっと……終業間際にいきなり仕事をたくさん押し付けてくる人とか……。

레츠코 그게…… 퇴근하기 직전에 갑자기 일을 엄청 몰아주는 상사라든지…….

レポーター ハッハッハ! ありがちですね。

리포터 하하핫! 그런 일은 흔하죠.

画面 화면
映像 영상
街角 길목, 거리
上司 상사
テロップ TV 화면에 나오는 문자, 사진
(television opaque projector의 준말)
早速 즉시

仕事 일
隠す 숨기다
職場 직장
終業 일을 마침
間際 직전, ~하려는 찰나
押し付ける 무리하게 떠맡기다
ありがち 흔히 있음

烈子　もっと早く言えよ〜みたいな。

レポーター　なるほど〜お時間頂きありがとうございまし……。

烈子　あと、女ってだけでバカにしてくる人とか。そのくせ、媚売ってる女に甘かったりとか。全然、仕事してないくせに無駄に汗ばっかりかいてたりとか。

レポーター　大分不満が溜まってるようですね。ありがとうござい……。

烈子、話を切り上げようとしたレポーターからマイクを奪う。

デス烈子　**テメエのことだ！** ❶
　　　　　この男尊女卑のビヤ樽があ！

레츠코　더 일찍 말해달라고요, 하는 기분이 들죠.

리포터　그렇군요. 시간 내주셔서 감사합니…….

레츠코　그리고 여자라는 이유만으로 바보 취급하는 사람도 있어요. 그러면서 자기한테 아양 떠는 여자한테는 엄청 잘해줘요. 일도 전혀 안 하면서 쓸데없이 땀만 흘리더라고요.

리포터　불만이 꽤 쌓인 것 같군요. 그럼 감사합…….

레츠코, 대화를 마무리하려는 리포터에게서 마이크를 빼앗는다.

데스 레츠코　이 자식아, 네 얘기 하는 거야! 이 남존여비 사상에 찌든 배불뚝이 돼지야!

会社のビル、外観

経理部オフィス
コピー機の前で仕事している烈子。

烈子　……。

※回想

プー子　実は、今度日本でビジネス始めてみようかなって思ってて。輸入雑貨屋。烈子も一緒にやんない？

※回想終わり

회사 빌딩, 외관

경리부 사무실
복사기 앞에서 일하는 레츠코.

레츠코　…….

※회상

푸코　사실, 이번에 일본에서 사업을 시작해 볼까 해. 수입 잡화점인데. 레츠코도 같이할래?

※회상 끝

媚を売る 아양을 떨다
甘い 후하다. 너그럽다
無駄に 쓸데없이
汗をかく 땀을 흘리다
溜まる 쌓이다
切り上げる 일단락 짓다. 끝맺다
奪う 빼앗다

てめえ 너 이 자식(상대방을 낮춰 부르는 말)
男尊女卑 남존여비
ビヤ樽 배불뚝이, 맥주 통처럼 배가 나온 사람
コピー機 복사기

❶ **テメエのことだ！**
이 자식아, 네 얘기 하는 거야!
てめえ는 てまえ의 음원화된 말인데요, 2인칭 대명사로 お前, あなた(너)라는 의미입니다. 대개 てめえ, このやろ(너, 이 자식)라는 식으로 쓰이는데 품위 있는 표현이라고 하기는 어렵고, 다소 경멸적인 인상을 주는 어조라고 할 수 있지요. 느낌과 뉘앙스가 비슷한 말로 おめえ나 きさま가 있습니다.

烈子　[やばい……。輸入雑貨屋……。]

レツコ [대박……. 수입 잡화점…….]

雑貨屋で働く烈子が「いらっしゃいませ」と挨拶をするイメージ。

잡화점에서 일하는 레츠코가 '어서 오세요' 하고 인사하는 이미지.

烈子　[何て夢のある響き！魅惑的過ぎる〜!]

レツコ [마치 꿈만 같아! 너무 끌린다!]

コピー機上面に顔を押し当てながら、身悶える烈子。カラーコピー機が満面の笑みを浮かべた烈子の顔を何枚もプリントアウトする。その中の一枚を手に取るカバ恵。

복사기 상판에 얼굴을 갖다 대면서 몸을 배배 꼬는 레츠코. 컬러복사기가 활짝 웃음 짓는 레츠코의 얼굴을 몇 장이나 복사한다. 그중 한 장을 집어 드는 가바에.

カバ恵　あら？烈子ちゃん、何かいいことでもあったの？

가바에 어머? 레츠코, 무슨 좋은 일이라도 있어?

烈子　べ……別に何も。

レツ코 벼…… 별일 아니에요.

カバ恵　ほんとに？

가바에 정말?

烈子　何でもないですよ……。

レツコ 아무것도 아니에요…….

カバ恵　ほんとにいい〜？

가바에 진짜로?

カバ恵が顔を覗き込むようにして、烈子に疑いの眼差しを向ける。カバ恵の目がぼわぁんと怪しく光る。

가바에가 얼굴을 들여다보듯 레츠코에게 의심의 눈길을 보낸다. 가바에의 눈이 기이한 빛을 띠며 빛난다.

カバ恵　烈子ちゃんの瞳の奥に暗く長いトンネルが見える。この笑顔が意味するのは、暗闇からの解放、自由。

가바에 레츠코의 눈동자 속에 어둡고 긴 터널이 보여. 이 웃는 얼굴이 의미하는 건, 어둠으로부터의 해방과 자유.

烈子　[何でこの人、的確に私の心を読んでくるの！？このおばちゃんは噂話のプロ。私から転職の匂いを嗅ぎつけたら、会社中に噂をばらまくに決まってる!]

レツコ [이 사람, 어떻게 내 마음을 정확히 읽는 거지?! 이 아줌마는 소문 퍼트리는 데는 선수야. 내가 이직할 생각이 있는 걸 눈치채면 분명 회사 전체에 소문을 짝 퍼뜨릴 거야!]

やばい 위험하다. (젊은 세대 용어로) 장난 아니다, 멋지다

押し当てる 바짝 대다, 꽉 누르다

身悶える 몸부림치다

満面の笑み 활짝 웃음 띤 얼굴

浮かべる 띄우다

覗き込む 들여다보다

疑い 의심

眼差しを向ける 눈길을 보내다

怪しい 수상하다

光る 빛나다

瞳 눈동자

嗅ぎつける (냄새를) 맡다, 알아채다

ばらまく 흩뿌리다. (소문 등을) 퍼뜨리다

〜に決まってる 반드시 〜이다

烈子　んも～カバ恵さんには隠し事できないなあ！

레츠코　아이참. 가바에 씨한테는 뭘 숨길 수가 없네요!

ウネウネするカバ恵の威勢に悩む烈子。クンクンし始めるカバ恵。烈子がキョロキョロしながら、カバ恵の耳元に顔を寄せる。

몸을 흔들어 대는 가바에의 기세에 고민하는 레츠코. 킁킁거리는 가바에. 레츠코가 주변을 두리번거리며 가바에의 귓가에 얼굴을 갖다 댄다.

烈子　実はここ五日ほど、その……出るものが出てなくて、今日の朝やっと……。

레츠코　사실 요즘 5일 정도, 그…… 나와야 할 게 안 나와서요. 오늘 아침에 드디어…….

カバ恵　暗く長いトンネルを抜けて？

가바에　어둡고 긴 터널을 빠져나간 거야?

烈子　そうそうそう！

레츠코　맞아요, 맞아요, 맞아요!

カバ恵　やっぱりね～！ そんな顔してた。

가바에　역시! 딱 그런 얼굴이었다니까.

女子トイレ❷
鏡の前でホッとする烈子。

여자 화장실
거울 앞에서 안도의 한숨을 내쉬는 레츠코.

烈子　ハア……危なかった……。

레츠코　하아…… 큰일 날 뻔했네…….

フェネ子がトイレに入ってくる。

페네코가 화장실로 들어온다.

フェネ子　あっ、烈子、便秘治ったんだって？ 良かったね。

페네코　아, 레츠코, 변비 탈출했다며? 다행이네.

烈子　[もう広まってんのかよ……。]

레츠코　[벌써 소문이 퍼진 거냐…….]

ぐったりする烈子。そして口紅を持って化粧を直す。

힘이 쭉 빠지는 레츠코. 그리고 립스틱을 들고 화장을 고친다.

フェネ子　あとさ、私見ちゃった。

페네코　그리고 말이야, 나 봤어.

烈子　ん？

레츠코　으응?

隠し事 비밀, 비밀로 하는 일	寄せる 갖다 대다
うねうね 구불거리는 모양	抜ける 지나다, 빠져나가다
威勢 기세, 위세	鏡 거울
悩む 고민하다	ホッとする 안도하다
くんくん 킁킁 (냄새를 맡는 모양)	治る 낫다
きょろきょろ 두리번두리번	口紅 립스틱
耳元 귓가	化粧を直す 화장을 고치다

❷ 女子トイレ 여자 화장실
일본어에서는 화장실을 トイレ라고 말합니다. 化粧室라는 말이 없는 것은 아니지만, 化粧室에 行く 라고 말하는 경우는 거의 없습니다. 다만, 회사나 공공시설 등에 설치된 화장실에 化粧室라고 적혀 있는 곳도 종종 있긴 합니다. トイレ를 좀 더 정중한 느낌으로 말할 때는 お手洗い라고 부르는데, 화장실을 사용하고 나서 바로 손을 씻기 때문에 이러한 이름이 붙었습니다.

フェネ子　こないだ昼のOL番組でやってた「ムカつく上司!」の街頭インタビュー。

페네코　얼마 전, 직장인 대상의 오후 프로그램에서 한 '짜증 나는 상사!' 거리 인터뷰.

烈子　なっ……何の話?

레츠코　무…… 무슨 말 하는 거야?

口紅がはみ出たままの烈子。烈子の顔に脂汗がだらだら。

립스틱이 바깥으로 삐져나온 레츠코. 레츠코의 얼굴에 비지땀이 줄줄 흐른다.

フェネ子　顔にモザイク入ってたけど、あれ烈子でしょ?

페네코　얼굴에 모자이크 처리 했지만 그거 너 맞지?

烈子　私がテレビに? ないないない! 最近、渋谷なんて行ってないし。

레츠코　내가 TV에 나왔다고? 아니야, 그럴 리가! 요즘 시부야에 간 적도 없다고.

フェネ子　渋谷? 私渋谷って言ったっけ?

페네코　시부야? 내가 시부야라고 말했나?

烈子　えっ……さっき言ってたよ……。

레츠코　엇……, 아까 얘기했어…….

フェネ子　あっ、そう? じゃ、他人の空似か。❸

페네코　아, 그래? 그럼 너랑 닮은 사람인가 보네.

烈子　じゃないかな～アハッ、アハハハ……。

레츠코　그렇지 않을까. 아하하하…….

烈子　[うかつだった～! プー子に会ってからちょっと浮かれ過ぎてたかも。気を付けよう。]

레츠코　[내가 방심했어! 푸코를 만난 이후로 너무 들떠 있었나 봐. 조심해야겠다.]

コピー機のある区画
排紙トレイに溜まった烈子の超笑顔のカラーコピー。その中から一枚を取り出すトン。いぶかしげにコピーを見る。

복사기가 있는 구역
배출 트레이에 쌓인 레츠코가 활짝 웃는 컬러 복사지. 그중에서 한 장을 꺼내는 황돈. 의아한 표정으로 용지를 바라본다.

トン　んん～。

황돈　으음…….

番組 방송
街頭 가두, 길거리
はみ出る 비어져 나오다, 튀어나오다
脂汗 비지땀
だらだら 줄줄(액체 등이 흐르는 모습)
うかつ 주의가 부족함
浮かれる 들뜨다, 신이 나다

気を付ける 조심하다, 주의하다
区画 구획, 경계
排紙トレイ (프린터 등의) 종이 배출 트레이
取り出す 꺼내다, 빼내다
いぶかしげ 의아함, 수상쩍음

❸ **他人の空似か。** 너랑 닮은 사람인가 보네.
他人の空似라는 말은 혈연 관계가 전혀 아닌 두 사람이 아주 똑 닮았을 때 쓰는 말입니다. 딱 그 사람처럼 보일 정도로 비슷한 인물을 봤을 때, 혹은 자세히 보면 아니지만 멀리서 보면 아주 닮아 보이는 정도까지 다양한 범위에서 사용되는 표현이라고 할 수 있어요. 같은 뜻의 단어로 そっくりさん과 瓜二つ가 있는데, 특히 瓜二つ는 주로 얼굴이 비슷할 때 사용되는 말이랍니다.

初めて上司に噛み付く

처음으로 상사에게 대들다

🎧 08.mp3

会社のビル、外観	회사 건물, 외관
廊下	복도
全速力で走るハイ田。	전속력으로 달리는 하이다.
オフィス、烈子の机	사무실, 레츠코의 책상
仕事をしている烈子。血相を変えて走りこんで来たハイ田が烈子の後ろで急ブレーキ。	일하고 있는 레츠코. 새파랗게 질려 달려온 하이다가 레츠코의 뒤에서 급브레이크로 멈춘다.

ハイ田　　烈子!

하이다　레츠코!

烈子　　ハ……ハイ田くん、どうしたの?

레츠코　하…… 하이다. 무슨 일이야?

ハイ田　　烈子、お前……昨日出産したってマジか!?

하이다　레츠코, 너…… 어제 출산했다는 말이 사실이야?!

烈子　　はぁ!?

레츠코　뭐어?!

ハイ田　　難産だったって聞いたぞ!

하이다　굉장히 어렵게 출산했다면서!

烈子　　ちょっと待って、出産するわけないでしょ!

레츠코　잠깐, 내가 출산할 리가 없잖아!

フェネ子　　ハハハハハハ……。

페네코　하하하하하…….

隣の席でウケているフェネ子。

옆자리에서 웃음이 터진 페네코.

全速力 전속력　　**隣の席** 옆자리

血相 안색

走りこむ 달려 들어가다

出産 출산

まじ 정말, 진짜

難産 난산

～わけ(が)ない ~일 리가 없다

烈子 フェネ子笑い過ぎ！ どこでどう話が曲がったのか知らないけど、それ、元は違う話だから。	레츠코 페네코. 그만 웃에! 어디서 어떻게 이야기가 와전된 건지 모르겠는데, 원래는 다른 이야기야.
ハイ田 そっか……。ハア……びっくりした。そっかあ……。	하이다 그렇구나……. 하아…… 깜짝 놀랐잖아. 그런 거였구나…….
心臓に手をあて、心から安堵するハイ田。	심장에 손을 얹고 진심으로 안도하는 하이다.
ハイ田 で、曲がる前はどういう話だったんだ？	하이다 그럼 와전되기 전에는 무슨 이야기였는데?
烈子 ……。	레츠코 …….
フェネ子 ハハハハハハハ……。	페네코 하하하하하하…….
烈子 だから、笑い過ぎ！	레츠코 그러니까 그만 웃으라고 했잖아!
烈子の向かい側、こちらに背中を見せて座っている坪根。坪根がファイルをドンと置きながら、イヤミを言う。	레츠코의 맞은편. 이쪽으로 등을 돌리고 앉아 있는 쓰보네. 쓰보네가 파일을 탁 내려놓으며 빈정거린다.
坪根 若い人はいいわね。楽しそうで。	쓰보네 젊은 친구들은 좋겠어. 아주 즐겁나 봐.
坪根がゆっくりと振り向いて烈子を睨み、ドスを利かせる。	쓰보네가 천천히 뒤를 돌아 레츠코를 째려보며 위협적인 목소리로 말한다.
坪根 烈子さん、ちょっと。	쓰보네 레츠코 씨, 잠깐 보지.
烈子 ……。	레츠코 …….

話が曲がる 이야기가 왜곡되다
元 원래, 본래
違う 다르다
手をあてる 손을 대다, 얹다
安堵する 안도하다
向かい側 맞은편
背中 등, 뒷모습

いやみ 비꼼, 듣기 거북한 말
振り向く 뒤를 돌아보다
睨む 째려보다, 노려보다
ドスを利かせる 으름장을 놓다

坪根の席

坪根、書類の不備をビシビシと指で指し示す。烈子を呼びつけて、小言を言う。

坪根	ここ！ こことこことここ！ ここも間違ってる！	쓰보네 여기! 여기랑 여기랑 여기! 이것도 틀렸어!
烈子	すみません……。	레츠코 죄송합니다…….

바로 이 장면! *

坪根	どうしちゃったの？ 最近たるんでらっしゃるわね。一体、何しに会社に来てるのかしら？	쓰보네 무슨 일 있나? 요새 정신이 좀 느슨해지신 것 같은데, 대체 뭐 하러 회사에 오는 거야?
烈子	仕事です。	레츠코 일하러 옵니다.
坪根	はあ？ 遊びに来てるんでしょ？ だから会社でこんな顔ができるんでしょ!?	쓰보네 뭐? 놀러 오는 거 아니고? 그래서 회사에서 이런 표정 짓는 거 아니었어?!

坪根が昨日の満面の笑みを浮かべた烈子のカラーコピーを示し、そのカラーコピーをお面のように烈子のおでこに貼り付ける。

쓰보네가 어제 활짝 웃는 레츠코의 얼굴이 컬러 복사된 용지를 가리키며, 그 용지를 마치 가면처럼 레츠코의 이마에 딱 붙인다.

坪根	ほら、とっても楽しそう。いいわね、遊んでお金がもらえるなんて。	쓰보네 봐봐, 정말 즐거워 보여. 좋겠네, 놀면서 돈도 벌 수 있으니 말이야.
烈子	[確かに間違ったのは私だけど……。]	레츠코 [분명 내가 잘못했지만…….]
坪根	まっ、あんたに頼んだ私がバカだったわ。だって時間を無駄にされるだけなんだもの。	쓰보네 그래, 너한테 일을 부탁한 내가 바보지. 네가 하는 건 시간 낭비밖에 없으니까.

不備 충분히 갖추어지지 않음

ビシビシ 가차 없이, 엄하게

指し示す 가리키다

呼びつける 불러오다

小言 잔소리, 꾸중

間違う 잘못되다, 틀리다

たるむ 느슨해지다

お面 가면

おでこ 이마

貼り付ける 붙이다

もらう 받다

頼む 부탁하다, 믿다

無駄 쓸데없음

烈子	[元々あんたの担当分を私に無茶振りして来た仕事じゃ ん……。私、何で我慢してるの?]	레츠코 [원래 당신 일을 나한테 무리하게 시킨 거 잖아……. 나 왜 참고 있는 거지?]
坪根	大体ね、私が若い頃は、それは厳しい時代だったのよ。 前々から言おうとは思ってたんだけど……。 烈子さん、烈子さん! 聞いてるの!?	쓰보네 도대체가 말이야. 내가 젊었을 때는 얼마 나 힘든 시절이었다고. 전부터 말하려고 했는데 ……. 레츠코 씨, 레츠코 씨! 듣고 있는 거야?!
烈子	そんなに言うなら、最初からご自分でおやりになったら いいじゃないですか。	레츠코 그렇게 말씀하실 거면 처음부터 직접 하 시면 좋잖아요.
	烈子の声には静かな怒りがにじんでいる。口をあんぐりと開けて固まる 坪根。	레츠코의 목소리에 조용한 분노가 배어 있다. 입을 떡 벌리고 굳어버린 쓰보네.
坪根	あなた何を言ったか分かってるの?	쓰보네 너, 무슨 말 한 건지 알기나 해?

夜の街
歩く烈子。

밤거리
걸어가는 레츠코

烈子	[言ってやった。 もう後には引けない。もう真面目ないい子には戻れない。 言ってやった。 言ってやった。 私は言ってやった。]	레츠코 [말해버렸어. 이제 돌이킬 수 없어. 이제 성실하고 착한 애로 돌 아갈 수 없어. 말해버렸어. 말해버렸어. 내가 진짜 말했다고.]

カラオケ

노래방

デス烈子	気持ちいいいいいい!	데스 레츠코 기분 째져!

元々 원래부터
無茶振り 어려운 일을 무리하게 요구하는 것
我慢する 참다
若い頃 젊은 시절
前々 이전, 오래전
静か 조용한 상태
にじむ 배다, 드러나다

あんぐり 떡, 떡(어이없거나 놀라서 입을 크게
　　　　　벌린 모양)
固まる 굳어지다
後に引けない 더는 물러설 수 없다
戻る 돌아가다

カフェ
パスタを食べているプー子。

プー子　上司に噛み付くなんて、やるじゃん！

烈子　いやあ……ちょっと大人げなかったかな。

プー子　いや、いいよ。うん、**いいバイブス。**❶

烈子　エヘヘ……。
ねえ、プー子、こないだの話なんだけど。

プー子　ん？

烈子　輸入雑貨屋の店舗ってどこで開くつもりなの？

プー子　ああ、店舗？　それは……。

烈子　あっ、待って。私当てる！
下北沢！

首を横に振るプー子。

烈子　まさか三茶！？　だったら近くていいな。

また首を横に振るプー子。

烈子　じゃあ……。

噛み付く 대들다, 달려들어 물다
大人げない 어른답지 못하다
店舗 점포
開く (가게 등을) 시작하다, 열다
当てる 알아맞히다
首を横に振る 고개를 가로젓다

❶ **いいバイブス。** 잘했는걸, 뭐.
젊은이들이 많이 쓰는 유행어입니다. 바이브스(vibes)라는 단어는 영어 vibration의 약어입니다. 미국에서 힙합이나 랩, 레게 음악에서 '분위기', 필링, 기합'이라는 의미로 쓰입니다. 그래서 일본에서도 바이브스는 텐션, 분위기, 흥, 현재 감정 등을 드러낼 때 활용하지요. 주로 바이브스 높い！ 바이브스上がってきた！ 등으로 써서 '와아, 흥이 오른다! 기분이 업된다!'라는 뉘앙스로 사용됩니다. 혹은 お互いバイブス合うね처럼 '죽이 척척 맞아 분위기가 좋다'라는 뜻으로도 쓰인답니다.

카페
파스타를 먹고 있는 푸코

푸코　상사한테 대들다니 제법이네!

레츠코　아니……, 좀 어른스럽지 못했을까.

푸코　아니야, 괜찮아! 잘했는걸, 뭐.

레츠코　에헤헤…….
있지, 푸코, 저번에 말한 거 있잖아.

푸코　응?

레츠코　수입 잡화점 매장은 어디에 열 거야?

푸코　아, 매장? 그게…….

레츠코　아, 잠깐! 내가 맞혀볼게!
시모키타자와!

고개를 가로젓는 푸코

레츠코　설마 산차야?! 그럼 가깝고 좋을 텐데.

또 고개를 가로젓는 푸코

레츠코　그럼…….

プー子	ないよ、店舗。	푸코 없어, 가게 같은 거.
烈子	えっ？	레츠코 뭐?
プー子	だから店舗ないって。ごっめん、言ってなかったっけ？	푸코 그러니까 가게는 없다고. 미안, 말 안 했었나?
烈子	じゃあ、どうやって？	레츠코 그럼 어떻게?
プー子	ネット販売。知り合いに頼んで**サイト立ち上げてさ。❷** だって最初からリスクしょえないでしょ？ 在庫は自分の家に置いとけばいいし。もちろん、先々店舗持てたら最高だね。んっ、どうした？	푸코 인터넷 판매. 아는 사람한테 부탁해서 사이트를 만들 거야. 왜냐면 처음부터 위험 부담을 안을 수는 없잖아. 재고는 집에 쌓아두면 되고. 물론 나중에 가게를 개업할 수 있으면 제일 좋겠지. 으음, 왜 그래?
烈子	えっと、ちなみにお給料とかって？	레츠코 어어. 그러면 급여는 어느 정도인데?
プー子	商売が軌道に乗るまでは厳しいかもね。	푸코 사업이 궤도에 오를 때까지는 많이 못 줄 거야.
烈子	私の月々の家賃、どうすればいいのかなあ……？	레츠코 그럼 난 월세를 어떻게 해야 되나……?
プー子	アパート引き払っちゃえば？ 実家近いでしょ？	푸코 지금 사는 아파트에서 나오면 되잖아? 근처에 부모님 사시지?

雑貨店で働く烈子が「いらっしゃいませー」と挨拶するイメージ。そのイメージがガラスのようにビシッと割れる。

집화점에서 일하는 레츠코가 '어서 오세요' 하고 인사하는 이미지. 그 이미지가 유리처럼 와장창 깨진다.

ネット販売 인터넷 판매	厳しい 엄하다, 냉혹하다
知り合い 지인, 아는 사람	月々 매달
しょう 짊어지다	家賃 집세
先々 앞으로	引き払う 퇴거하다, 떠나다
ちなみに 덧붙여	実家 본가, 생가
給料 급료, 월급	割れる 깨지다
軌道に乗る 궤도에 오르다	

> **❷ サイト立ち上げてさ。** 사이트를 만들 거야.
> 立ち上げる는 주로 '(컴퓨터나 웹사이트 등을) 가동하다'라는 뜻으로 쓰입니다. 마이니치 신문에서는 이 단어를 '의미가 애매한 단어이므로, 컴퓨터 소프트 가동 이외의 의미로는 쓰지 않는 것이 좋다'라고 제언합니다. 실제로도 パソコンを立ち上げる(컴퓨터를 켜다, 가동하다)라는 뜻을 중심으로 사용되고요. 하지만 컴퓨터 이외의 경우에도 이 표현을 사용하는 사람들이 많아서 여전히 검토가 필요한 말 중 하나입니다. 대표적인 예로, 新規事業を立ち上げる(신규 사업을 세우다)처럼 '기업 등을 설립하다'라는 뜻으로 쓸 때도 있답니다.

転職活動がバレた!?

이직하려던 걸 들켰다?!

 09.mp3

オフィス
コピー機の天板に突っ伏している烈子。カラーコピー機からえんえんと吐き出される、烈子のなんとも言えない絶望の表情。カバ恵が一枚のコピーを手に取る。

사무실
복사기 상판 위에 푹 엎드려 있는 레츠코. 컬러복사기에서 줄줄이 나오는 레츠코의 형언할 수 없는 절망의 표정. 가바에가 복사용지 한 장을 집어 든다.

カバ恵 あら、烈子ちゃん、何か悪いことでもあったの?

가바에 이런, 레츠코, 무슨 안 좋은 일이라도 있었니?

烈子 ちょっと……現実の厳しさを知りまして……。

레츠코 그게…… 현실의 가혹함을 알게 돼서요…….

会社の廊下
ヨロヨロ歩く烈子。向こうから走ってくる角田に気付く。

회사 복도
비틀비틀 걷는 레츠코. 저쪽에서 달려오는 쓰노다를 본다.

角田 せんぱ～い!

쓰노다 선배!

烈子 あっ、角田さん。

레츠코 아, 쓰노다 씨.

角田 会社辞めちゃうってほんとですか～?
何でですかあ? 結婚ですか? 転職ですか? いまさら自分探しですか～?

쓰노다 회사 관둔다는 게 사실이에요?
왜요? 결혼하세요? 이직하시는 거예요? 이제 와서 자아를 찾으러 가시나요?

烈子 それ誰から聞いたの?

레츠코 그거 누구한테 들었어?

角田 経理のカバ恵さんからですけど……。

쓰노다 경리부 가바에 씨한테 들었는데요…….

角田が言い終わる前にダッシュで飛び出す烈子。

쓰노다가 말을 끝내기도 전에 돌진하여 뛰어나가는 레츠코.

天板 복사기나 책상 위에 놓인 큰 널빤지
突っ伏す 엎드리다
えんえん (일 등이) 계속 이어지는 모양
吐き出す 토해내다, 내뱉다
手に取る 손으로 집어 들다
厳しさ 냉혹함, 혹독함
よろよろ 비틀비틀

気付く 깨닫다, 알아차리다
辞める (일 등을) 그만두다
転職 이직
いまさら 이제 와서
自分探し 자아 찾기
ダッシュ 돌진, 전력 질주
飛び出す 뛰어나가다

角田　先輩？

쓰노다　선배?

会社の廊下
廊下の奥からゴリと鷲美が颯爽と歩いてくる。後ろから、猛然と走ってくる烈子。

회사 복도
복도 안쪽에서 릴라와 수리미가 시원스럽게 걸어온다. 뒤쪽에서 무시무시한 속도로 달려오는 레츠코.

烈子　カバ恵さ〜ん！

레츠코　가바에 씨!

ビュンと、烈子が猛スピードで走っていく。その勢いでギュルルルルとコマのように高速回転するゴリ。回転が止まると、何事もなかったかのようにスタスタと歩き出す。

피용! 하고 레츠코가 맹렬한 속도로 달려간다. 그 기세 때문에 팽이처럼 빙그르르 고속 회전 하는 릴라. 회전이 멈추자 아무 일도 없었다는 듯 성큼성큼 걸어나간다.

鷲美　リアクションくらい取ったら？

수리미　반응이라도 하지그래?

休憩室
カバ恵にすがって、崩れ落ちるように懇願する烈子。

휴게실
가바에에게 매달려 거의 주저앉을 듯 애원하는 레츠코

烈子　私のお給料が〜！ 月々の固定費が〜！

레츠코　제 급여개! 매달 고정 비용이!

カバ恵　どうしたの？ 烈子ちゃん、落ち着いて。

가바에　무슨 일이야? 레츠코, 진정해.

烈子　私が辞めるって噂、広めないでください。

레츠코　제가 회사 관둔다는 소문 퍼뜨리지 말아주세요.

カバ恵、優しい目で烈子を諭すように、ゆっくりと話し出す。

가바에, 다정한 눈빛으로 레츠코를 달래듯 천천히 말을 꺼낸다.

カバ恵　確かに私、おしゃべり妖怪だから拡散力には定評があるわよ。だけど、さすがに烈子ちゃんの立場を悪くするような悪い噂を広めたりしない。

가바에　확실히 내가 수다 떠는 걸 좋아하니까 소문 퍼뜨리는 일에는 정평이 나 있긴 해. 하지만 아무리 그래도 레츠코의 입장을 곤란하게 만드는 나쁜 소문은 퍼뜨리지 않아.

烈子　でも角田さんが……。

레츠코　하지만 쓰노다 씨가…….

奥 안쪽, 안	すがる 매달리다	おしゃべり 수다스러움, 잡담
猛然 맹렬하게	崩れ落ちる 무너져 내리다	妖怪 요괴, 도깨비
勢い 기세	懇願する 애원하다	拡散力 확산력
こま 팽이	月々 매달	定評がある 정평이 나 있다
止まる 멈추다	落ち着く 진정하다	立場 입장
スタスタ (걸음 등이) 성큼성큼	諭す 달래다, 타이르다	噂を広める 소문을 퍼뜨리다
リアクションを取る 리액션을 취하다	話し出す 입을 열다, 말하기 시작하다	

カバ恵	ごめんね、角田さんだけには言ったの。だってあなたたち仲良しでしょ？	가바에　미안. 쓰노다 씨한테만 말했어. 너희 둘 친한 사이잖아?
烈子	……。（は？ という顔） いやあ、別に……仲はそんなに……。	레츠코　…….（'뭐?' 하는 얼굴） 아뇨, 딱히…… 친하지는…….
カバ恵	私は小宮さんから聞いて、角田さんに伝えた。それだけ。ほんとよ。	가바에　난 고미야 씨에게 듣고, 쓰노다 씨한테 말한 거야. 그게 다야. 정말이야.
烈子	小宮さん!? どうして小宮さんが……。	레츠코　고미야 씨요?! 왜 고미야 씨가…….

二人から距離を置いた場所に小宮が現れる。小宮を見る烈子。

두 사람에게서 좀 떨어진 곳에 고미야가 나타난다. 고미야를 보는 레츠코.

烈子	……。	레츠코　…….
小宮	トン部長は君と話がしたいそうだ。	고미야　황돈 부장님이 하실 말씀이 있대.

会社ビルの外観、夜

회사 건물 외관, 밤

経理部オフィス

照明はすでに落とされ、残っているのはトンと烈子だけ。トンはデスクに座り、烈子はその前に立っている。デスクの上には小宮のノートPCが置いてあり、録画された「ムカつく上司」街頭インタビューの映像が流れている。

경리부 사무실

조명은 이미 꺼졌고, 남은 이는 황돈과 레츠코뿐. 황돈은 책상 앞에 있고, 레츠코는 그 앞에 서 있다. 책상 위에 고미야의 노트북이 놓여 있는데, 녹화된 '짜증 나는 상사' 길거리 인터뷰 영상이 흘러나오고 있다.

烈子	……。	레츠코　…….

青ざめる烈子。

새파랗게 질린 레츠코

仲良し　사이가 좋음	録画　녹화
伝える　전하다, 알리다	流れる　흐르다
距離を置く　거리를 두다	青ざめる　(안색 등이) 새파랗게 질리다
現れる　나타나다	
すでに　이미, 벌써	
落とす　(조명 등을) 끄다	
残る　남다	

바로 이 장면!*

トン	ご破算で願いましてはっと……。

ジャラララララッと一珠を横すべりに弾く指先。パチパチと猛スピードでそろばんを弾くトン。

トン	いい音だ? 今は会計ソフトでカタカタやるのが経理の仕事だが、俺はパソコンって奴が、どうも苦手でな。

烈子	……。

トン	そろばんで、お前の教育のために会社がどれだけの金をつぎ込んだのか、ざっと計算してるところだ。へへへ……。

トンの素早い指の動きを無言で見つめる烈子。

烈子	[私もあの時、頭の中でそろばんを弾きました。値段のつけられない夢と、値段のつく現実を、天秤の上に載せたのです。]

※回想
カフェ

烈子	ごめん……私やっぱり……。

プー子	ちょっと! 落ち込まないでよ。

烈子	ごめん。

황돈 떨고 놓기를…….

좌르르르르륵 하고 주판알을 옆으로 미끄러트리며 튕기는 손가락, 탁탁 하고 맹렬한 속도로 주판을 튕기는 황돈.

황돈 소리 좋지? 요샌 회계 프로그램으로 탁탁 처리하는 게 경리의 일인데 난 정말 컴맹이라서 말이야.

레츠코 …….

황돈 주판으로 너를 교육하기 위해 회사가 얼마나 돈을 들였는지 대강 계산하는 중이야. 헤헤헤…….

황돈의 재빠른 손동작을 묵묵히 바라보는 레츠코

레츠코 [저도 그때 머릿속으로 주판을 튕겼습니다. 값을 매길 수 없는 꿈과 값이 매겨진 현실을 저울 위에 올렸습니다.]

※회상
카페

레츠코 미안해……. 난 역시…….

푸코 얘도 참! 우울해하지 마.

레츠코 미안해.

一珠 (주판의) 아래알	苦手 잘하지 못함, 서투름	載せる 얹다, 올려놓다
横すべり 옆으로 미끄러짐	つぎ込む (비용 등을) 들이다	落ち込む 풀이 죽다, 침울해지다
弾く (주판을) 놓다, 튕기다	ざっと 대충, 대강	
指先 손가락 끝	素早い 재빠르다	
そろばん 주판	動き 움직임	
カタカタ 타각타각, 탁탁 (키보드 등을 치는 소리)	値段をつける 값을 매기다	
	天秤 저울	

プー子　だから、何で烈子が謝るの？ いいんだよ、烈子には烈子の生き方があるんだから。

푸코　그러니까 왜 네가 사과하는 건데? 괜찮아. 너에게는 너의 삶의 방식이 있으니까.

落ち込んだままの烈子。そんな烈子を見かねたプー子。

풀이 잔뜩 죽은 레츠코. 그런 레츠코를 보다 못한 푸코.

プー子　ねえ、何で私みたいにフラフラしたいい加減な奴が夢だけ食って生きていけるか分かる？

푸코　있지, 왜 나처럼 불안정하게 적당히 사는 사람이 꿈만 좇으며 살 수 있는지 알아?

烈子　えっ？ 何でだろう？

레츠코　어? 왜일까?

プー子　烈子みたいに堅実な人達がきちんと働いて真面目に税金払ったり、経済回したりしてくれてるおかげじゃん。だから悪いけど、烈子は真面目に、堅実に生きてよ。**私らボンクラが安心して❶** フラフラできるように。

푸코　너같이 착실한 사람들이 열심히 일해서 성실히 세금을 내고, 경제를 돌아가게 해준 덕분이잖아. 그러니 미안하지만 넌 성실하고 착실하게 살아. 우리 같은 바보들이 안심하고 편히 살 수 있도록 말이야.

窓の外から見える笑い合う二人。

창밖에서 보이는 두 사람의 함께 웃는 모습.

烈子　じゃあ、今日は私が奢る。

레츠코　그럼 오늘은 내가 쏠게.

プー子　やりい！

푸코　좋아!

烈子・プー子　アハハハハハ……。

레츠코・푸코　하하하하하…….

カフェに響く二人の笑い声。
※回想終わり

카페에 울려 퍼지는 두 사람의 웃음소리.
※회상 끝

トンの指先が止まる。

황돈의 손가락이 멈춘다.

謝る 사과하다

見かねる 보다 못하다

フラフラ 비틀비틀, 흔들흔들
（걸음이 흔들리는 모양）

いい加減 무책임한 모습, 적당히

生きる 살다

堅実 견실, 성실

働く 일하다

払う （돈 등을）지불하다

回す 돌리다, 회전하다

おかげ 덕택, 덕분

笑い合う 서로 마주 보고 웃다

響く 울리다, 울려 퍼지다

❶ **私らボンクラが安心して**
우리 같은 바보들이 안심하고

ボンクラは '얼간이, 멍청이'라는 뜻으로 쓰이는 단어입니다. 사실 이 표현은 盆暗라는 도박 용어로, 그릇 안에 든 주사위를 예상하는 능력이 부족하여 내기에서 항상 지기만 하는 사람을 일컫는 말이었습니다. 바로 여기서 유래하여, 명해서 사물을 잘 파악하지 못하고 얼빠진 모습이나 그러한 사람을 가리키는 말이 됐지요.

トン　オッホッホ、こりゃ結構な額だな……。本題だ。最近、お前の様子はおかしかった。

황돈　오호, 이거 상당한 금액이군……. 진짜 문제는 최근에 네가 좀 이상했다는 거야.

トンが満面の笑顔の烈子のカラーコピーを手で振って見せる。

황돈이 활짝 웃는 레츠코가 담긴 컬러 복사용지를 손으로 흔들어 보인다.

トン　長年の勘でピンときた俺は、内偵を進めた。小宮!

황돈　내가 오랜 직감으로 눈치채고 몰래 조사했지. 고미야!

小宮が係長の机からミーアキャット風にひょいと顔を出す。

고미야가 계장 책상에서 미어캣처럼 쏙 얼굴을 내민다.

小宮　読み上げます! 転職支援サイト「マジ!? 私の月給やばくない!?」、質問サイト「辞表と退職届ってどう違うんですか?」、まとめサイト「今日、退職届出して来たけど、何か質問ある?」続きまして、独立支援……。

고미야　읽어드리겠습니다! 이직 지원 사이트 '진짜?! 내 월급 너무하지 않아?!', 질문 사이트 '사직서와 퇴직서는 어떻게 다른가요?', 정보 사이트 '오늘 퇴직서 냈는데 질문 있어?'. 다음은 독립 지원…….

烈子　……。

레츠코　…….

顔色がどんどん悪くなっていく烈子。

안색이 점점 나빠지는 레츠코.

トン　ああ、もう、その辺でいいわ。

황돈　아, 이제 그 정도로 됐어.

小宮を制するトン。

고미야를 제지하는 황돈.

トン　身に覚えあんだろ? 今のは全て、お前が残業中にネット上でクリンコした……。

황돈　기억나지? 지금 건 전부 네가 야근 중에 인터넷으로 '클린코'한…….

小宮　クリックです!

고미야　'클릭'입니다!

トン　残業中にクリックしたサイトだ。社内端末からのアクセ……アクセグリル……。

황돈　야근 중에 클릭한 사이트들이다. 회사 컴퓨터에서 접수…… 접속…….

結構 제법, 충분히
本題 본론, 본제
様子 상태, 모양
振る 흔들다
勘 직감
内偵 뒷조사, 내사
進める 진행하다

係長 계장
ひょいと 불쑥 (쏙 튀어나오는 모양)
読み上げる 소리 내어 읽다
辞表 사표
続く 계속하다, 잇따르다
制する 제지하다
身に覚えがある 짚이는 데가 있다

小宮　社内端末からのアクセス履歴は、ネットワーク管理者に照会すれば、一目瞭然なんですよ。

고미야　회사 단말기에서의 접속 기록은 네트워크 관리자에게 조회하면 일목요연하게 알 수 있네.

トン　辞めるつもりなんだろ？　会社に何をしに来てる？　独立資金作りか？　さもなきゃ、合コン気取りで彼氏でも漁りに来たか？　あっちの男、こっちの男をクリンコクリンコか？

황돈　회사 관둘 생각이지? 회사엔 뭐 하러 오는 건가? 사업 자금을 벌러 오는 건가? 그런 게 아니면 미팅이라도 온 것처럼 남자 친구 찾으러 온 건가? 이 남자, 저 남자를 '크린크, 크린크' 하는 건가?

小宮　クリッククリックか！？

고미야　클릭, 클릭하는 건가?!

烈子　……。

레츠코　…….

トン　まあ、どっちにしても、俺の言いたいことは一つだ。俺は、たった今からお前を、**腰掛けと呼ぶ。❷**

황돈　뭐, 어쨌든 내가 하고 싶은 말은 딱 하나다. 나는 지금부터 널 단기 계약직이라 부르겠다.

烈子　[私終わった！]

레츠코　[난 이제 망했다!]

コピーと同じ満面の笑み。

복사용지에 찍힌 것과 같은 환한 미소.

<table>
<tr><td>照会する 조회하다</td><td rowspan="6">❷ **腰掛けと呼ぶ。** 단기 계약직이라 부르겠다.
여기서 황돈 부장이 말하는 腰掛け는 바로 腰掛仕事를 의미합니다. 腰掛仕事는 '일시적으로만 잠시 하는 일'을 뜻하지요. 더 구체적으로 보면 '사실은 내가 하고 싶은 일이 있는데, 그 직업을 찾을 때까지 잠시 일하는 것'과 '결혼하면 바로 퇴직할 생각으로 배우자를 찾을 때까지 잠시 하는 일'이라는 두 가지 뜻이 있으며 여기서는 후자의 뜻입니다.</td></tr>
<tr><td>一目瞭然 일목요연</td></tr>
<tr><td>さもなきゃ 그렇지 않으면</td></tr>
<tr><td>～気取り ～하는 체함</td></tr>
<tr><td>彼氏 남자 친구</td></tr>
<tr><td>漁る 구하러 다니다</td></tr>
</table>

ロボットの烈子

로봇 레츠코

🎧 10.mp3

教会外観、結婚式場
久しぶりに会った高校の同級生と話す烈子。

教회 외관, 결혼식장
오랜만에 만난 고등학교 동창과 이야기를 나누는 레츠코.

友達 見て見て、このウエルカムボード。似顔絵、**超似てる。❶**

친구 이것 좀 봐. 이 환영 문구판 캐리커처가 진짜 닮았다.

烈子 ほんとだ！うける。あの二人が結婚するなんて思わなかったなあ。

레츠코 정말이네! 웃기다. 저 둘이 결혼할 줄은 몰랐어.

友達 ねえ、超意外な組み合わせだよね。

친구 맞아. 정말 의외의 조합이긴 하지.

ウエルカムボードに猫とネズミのカップルの似顔絵。

환영 문구판에 고양이와 쥐 커플의 캐리커처.

友達 じゃあ、受付済ませちゃおうか。

친구 그럼 방명록에 이름 쓰고 들어갈까.

烈子 うん。

레츠코 그래.

受付場所

접수처

烈子 この度はおめでとうございます。

레츠코 결혼을 축하드립니다.

受付 ありがとうございます。

접수처 고맙습니다.

教会 교회
久しぶりに 오랜만에
同級生 동급생
似顔絵 초상화, 캐리커처
意外 의외
組み合わせ 조합
受付 접수, 접수처

済ます 마치다
この度 이번, 금번

❶ **超似てる。** 진짜 닮았다.
'아주, 매우'라는 뜻으로 超를 붙여 쓰는 경우가 많습니다. 아주 일상적이고 편안하게 말할 수 있는 상황에서 쓰이는 속어지요. 원래는 超満員이나 超現実主義처럼 '상태가 극단적이거나 그 이상이다'라는 뜻이지만, 젊은이들은 형용사, 동사 등에 붙여 강조의 의미로 사용합니다. 超おいしい(완전 맛있다), 超むかつく(완전 열받아)처럼 말이지요.

よそいきの笑顔で袱紗に乗せた祝儀を手渡す烈子。受付が祝儀を受けようとするが……烈子の指が祝儀袋から離れない。

예의 바른 웃음을 지으며 선물보에 넣은 축의금을 건네는 레츠코. 접수처 사람이 축의금을 받으려고 하지만…… 레츠코의 손가락이 축의금 봉투에서 떨어지지를 않는다.

受付	んんっ……両人とのご関係は!?

접수처 으으음……, 두 사람과의 관계는요?!

ギリギリと渾身の力で祝儀袋を引っ張り合う二人。

바득바득 혼신의 힘으로 축의금 봉투를 서로 잡아당기는 두 사람.

烈子	新婦の友人でございます……!

레츠코 신부의 친구입니다……!

つかみ合う手と袋。中身のお金が透けて見える。

서로 붙잡은 손과 봉투. 속에 있는 돈이 비쳐 보인다.

烈子	[ご祝儀の相場は3万円! 私の血と涙がしみこんだ3万円! 正直渡したくない! 渡したくない!]

레츠코 [축의금은 보통 3만 엔! 내 피와 눈물이 담긴 3만 엔! 솔직히 내고 싶지 않아! 내고 싶지 않다고!]

烈子、額に汗が吹き出て、炎の金色のフラッシュが光る。

레츠코, 이마에 땀이 뿜어져 나오면서, 불꽃의 금빛 플래시가 빛난다.

デス烈子	渡すかよぉぉぉ!

데스 레츠코 낼 것 같네!

会社のビル外観

회사 빌딩 외관

更衣室

탈의실

烈子	ご祝儀3万円って高すぎない? 今月、食費削らないと厳しいよ……。

레츠코 결혼 축의금으로 3만 엔은 너무 많지 않아? 이번 달 식비를 줄이지 않으면 힘들 것 같아…….

フェネ子	うちらの年齢だときついよね。私は有無を言わさず2万で済ませるけど。

페네코 우리 나이엔 좀 힘들지. 난 무조건 2만 엔으로 끝내지만.

烈子	私も今度からそうしようかな。

레츠코 나도 다음부터 그렇게 할까.

よそいき 격식 차린 언어나 동작
袱紗 (선물 등을 보낼 때 쓰는) 작은 비단보
祝儀 축의, 혼례
手渡す 건네다
離れる 떨어지다. 멀어지다
両人 두 사람
ギリギリ 부드득, 파악 (강하게 힘주는 모양)

渾身の力 혼신의 힘
引っ張り合う 서로 잡아당기다
つかみ合う 서로 붙잡다. 드잡이하다
中身 내용물
透ける 속이 비쳐 보이다
相場 시세
涙 눈물

しみこむ 깊이 스며들다
額 이마
汗 땀
吹き出る 뿜어져 나오다
炎 불꽃
削る 깎아내다. 줄이다
有無を言わさず 싫든 좋든 무조건

カバ恵　駄目よ〜！ **2は偶数で半分に割り切れるから、**❷
　　　　　せっかくくっついた二人がパッカーンと別れちゃう
　　　　　って言うでしょ？

烈子　それみんな言いますけど……。

フェネ子　3万払っても、別れる奴は別れるし。

カバ恵　でも実際、式ってお金かかって大変なのよお……。

フェネ子　ブライダル産業を肥え太らせるだけの方便。

烈子　［また今日も経理部での一日が始まる……。］

※回想

トン　俺はたった今からお前を……！

経理部オフィス

トン　腰掛けえええええ！

モーターの駆動音とともに、ロボ烈子がトンの前に現れる。

烈子　オヨビデスカ、トンブチョウ。

トン　午後までにこの伝票整理やっとけ。あとこれと！ これ
　　　　と！ これの入力な。

가바에 안 돼! 2는 짝수라서 반으로 나눠떨어지
니까 간신히 결혼에 성공한 둘 사이가 빠지직 갈
라진다고 하잖아?

레츠코 다들 그렇다고 하지만요…….

페네코 3만 엔 내도 헤어질 녀석들은 헤어지죠.

가바에 하지만 실제로 결혼식은 돈이 많이 들어
서 힘들다고…….

페네코 웨딩 산업을 살찌우기만 하는 방편이죠.

레츠코 [오늘도 또 경리부에서의 하루가 시작되
는구나…….]

※회상

황돈 나는 지금부터 널……!

경리부 사무실

황돈 단기 계약직!

모터 돌아가는 소리와 함께 로봇 레츠코가 황돈
앞에 나타난다.

레츠코 부르셨나요, 황돈 부장님.

황돈 오후까지 이 전표 정리해 놔. 그다음에 이것
도! 이것도! 이것도 입력해 놔.

偶数（ぐうすう） 짝수
割り切る（わりきる） 딱 잘라 결론짓다,
　　　　　　　　　끝도 없이 나누다
パッカーン 빠지직 (쪼개지는
　　　　　소리)
別れる（わかれる） 헤어지다
実際（じっさい） 실제
ブライダル産業（さんぎょう） 웨딩 산업

肥え太る（こえふとる） 토실하게 살찌다
駆動音（くどうおん） 가동음. 구동음
現れる（あらわれる） 나타나다

❷ **2は偶数で半分に割り切れるから、**
2는 짝수라서 반으로 나눠떨어지니까

일본에서 결혼식에 사용하면 안 되는 숫자가 있습니다. 2는 짝수
라서 부부가 헤어질 수 있다며 기피하는 게 바로 그렇지요. 4는 발
음상 死(죽음)와 연결되고 9는 홀수임에도 발음이 苦(고통)와 같기
때문에 결혼식을 비롯하여 경사스러운 자리에 절대 사용하지 않습
니다. 그래서 축의금 등 숫자와 관련된 물건에 4, 9를 피하고 테이
블 좌석도 번호가 아니라 알파벳이나 색깔 등으로 표시합니다.

烈子　ハイ、カシコマリマシタ。

烈子、動くたびにモーターの駆動音。

坪根　烈子さ～ん。

烈子　オヨビデスカ。

坪根　オーッホッホッホッ……。随分可愛げが出てきたんじゃな～い？　私に楯突いてきたあなたとは別人みたい。お手。

犬のようにお手をする烈子。

坪根　ハウス！

テケテケと自分の席に戻る烈子。

坪根　オーッホッホッホッホッ……何ていい子。

トン　ちょっと灸を据えてやりゃ、こんなもんよ。見ろ、あの労働の喜びに満ちたすがすがしい顔を！

坪根　こき使い甲斐があるわねえ。

烈子の席
ロボットのようにテキパキと仕事をこなす烈子。

フェ子　烈子、こないだトン部長に呼び出されて何か言われたの？

레츠코　네, 알겠습니다.

레츠코, 움직일 때마다 모터 돌아가는 소리.

쓰보네　레츠코 씨

레츠코　부르셨습니까.

쓰보네　오호호호…… 꽤 귀염성 있는데? 나한테 말대꾸하던 모습이랑은 다른 사람 같네. 손 이리 내.

개처럼 손을 척 내미는 레츠코.

쓰보네　집으로 개

타박타박, 자기 자리로 돌아가는 레츠코.

쓰보네　오호호호……, 아주 착하구나.

황돈　따끔한 맛을 보여줘야 이렇게 말을 잘 듣는다니까. 봐, 노동의 기쁨에 찬 저 상쾌한 얼굴을!

쓰보네　부려먹는 보람이 있네요.

레츠코의 자리
로봇처럼 척척 일을 처리하는 레츠코.

페네코　레츠코, 저번에 황돈 부장님게 불려 가서 뭔가 일이 있었던 거야?

動く 움직이다
随分 몹시, 대단히
楯突く 대들다, 반항하다
別人 딴 사람
テケテケ 타박타박 (아장아장 걷는 모습)
灸を据える 뜸을 뜨다, 따끔한 맛을 보여주다
喜び 기쁨

すがすがしい 시원하다, 상쾌하다
こき使う 부려먹다, 혹사하다
甲斐 보람
テキパキ 일을 척척 잘 해내는 모습
こなす (계획대로) 일을 잘 처리하다
呼び出す 불러내다

烈子	キンムチュウハ、シゴテンキンデス。
フェネ子	駄目_{だめ}だ、こりゃ。

会社の休憩室
ペットボトルの水をごくごくと飲む烈子。目がキラッと輝く。

烈子	プハー！

烈子が水を全部飲み切ってテーブルに突っ伏す。

烈子	おうち帰_{かえ}りたい……。
フェネ子	あっ、いつもの烈子_{れっこ}だ。
ハイ田	干しシイタケみたいな奴_{やつ}だな。最近_{さいきん}どうした？ **真面目_{まじめ}通_{とお}り越_こして、まるでロボットだぞ。❸**
ハイ田	(トン部長の真似) おい、腰掛_{こしか}け！ このドリアン、鼻_{はな}の 穴_{あな}に詰めとけ！
フェネ子	カシコマリマシタ。
烈子	いや〜まあ、いろいろありまして……。
ハイ田	先週_{せんしゅう}、坪根_{つぼね}さんに一発_{いっぱつ}食_くらわせた勢_{いきお}いはどうしたん だよ？
烈子	……。

ごくごく 꿀꺽꿀꺽
　(물 등을 마시는 모습)
輝_{かがや}く 빛나다
飲_のみ切_きる 다 마시다
突_つっ伏_ぶす 엎드리다
干_ほす 말리다
しいたけ 표고버섯

真似_{まね} 흉내
鼻_{はな}の穴_{あな} 콧구멍
詰_つめる 채워 넣다, 처넣다
一発_{いっぱつ}食_くらわせる 한 방 먹이다

> ❸ **真面目通り越して、まるでロボット**
> **だぞ。** 착실한 걸 넘어서 마치 로봇 같아.
> 通り越す는 '어느 지점이나 정도, 한도를 뛰어넘다'라는
> 뜻입니다. 레츠코는 황돈 부장에게 제대로 찍혀서 이제
> 로봇처럼 아주 성실하게, 아예 기계적으로 일하게 되지
> 요. 그 외에도 怒り_{おこ}를 通り越して悲しい(분노를 넘어
> 아예 슬프다), 驚き_{おどろき}를 通り越して呆_{あき}れる(놀라움을 넘
> 어 아예 어이가 없다) 등의 표현도 알아두세요.

페네코 이거 중증이네.

회사 휴게실
페트병의 물을 꿀꺽꿀꺽 마시는 레츠코, 눈이 반짝
빛난다.

레츠코 푸하앗!

레츠코가 물을 전부 다 마신 후에 테이블 위에 엎
드린다.

레츠코 집에 가고 싶다…….

페네코 아, 평상시의 레츠코다.

하이다 말린 표고버섯 같은데, 요즘 무슨 일 있는
거야? 착실한 걸 넘어서 마치 로봇 같아.

하이다 (황돈 부장의 흉내) 이봐, 단기 계약직! 이
두리안 콧구멍에 쑤셔 넣어!

페네코 알겠습니다.

레츠코 아니 그게, 많은 일이 있었어…….

하이다 지난주 쓰보네 씨한테 한 방 먹이던 기세
는 어디 간 거야?

레츠코 …….

烈子、席を立ち上がる。そしてフラッとその場を離れる。

ハイ田　えっ……どこ行くんだよ?

烈子　落ち着けるとこ。

心配そうに烈子を見送るハイ田。

레츠코, 의자에서 일어난다. 그리고 훌쩍 그 자리를 떠난다.

하이다　엇……, 어디 가는 거야?

레츠코　마음을 가라앉힐 수 있는 곳.

걱정스럽게 레츠코를 바라보는 하이다.

立ち上がる 일어서다
見送る 배웅하다. 가는 것을 바라보다

結婚と退職

결혼과 퇴직

🎧 11.mp3

会社の資料室

年度順に整理された書類がスチール棚に並ぶ誰もいない部屋。その一角でパイプ椅子に座り、パンの耳をかじっている烈子。ひざに抱えた弁当箱。

회사 자료실

연도별로 정리된 서류가 철제 선반에 나란히 꽂혀 있는 아무도 없는 방. 그 한구석에서 파이프 의자에 앉아 빵 귀퉁이를 베어 먹는 레츠코, 무릎에 놓인 도시락.

烈子 ［うら若き乙女が、❶ パンの耳にマヨネーズを付けてかじる午後。］

레츠코 ［젊디젊은 아가씨가 빵 귀퉁이에 마요네즈를 찍어 먹는 오후.］

烈子 さすがに、この姿はフェネ子達にも見せられないなあ。ハア……。

레츠코 역시 이런 모습은 페네코와 하이다에게도 못 보여주겠어. 하아…….

烈子が目を閉じる。

레츠코가 눈을 감는다.

烈子 ここ結構落ち着く。

레츠코 여기 꽤 편하네.

ピリリリリと携帯が静寂を破る。一緒に結婚式に参加した友達からの着信。

삐리리리!…… 하고 핸드폰 벨 소리가 정적을 깬다. 함께 결혼식에 참석했던 친구에게서 온 전화.

烈子 もしもし？

레츠코 여보세요?

友達 もう〜ほんと、あいつらマジ信じられない！ 私悲しくなっちゃってさあ！ そりゃ、全く予想してないわけじゃなかったけどお！

친구 아 정말, 걔들 믿을 수가 없어! 나 너무 슬퍼! 그야 아주 예상하지 못한 건 아니지만!

烈子 ちょっと待って、何の話？

레츠코 잠깐, 무슨 말이야?

資料室 자료실	**抱える** 팔로 안다, 부둥켜 들다
棚 선반	**弁当箱** 도시락 통
並ぶ 늘어서다	**付ける** 묻히다, 붙이다
一角 한쪽 모퉁이, 한구석	**目を閉じる** 눈을 감다
パンの耳 식빵의 가장자리	**静寂** 정적, 고요
かじる 베어 먹다, 갉다	**破る** 깨다, 깨뜨리다
ひざ 무릎	**着信** 착신, 전화가 옴

❶ うら若き乙女が、 젊디젊은 아가씨가

うら若い는 '젊고 풋풋한'이라는 뜻입니다. 원래 이 말은 어린 풀과 나무를 의미할 때 쓰였는데, 여기서 더 나아가 풋풋하고 싱싱한 젊은이들을 가리키는 말이 되었습니다. 주로 うら若き乙女(젊디젊은 아가씨)나 うら若い女性(젊디젊은 여성)라고 쓰이며, 일반적으로 젊은 여인을 가리킬 때 사용되는 표현이에요. 하지만 うら若い男子(젊디젊은 남자)라고 해도 잘못된 표현은 아닙니다.

友達	ごめんね、いきなり電話しちゃって! 今、超興奮してるから! てか、もう……。	친구 갑자기 전화해서 미안해! 지금 너무 흥분해서 말이야! 근데…….

勢いはあるが、涙でぐずぐずで言葉になってない。

기세는 넘치나 눈물을 흘리며 우물대느라 말이 엉망이다.

烈子	落ち着いてよ、何の話?	레츠코 진정해. 무슨 말인데?
友達	離婚だって。	친구 이혼했대.
烈子	離婚? 何で!? 式挙げたばっかじゃん!	레츠코 이혼? 왜?! 이제 막 결혼했잖아!
友達	あの後、成田で大喧嘩だって!❷ 帰りならまだ分かるけど、行きだよ!? やっぱ愛だけじゃ乗り越えられなかったんだよ、あの最悪の組み合わせは!	친구 그 후에 나리타 공항에서 크게 싸웠대! 신혼여행에서 돌아오는 길이면 이해하지만 가는 길이라고! 역시 사랑만으로는 그 최악의 조합을 극복하지 못한 거야!
烈子	あの組み合わせはね……。ていうか、3万!	레츠코 이상한 조합이긴 했지……. 잠깐, 3만 엔!
友達	そう、3万!	친구 그래, 3만 엔!
烈子	3万!	레츠코 3만 엔!
友達	3万!	친구 3만 엔!
烈子	2万にしとけばよかった!	레츠코 2만 엔만 낼 걸 그랬어!
友達	何言ってんの、200円の価値もないよ! もう〜この悲しみを誰かとシェアしたくてさ! あ、次、イノコにもかけるから、切るね。	친구 무슨 소리야? 200엔의 가치도 없어! 아 정말, 이 슬픔을 누군가와 나누고 싶었다고! 이제 이노코한테도 전화할 거니까 끊을게.

いきなり 갑자기
興奮 흥분
勢い 기세, 위세
涙 눈물
ぐずぐず (말 등을) 우물거리는 모양
言葉 말

挙げる (예식 등을) 거행하다
乗り越える (문제, 난관 등을) 극복하다
組み合わせ 조합
価値 가치
切る (전화 등을) 끊다

❷ 成田で大喧嘩だって!
나리타 공항에서 크게 싸웠대!
레츠코의 친구 부부가 신혼여행을 가다가 나리타 공항에서 크게 싸우고 이혼까지 가는 사태가 벌어집니다. 이를 成田離婚이라고 부르며, 해외로 신혼여행을 갔다가 귀국해서 도착한 나리타 공항에서 크게 싸우고 그대로 이혼해 버리는 것을 일컫지요. 이런 상황을 다룬 한 드라마의 영향으로 '나리타 이혼'이라는 명칭이 붙었답니다. 지금은 거의 쓰이지 않는 말이 되었죠.

電話、ツーツーツーツーツー。携帯を見る烈子。

전화, 뚜우 뚜우 뚜우 뚜우 뚜우. 핸드폰을 바라보는 레츠코

烈子　……。

레츠코 …….

会社廊下
ハイ田、フェネ子とばったり会う坪根。

회사 복도
하이다, 페네코와 딱 마주친 쓰보네.

ハイ田　あっ。

하이다 엇.

坪根　あっ、ハイ田君、烈子さん見なかった？

쓰보네 아, 하이다, 레츠코 씨 못 봤나?

佃煮の瓶を片手に烈子を探す坪根。

쓰쿠다니가 담긴 병을 한 손에 들고 레츠코를 찾는 쓰보네.

ハイ田　えっ？ いや……見てないすけど。

하이다 네? 아니요……. 못 봤습니다만.

坪根　チッ……佃煮の瓶のふたを開けさせようと思ったのに。全然開かないのよ、これ！

쓰보네 칫……. 쓰쿠다니 병 뚜껑 좀 열게 하려고 했건만! 전혀 안 열려, 이거!

ハイ田　俺開けましょうか？

하이다 제가 열까요?

坪根　いいの！ あの子に開けさせるから。フッフッフッ……アッハッハッハッハッハ！

쓰보네 괜찮아! 그 애한테 시킬 거거든. 후후후……, 아하하하핫!

意地悪な高笑いを残し、去っていく坪根。

심술궂은 웃음을 크게 흘리며 떠나가는 쓰보네.

ハイ田　烈子、ちゃんと飯食ったのかな……。

하이다 레츠코는 밥이나 제대로 먹었으려나…….

フェネ子がハイ田の顔を見る。

페네코가 하이다의 얼굴을 바라본다.

ハイ田　ん？ 何だよ？

하이다 음? 왜 그래?

ばったり 딱 (뜻밖에 마주치는 모양)
佃煮 쓰쿠다니 (어패류, 육류, 채소류, 해조류 등의 식재료에 양념을 넣고 조려 만드는 조림)
瓶 병
片手 한 손
探す 찾다
ふた 뚜껑

意地悪 심술궂음
高笑い 큰 웃음
残す 남기다
去る 떠나다

<table>
<tr><td>フェネ子</td><td>心配なのだね。</td><td>페네코</td><td>걱정하는구나.</td></tr>
<tr><td>ハイ田</td><td>あっ？ お……おい、ちょっと待て、違うぞ。別にそういう意味じゃ……。</td><td>하이다</td><td>뭐? 야……, 잠깐만, 아니야. 딱히 그런 뜻은…….</td></tr>
<tr><td>フェネ子</td><td>日々、職場で上司のパワハラに耐える灰色の日々……。❸ 追い詰められた彼女は屋上から……！</td><td>페네코</td><td>매일 직장에서 상사의 괴롭힘을 버티는 잿빛 나날……. 궁지에 몰린 그녀는 옥상에서……!</td></tr>
</table>

ハイ田、フェネ子を追いかけて彼女の前に立ちはだかる。

하이다. 페네코를 쫓아가 그녀 앞을 막아선다.

<table>
<tr><td>ハイ田</td><td>ちょちょちょちょちょ……ちょい！ おい、お前バカ！ そういうこと言うなって、マジで。</td><td>하이다</td><td>자자자자…… 잠깐! 이 바보야! 그런 말 하지 마, 진짜.</td></tr>
<tr><td>フェネ子</td><td>捜してくれば？</td><td>페네코</td><td>그럼 가서 찾아봐?</td></tr>
<tr><td>ハイ田</td><td>……。</td><td>하이다</td><td>…….</td></tr>
</table>

会社の資料室

회사 자료실

<table>
<tr><td>烈子</td><td>もぐもぐもぐもぐ！</td><td>레츠코</td><td>우물우물, 우물우물!</td></tr>
</table>

パンの耳をやけ食いする烈子。

빵 귀퉁이를 마구 씹어 먹는 레츠코

<table>
<tr><td>烈子</td><td>[離婚～！？ 私が誰のために食費削って、苦労してると思ってんの！？ ハア……私の３万が無駄に……。いや！いつか私が結婚するときが来たら、離婚した二人を式に参列させて、それぞれから３万ずつ、計６万きっちり倍額回収して……。結婚？]</td><td>레츠코</td><td>[이혼이라고?! 내가 누굴 위해 식비 줄이고 고생하는 줄 아는거죠! 하아……, 내 3만 엔이 헛되이……. 아니지! 언젠가 내가 결혼할 때가 되면 이혼한 둘을 결혼식에 초대해서 각각 3만 엔씩, 총 6만 엔을 확실히 돌려받아야……. 결혼?]</td></tr>
</table>

心配 걱정
職場 직장
耐える 버티다, 견디다
灰色 회색, 잿빛
追い詰める 막다른 곳으로 내몰다
追いかける 뒤쫓아 가다
立ちはだかる 앞을 막아서다

やけ食いする 홧김에 마구 먹다
削る 깎다, 줄이다
参列する 참석하다
それぞれ 각각
きっちり 꼭, 딱 (수량에 우수리가 없는 모양)
倍額 두 배의 액수

❸ 上司のパワハラに耐える灰色の日々……。
상사의 괴롭힘을 버티는 잿빛 나날…….

パワハラはパワーハラスメント(power harassment)의 준말입니다. 주로 직장에서 권력이나 지위를 이용하여 부하나 동료를 육체적, 정신적으로 괴롭히는 것을 뜻하죠. 해러스먼트라는 단어를 활용한 다른 표현으로 성희롱을 의미하는 세쿠하라(セクシュアルハラスメント, sexual harassment), 도덕이나 논리에 반한 정신적 괴롭힘인 모라하라(モラルハラスメント, moral harassment)가 있습니다.

われに返る烈子。烈子の中で、キーワードが繋がっていく。

문득 정신이 든 레츠코. 레츠코의 머릿속에서 키워드들이 이어진다.

烈子 [結婚……家庭……退職……専業主婦!]

레츠코 [결혼…… 가정…… 퇴직…… 전업주부!]

薔薇の花に囲まれた花嫁姿の烈子。鐘の音とウェディングマーチが鳴り響く。新郎の姿は影になっている。突如怒りの表情の烈子がマイクを持ち、天に向かって叫ぶ。

장미꽃에 둘러싸인 신부 차림의 레츠코. 종소리와 결혼행진곡이 울려 퍼진다. 신랑의 모습은 그림자로 되어 있다. 갑자기 분노한 표정의 레츠코가 마이크를 들고 공중에 대고 소리친다.

デス烈子 見えたあああああああああああ!

데스 레츠코 보인다아아아아아아아아!

資料室前の廊下
ウェディングマーチが掛かる中、鷲美とゴリが歩いてくる。資料室に差し掛かると、どこからか響いてくる謎の声。

자료실 앞 복도
결혼행진곡이 울리는 중, 수리미와 릴라가 걸어온다. 자료실 앞에 다다르자 어디선가 울리는 괴이한 목소리.

デス烈子 見えたあああああああああああ!

데스 레츠코 보인다아아아아아아아아!

鷲美とゴリが周りをキョロキョロと見渡したあと、足早に去っていく。烈子、資料室を出て歩き出す。明るい表情。

수리미와 릴라가 주변을 두리번거린 후, 잰걸음으로 떠나간다. 레츠코, 자료실을 나와 걸음을 옮긴다. 밝은 표정.

바로 이 장면!*

烈子 [忘れてた。結婚して会社を辞めるって手があった! 私に必要なのは、結婚を前提とした彼氏!]

레츠코 [잊고 있었다. 결혼해서 회사를 관두는 방법이 있었어! 내게 필요한 건 결혼을 전제로 한 남자 친구!]

烈子を探していたハイ田が現れる。烈子を見て驚くハイ田。

레츠코를 찾고 있던 하이다가 나타난다. 레츠코를 보고 깜짝 놀라는 하이다.

ハイ田 烈子! お前何してたんだよ?

하이다 레츠코! 뭐 하고 있었어?

烈子 何って……御飯食べてただけだよ。

레츠코 뭐 하고 있었냐니…… 그냥 점심 먹고 있었는데.

われに返る 제정신이 들다	新郎 신랑	周り 주변
繋がる 이어지다	影 그림자	キョロキョロ 두리번두리번
薔薇 장미	突如 갑자기	(주변을 이리저리 둘러보는 모습)
囲まれる 둘러싸이다	叫ぶ 외치다	見渡す 멀리 바라다보다
花嫁姿 신부 차림	掛かる (음악 등이) 연주되다,	足早 잰걸음
鐘 종	(연극 등이) 상연되다	明るい 밝다
鳴り響く 울려 퍼지다	差し掛かる 접어들다, 다다르다	驚く 놀라다
	謎 수수께끼	

ハイ田 ハア、こっちは超心配してたんだぞ？ フェネ子の奴が変なこと言うから……。

하이다 하이다, 내가 얼마나 걱정했는데, 페네코가 이상한 말을 해서…….

烈子 ねえ、ハイ田君ってさ、結婚したら奥さんに働いて欲しい？ それとも家に居て欲しい？

레츠코 있잖아, 하이다는 말이지, 결혼하면 부인이 일했으면 좋겠어? 아니면 집에 있으면 좋겠어?

ハイ田 えっ!? いや、いきなりそんなこと聞かれても……。

하이다 뭐?! 아니, 갑자기 그런 걸 물어보면…….

どぎまぎするハイ田。

허둥거리는 하이다.

ハイ田 うーん、そうだな……。俺は外で働いて欲しいかなあ。俺の稼ぎだけじゃ不安ってのもあるし、それにずっと家にいてもらうよりは仕事を続けてもらって、お互いにいい刺激を……。

하이다 음. 그러네……. 나는 계속 일했으면 좋겠어. 내 벌이만으로는 불안하기도 하고, 그리고 온종일 집에 있는 것보다 계속 일을 해서 서로 좋은 자극을…….

ハイ田、調子よく喋る。

하이다, 기세 좋게 재잘재잘 말한다.

ハイ田 あれっ？ 烈子!?

하이다 어어? 레츠코?!

烈子はその場にもういない。烈子がいなくなりオロオロするハイ田。

레츠코는 이미 그 자리에 없다. 레츠코가 사라지자 당황하는 하이다.

会社の廊下
笑顔で歩く烈子。目がキラキラしている。

회사 복도
활짝 웃는 얼굴로 걷는 레츠코. 눈이 반짝거린다.

烈子 [そっかそっか。つまり、稼ぎが十分にある相手をゲットすれば、専業主婦になれる確率が高くなるってことか！ 私の人生は、まだ終わってない！]

레츠코 [그렇구나. 즉, 돈을 많이 버는 남편을 만난다면 전업주부가 될 수 있는 확률이 높아진다는 거야! 내 인생은 아직 안 끝났어!]

奥さん 아내, 부인

居る 있다

どぎまぎする 허둥거리다

稼ぎ (돈)벌이

続ける 계속하다

お互い 서로

刺激 자극

調子 기세, 상태

喋る 말하다

オロオロ 놀라서 어찌할 바를 모르는 모양

キラキラ 반짝반짝

十分 충분

終わる 끝나다

ヨガ教室

요가 학원

 12.mp3

繁華街、夜
ヨガ教室が入ったテナントビル。❶ そのビルを決心した表情で見上げる
烈子。

번화가, 밤
요가 학원이 입주한 임대 빌딩. 그 빌딩을 결심한
표정으로 올려다보는 레츠코

ヨガ教室のあるフロア
室内に置かれた、ヨガ教室のたて看板を見つめる烈子。「YOGA、もて
るボディーを手に入れる!」と書いてあるタペストリー。

요가 학원이 있는 층
실내에 놓인 요가 학원의 입간판을 바라보는 레츠
코. 'YOGA, 이성에게 인기 있는 몸매를 만드세요!'
라고 적힌 태피스트리.

烈子　[もてるボディーを手に入れる!]

레츠코　[이성에게 인기 있는 몸매를 만드세요!]

바로 이 장면!

※回想
会社の休憩室で角田と会話する烈子。

※회상
회사 휴게실에서 쓰노다와 대화하는 레츠코

角田　え〜先輩はそのままでも十分可愛いと思いますけど。

쓰노다　어, 선배는 지금도 충분히 귀여운 거 같은
데요.

烈子　うーん……でも、もう少しスリムになったほうがいいかな
って。

레츠코　응……. 하지만 조금 더 날씬해지는 게 좋
을 것 같아서.

角田　あっ、モテたいってことですか!?

쓰노다　아, 남자에게 인기 얻고 싶은 거예요?!

烈子　ああ……いや、あの……普通にきれいになりたいってい
うか……。

레츠코　아아……. 아니, 그냥…… 평범하게 예뻐
지고 싶달까…….

角田　あっ、普通にモテたいってことですか?

쓰노다　아하, 평범하게 인기를 얻고 싶다는 거예
요?

繁華街 번화가

テナント 세입자, 임차인(tenant)

見上げる 올려다보다

見つめる 응시하다

モテる 인기가 있다

手に入れる 손에 넣다, 입수하다

タペストリー 태피스트리, 여러 가지 색실로 그림을
짜 넣은 직물

❶ **ヨガ教室が入ったテナントビル。**
요가 학원이 입주한 임대 빌딩.
ヨガ教室에 教室(교실)라는 말이 붙어서 의미를 짐작할 수 있겠지만, 이는
우리나라에서 말하는 '학원(學院)'을 가리킵니다. 일본에도 手芸教室 (수예 학
원), 水泳教室 (수영 학원), ピアノ教室 (피아노 학원), 書道教室 (서예 학원)
등 다양한 학원이 있습니다. 다소 헷갈리게 느껴지겠지만, 일본에서 学園(학
원)이라는 말은 학교와 같은 의미로, 복수의 학교를 한데 묶어 학원이라고 부
를 때가 많답니다.

烈子　はあ……まあ……人並みに。

레츠코　아아……, 뭐…… 그냥 남들만큼.

角田　でも～先輩ってぽにゃっとしてるから、見てるほうは何か安心するし、二の腕もプニプニっとしてて赤ちゃんみたいし、そのままの感じでもぜーったいモテますよ～。

쓰노다　근데 선배는 통통해서 보고 있으면 뭔가 안심되고, 팔뚝도 탱글탱글해서 아기 같고, 지금 이 모습 그대로도 분명 인기 있을 거예요.

※回想終わり

※회상 끝

烈子　[あれは、明らかに痩せろって意味だよね……。]

레츠코　[그거 대놓고 살 빼라는 뜻이잖아…….]

ヨガ教室の看板とにらめっこする烈子。悩んだ末、帰ろうとする。

요가 학원의 간판을 뚫어지게 바라보는 레츠코. 고민 끝에 돌아가려고 한다.

烈子　うーん……やっぱ今日はいいや……。

레츠코　으음……. 역시 오늘은 됐어…….

烈子が帰ろうとして踵を返すとドンと誰かにぶつかる。

레츠코가 돌아가려고 발길을 돌린 순간, '턱' 하고 누군가에게 부딪친다.

烈子　す……すいません！

레츠코　죄…… 죄송해요!

見上げると、筋肉モリモリのインストラクターが立っている。

올려다보니 근육이 불끈불끈한 지도 강사가 서 있다.

先生　……。

선생님　…….

烈子　[このフロア、ボディービル教室もあるのかな?]

레츠코　[이 층에 보디빌딩 학원도 있나?]

先生　プロテイン?

선생님　단백질?

烈子　え?

레츠코　네?

人並みに 남들만큼, 남들처럼

ぽにゃっとしてる 통통하다

二の腕 팔뚝, 위팔

プニプニ 탱글탱글 (부드럽고 탄력 있는 모양)

赤ちゃん 아기

痩せる 살이 빠지다

にらめっこ 눈싸움 놀이, 상대를 노려보며 대치하고 있는 상태

悩む 고민하다

末 끝, 마지막

踵を返す 발길을 돌리다

ぶつかる 부딪치다

モリモリ 울끈불끈 (잔뜩 부풀어 오른 모양)

先生　プロテイン？

烈子　えっと、あの……ヨガ教室に興味があっただけで……。

先生　テ〜イン、プロテ〜イン！（わが意を得たりという様子）

後ずさりする烈子。先生は烈子をひょいと持ち上げて、ヨガ教室の中に入る。

烈子　ああっ……あの、ごめんなさい！ 筋肉には興味ないんです！ ヨガ教室に通って痩せたらモテるかなって思っただけなんです！

ヨガ教室の中
ガチャっとドアが開く。準備運動をしていた生徒達が挨拶する。

生徒　先生、ナマステ。

生徒　ナマステ。

先生　プロティ〜ン。

烈子　[この人がヨガの先生！？]

先生は片手で烈子をぶら下げながら、奥の部屋に消えていく。先生と烈子に気付くゴリ。

ゴリ　あら？

ゴリと鷲美、その姿を見る。事務所のドアが開き、閉まる音。

선생님　단백질?

레츠코　아아, 저기…… 요가 학원에 관심이 있는 것뿐이에요…….

선생님　백질, 단백질! (아주 만족해하는 모습)

뒷걸음치는 레츠코. 선생님은 레츠코를 가볍게 들어올려 요가 교실 안으로 들어간다.

레츠코　앗…… 저, 죄송해요! 근육에는 관심 없어요! 요가 학원 다녀서 살 빠지면 인기 있을까 했던 것뿐이에요!

요가 학원 안
철컥 하고 문이 열린다. 준비 운동을 하고 있던 학생들이 인사한다.

학생　선생님, 나마스테.

학생　나마스테.

선생님　단백질.

레츠코　[이 사람이 요가 선생님이라고?!]

선생님은 한 손에 레츠코를 들고 안쪽 방으로 사라진다. 선생님과 레츠코를 알아본 릴라.

릴라　어머나?

릴라와 수리미, 그 모습을 지켜본다. 사무실 문이 열리고, 닫히는 소리.

わが意を得たり (자기 뜻대로 되어) 만족하다

ひょいと 가볍게, 번쩍

持ち上げる 들어 올리다

通う 다니다

ガチャ 철커덕 (문 등이 열리는 소리)

生徒 학생

挨拶する 인사하다

片手 한쪽 손

ぶら下げる 매달다, 축 늘어뜨리다

消える 사라지다

気付く 눈치채다, 알아차리다

姿 모습

ヨガ教室の事務所
机の上に置かれる、用紙とペン。暗い部屋で入会希望の書類を書かされる烈子。

先生 プロテイン！

先生が契約書を指さして迫るように用紙をトントンと叩く。

烈子 えと、サインしろってことですかね……？

会社のビル
東京の朝。

経理部のオフィス
仕事が終わり、帰り支度をする烈子。ハイ田が烈子に話しかける。

ハイ田 な……なあ、烈子。さっき、フェネ子と話したんだけどさ、今日このあと暇？ したら、三人で飲み行かね？

烈子 ごめん！用事あるから！

ハイ田 あっ……アハハハハ……。

笑顔で誘いを断る烈子。ハイ田の顔も見ずにオフィスを飛び出す。ショックを受けるハイ田。

フェネ子 ハハハハハハ……。

ハイ田 笑ってんじゃねえよ！

暗い 어둡다
契約書 계약서
指さす (손가락으로) 가리키다
迫る 다가오다, 강요하다
叩く 두드리다, 때리다
支度 채비, 준비
用事 볼일

誘い 권유
断る 거절하다
飛び出す 뛰어나가다
ショックを受ける 충격을 받다

요가 학원 사무실
책상 위에 놓인 용지와 펜. 어두운 방에서 (재촉에 못 이겨) 입회 희망서를 적는 레츠코.

선생님 단백질

선생님이 계약서를 손가락으로 가리키며 재촉하듯 용지를 탁탁 두드린다.

레츠코 어엇, 사인하라는 뜻인가요……?

회사 건물
도쿄의 아침.

경리부 사무실
일이 끝나고 퇴근 준비를 하는 레츠코. 하이다가 레츠코에게 말을 건다.

하이다 이봐……. 레츠코, 방금 페네코랑 얘기했는데, 오늘 일 끝나고 시간 있어? 그럼 셋이 한잔하러 갈까?

레츠코 미안! 일이 있어서!

하이다 아……, 아하하하…….

웃으며 제안을 거절하는 레츠코. 하이다의 얼굴도 보지 않고 사무실을 뛰어나간다. 충격받는 하이다.

페네코 하하하하하하…….

하이다 웃지 마!

ヨガ教室
アシスタントの隣で腕立てをする先生。

요가 학원
보조 강사 옆에서 팔굽혀펴기를 하는 선생님.

先生　プロテイン！プロテイン！

선생님　단백질 단백질

アシスタント　はい、それが鳩のポーズでーす。慣れてない方
は無理しないでくださーい。

보조 강사　네, 저게 비둘기 자세입니다! 익숙하지
않은 분은 억지로 하지 마세요.

烈子　……。

레츠코　…….

ゴリ　……。

릴라　…….

鷲美　……。

수리미　…….

烈子から少し離れた場所でポーズをとるゴリと鷲美。

레츠코로부터 조금 떨어진 곳에서 포즈를 취하는
릴라와 수리미.

烈子　……。

레츠코　…….

ゴリ達の方を見る烈子。

릴라와 수리미 쪽을 보는 레츠코

烈子　[どうしてあの二人がここに？]

레츠코　[왜 저 두 사람이 여기에?]

二人を凝視して、顔を正面に戻す。

두 사람을 응시하다가 얼굴을 정면으로 돌린다.

烈子　[向こうは気付いてないのかな……。]

레츠코　[저쪽은 못 알아봤나…….]

本当は気付いてる鷲美とゴリが目を光らせる。練習が終わり、人がぱら
ぱらと帰り始める時間帯。

사실은 레츠코를 알아본 수리미와 릴라가 눈을 반
짝인다. 연습이 끝나고, 사람들이 제각각 돌아가기
시작하는 시간.

隣 옆
腕立て 팔굽혀펴기
鳩 비둘기
慣れる 익숙하다
無理をする 무리하다
離れる 거리가 멀어지다, 떨어지다
凝視する 응시하다

光る 빛나다
ぱらぱら 드문드문한 모양

生徒	お疲れ様でーす。	학생	수고하셨습니다.

生徒	お先失礼しまーす。	학생	먼저 가보겠습니다.

壁際で座りながら、じっとこっちを見てくるゴリ達。

벽 쪽에 앉아 가만히 이쪽을 바라보는 릴라와 수리미.

烈子	[超見てくるし、これ絶対気付いてるじゃん。完全に挨拶のタイミング逃したなあ……。気まずいなあ……。でも、立場的には私から行かないとなんだよなあ……。よし！]	레츠코	[엄청 쳐다보잖아. 이거 눈치챈 게 틀림없어. 완전히 인사할 타이밍을 놓쳤네……. 어색한데……. 하지만 입장상으로는 내가 인사해야겠지……. 좋았어!]

逡巡する烈子の背後から、いそいそとゴリが近づいてくる。烈子が振り向くと、目の前までゴリが来ている。

망설이는 레츠코의 뒤에서 릴라가 들뜬 모습으로 다가온다. 레츠코가 돌아보자 릴라가 바로 코앞까지 와 있다.

烈子	[って、もう来てるじゃん！]	레츠코	[아니, 벌써 왔잖아!]

対峙する烈子とゴリ、しばし見合う。

대치하는 레츠코와 릴라, 잠시 서로를 바라본다.

烈子・ゴリ	あっ……。	레츠코・릴라	앗…….

お互い今、相手に気付いたような顔をつくり、同時に喋り出す。

서로 방금 상대방을 알아봤다는 얼굴을 하며, 동시에 말을 꺼낸다.

烈子・ゴリ	あの……。	레츠코・릴라	저어…….

烈子	会社でよくお見かけしますよね？	레츠코	회사에서 자주 마주쳤죠?

ゴリ	やっぱり、同じ会社の人よね？	릴라	역시 우리 회사 사람이지?

烈子・ゴリ	あっ……。	레츠코・릴라	앗…….

壁際 벽 가장자리
逃す 놓치다
気まずい 어색하다, 거북하다
逡巡する 망설이다
背後 배후
いそいそ 기뻐서 동작이 들뜬 모양
近づく 다가가다

振り向く 뒤돌아보다
対峙する 대치하다
見合う 마주 보다
お互い 서로
喋り出す 말하기 시작하다
見かける 눈에 띄다, 가끔 보다

二人のセリフは完全に同時進行、被りまくって❷ お互い何言ってるか分からない。

烈子	アハハ……。		레츠코 아하하…….

ゴリ　あら、やだ……。

레츠코 이런…….

烈子・ゴリ　あの……。

레츠코·릴라 저어…….

烈子　経理部の烈子と申しま……。

레츠코 경리부의 레츠코입니…….

ゴリ　マーケ部のゴリと申しま……。

릴라 마케팅부의 릴라라고 합니…….

烈子・ゴリ　ハア……。

레츠코·릴라 아아…….

また同時に喋ってしまう。完全に心が折れた烈子とゴリ。落ち込むゴリが鷲美とバトンタッチ。鷲美、一転して優雅な様子で自己紹介をする。

또 동시에 말해버린다. 완전히 맥이 빠진 레츠코와 릴라. 풀이 죽은 릴라가 수리미와 배턴 터치. 수리미, 바로 우아한 모습으로 자기소개를 한다.

鷲美　秘書課の鷲美です。

수리미 비서과의 수리미입니다.

鷲美　彼女はマーケ部のゴリちゃん。会社でよくお見かけする子よね？　よろしく。

수리미 이 친구는 마케팅부의 릴라야. 회사에서 자주 보는 직원이구나. 잘 부탁해.

烈子　あっ……よろしくお願いします！

레츠코 앗. 잘 부탁드립니다!

被る 겹치다. 뒤집어쓰다

～まくる 마구 ～하다

心が折れる 의욕을 잃다

落ち込む 풀이 죽다

一転する 완전히 바뀌다

優雅 우아함

❷ 二人のセリフは完全に同時進行、被りまくって
두 사람의 말은 완전히 동시 진행으로 마구 겹쳐서

セリフは한자로 台詞라고 씁니다. 이 단어를 음독하면 だいし라고 읽지만, 대부분은 セリフ(せりふ)라고 읽는답니다. 이렇게 한자 한 글자에 읽는 법을 적용하는 것이 아니라 熟字(숙자), 즉 두 자 이상의 한자 조합 전체를 하나로 훈독하는 것을 熟字訓(숙자훈)이라고 합니다. 그래서 台詞에서 台를 せり로, 詞를 ふ로 읽을 수는 없는 것이지요. 숙자훈은 해당 단어를 어떻게 읽는지 미리 알지 못하면 제대로 읽을 수 없습니다.

夜の住宅街、烈子の帰り道
夜道を一人で歩く烈子。「今日はいいことがあった」という顔。烈子の
携帯が鳴る。

밤의 주택가, 레츠코의 귀갓길
밤길을 혼자 걷는 레츠코. '오늘은 좋은 일이 있었
어'라는 얼굴. 레츠코의 핸드폰이 울린다.

| 友達 | あっ、烈子（れっこ）？ あの話聞（はなし き）いた？ | 친구 | 아, 레츠코? 그 얘기 들었어? |

| 烈子 | 何（なに）？ | 레츠코 | 무슨? |

| 友達 | あの二人（ふたり）、**またヨリ戻（もど）して今（いま）ラブラブだって。**❸ | 친구 | 그 둘, 다시 합쳐서 이제 아주 사랑이 넘친대. |

| 烈子 | えー、何（なに）それ？ それって、3万払（まんはら）った甲斐（かい）あったってこ とかな。 | 레츠코 | 뭐? 그게 무슨 소리야? 그럼 3만 엔 낸 보람이 있네. |

| 友達 | アハハハ……そうかもねー。 | 친구 | 아하하……, 그러게. |

住宅街（じゅうたくがい） 주택가

夜道（よみち） 밤길

鳴（な）る (소리 등이) 울리다

払（はら）う (값 등을) 치르다

甲斐（かい） 보람

❸ **またヨリ戻して今ラブラブだって。**
다시 합쳐서 이제 아주 사랑이 넘친대.

よりを戻（もど）す는 '뒤엉켜 있던 것을 풀다'라는 의미입니다. 여기서 의미가 확
장되어 '이별했던 남녀가 다시 화해하다, 합치다'라는 의미로 사용되지요. 그
래서 別（わか）れた彼氏（かれし）とよりを戻すことになった(헤어진 남자 친구와 다시
사귀기로 했다)처럼 쓸 수 있습니다. 뜻이 비슷한 다른 말로는 復縁（ふくえん）이 있어
요. よりを戻す는 꼭 남녀 관계만이 아니라 더 넓은 의미로, 물리적으로 꼬
여 있는 것을 다시 원래대로 되돌린다는 의미로도 쓰인답니다.

アグレッシブ烈子

97

ヨガを始めた理由

요가를 시작한 이유

 13.mp3

カラオケ店内

ボックスで歌う烈子。プルルルルプルルルル。ボックスのインターホンが鳴る。応答する烈子。

店員	あと10分で終了時間となります。延長いたしますか？

烈子	あっ、終わりまーす。

ボックスを出て、防音ドアを閉める。

烈子	[このカラオケボックスは私の聖域。会社帰りの、安らぎの場所。]

フロントで精算する烈子。

店員	またのお越しをお待ちしております。

店を出る烈子。

烈子	[絶対に誰にも見られちゃいけない、秘密の場所。]

ヨガ教室

先生	プロテイン！

노래방 가게 안

노래방 개별실에서 노래하는 레츠코. 뚜르르르, 뚜르르르. 개별실의 인터폰이 울린다. 응답하는 레츠코.

점원	10분 후에 종료됩니다. 시간을 연장하시겠습니까?

레츠코	아, 끝낼게요.

개별실을 나와 방음문을 닫는다.

레츠코	[이 노래방은 내 성역. 퇴근길에 오는 편안한 장소.]

프런트에서 정산하는 레츠코.

점원	다음에도 방문해 주십시오.

가게를 나서는 레츠코.

레츠코	[절대 누구에게도 들켜선 안 되는 비밀 장소.]

요가 학원

선생님	단백질

応答する 응답하다
延長 연장
防音ドア 방음문
安らぎ 평온함
精算する (요금 등을) 정산하다
お越し 오심, 왕림

98

アシスタント	はい、今日のヨガ講座はここまでです。

アシスタント　はい、今日のヨガ講座はここまでです。

先生　(腕立てをしながら) プロテイン！

アシスタント　また来週もいい汗かきましょう。

ヨガ教室の壁際で休む烈子達。

烈子　痛てて……ああ……。

鷲美　筋肉痛？ 慣れないうちは結構ハードでしょう？

烈子　ええ、まあ……ここで教わってたら、無駄に筋肉ついちゃったりしませんかね？

鷲美　どういうこと？

烈子の視線の先で腕立てを続けている先生。

烈子　だってあの先生、ヨガはアシスタントに任せて、ずーっと筋トレばっかやってるし、プロテインとしか言わないし、何ていうか、どう見てもヨガの講師とは名ばかりの、その……。

ゴリ　筋肉バカって言いたいのね。❶

烈子　いえいえ、別にそういう訳じゃ……。

보조 강사　좋아요, 오늘 요가 수업은 여기까지입니다.

선생님　(팔굽혀펴기를 하면서) 단백질!

보조 강사　다음 주에도 기분 좋은 땀을 흘리도록 합시다.

요가 학원 벽 쪽에서 쉬는 레츠코, 수리미, 릴라.

레츠코　아프다……. 아아….

수리미　근육통이야? 익숙해지기 전엔 상당히 힘들지?

레츠코　네, 그러네요……. 여기서 배우다가 쓸데없이 근육이 막 붙고 그러지는 않겠죠?

수리미　무슨 의미야?

레츠코의 시선 끝에서 팔굽혀펴기를 계속하는 선생님.

레츠코　저 선생님, 요가 수업은 조수한테 맡기고 계속 근육 운동만 하잖아요. '단백질'이라는 말만 하고 말이죠. 뭐랄까, 아무리 봐도 요가 강사는 이름뿐인, 그 뭐지…….

릴라　'근육 바보'라고 말하고 싶은 거네.

레츠코　아뇨, 딱히 그런 뜻이 아니라…….

腕立て 팔굽혀펴기		任せる 맡기다	
汗をかく 땀을 흘리다		筋トレ 근육 운동	
慣れる 익숙해지다		名ばかり 이름뿐, 명목뿐	
結構 제법, 충분히		～訳じゃない ～하는 것은 아니다	
教わる 배우다			
無駄に 쓸데없이			
続ける 계속하다			

❶ 筋肉バカって言いたいのね。
'근육 바보'라고 말하고 싶은 거네.
筋肉バカとは、自慢することが筋骨隆々の筋肉しかない人を指す言葉ですね。筋肉はたっぷり付いていますが、頭は悪いという意味です。ただ主に小説や漫画など架空のキャラクターに使われる表現に近いので、実際に適用するには無理があるですね。似た単語に脳筋があるのですが、単語だけ見れば脳まで筋肉で出来たように見えますが「考えるより体が先に出る人」という意味です。

ゴリ　烈子ちゃん、あの先生はね、ああ見えて本場インドで厳しい修行を積んだ立派な方なのよ。その証拠に、ほら見て。私、ここに通うようになってから、すっごく二の腕がスッキリしたの。ほ〜ら！

릴라　레츠코, 저 선생님은 저래 뵈도 요가의 본고장 인도에서 고된 수행을 쌓은 대단한 분이셔! 그 증거로, 봐봐! 나 여기 다니게 된 후로 팔뚝 윤곽이 뚜렷해졌다니까, 자!

血管の浮いたたくましい上腕二頭筋を見せ付けるゴリ。

혈관이 두드러지게 보이는 듬직한 상완이두근을 과시하는 릴라.

烈子　うわああ〜不安にさせないでください！

레츠코　으아아아아, 불안하게 하지 마세요!

鷲美　烈子ちゃんは何でヨガ始めたの？

수리미　레츠코는 왜 요가를 시작한 거야?

烈子　えっ、あ〜え〜っと……。

레츠코　네? 그게 말이죠…….

ゴリ　そりゃ、綺麗になりたいからに決まってるわよね？

릴라　그거야, 당연히 예뻐지고 싶어서겠지, 안 그래?

烈子　あっ、はあ……まあ、そんなとこですかね。アハ、アハハハ……。

레츠코　아, 뭐…… 그런 셈이죠. 아하하하하.

烈子　[結婚相手見つけて、会社辞めるため❷なんて、言えないよな……。]

레츠코　[결혼 상대를 만나 퇴사하기 위해서라고는 말 못 하겠어…….]

ヨガ教室の外

요가 학원 바깥

鷲美　どうする？御飯食べ行く？

수리미　어떻게 할래? 저녁 먹으러 갈래?

ゴリ　あっ、いいわね〜。この間行ったあのお店は？キッシュがおいしかったとこ。

릴라　아이, 그거 좋지. 전에 갔던 식당 어때? 키슈가 맛있었던 곳.

鷲美　あそこはもういいな。

수리미　거긴 이제 됐어.

本場 본고장
厳しい 혹독하다
積む 쌓다
立派 훌륭함
通う 다니다
二の腕 위팔, 팔뚝
スッキリ 말끔하고 상쾌한 모양

浮く 뜨다, 겉으로 드러나다
たくましい 늠름하다
上腕二頭筋 상완이두근
見せ付ける 보란 듯이 드러내다, 과시하다
綺麗 예쁨, 고움
この間 얼마 전, 요전

❷ **結婚相手見つけて、会社辞めるため**
결혼 상대를 만나 퇴사하기 위해서

레츠코가 꿈꾸는 것처럼 결혼으로 직장을 그만두는 것을 일본에서는 寿退社라고 합니다. 이 단어에 들어가 있는 寿는 축하의 말이나 경사스러운 의식 등을 의미하는데, 여기서는 결혼을 의미합니다. 여자가 결혼을 기점으로 직장을 그만두는 것이 당연하게 여겨졌던 옛날에 생겨난 말이에요. '여자의 행복은 결혼이다'라는 성차별적 사회 배경에서 생겨난 단어라고 볼 수 있겠습니다.

ゴリ	じゃあ、焼き肉。	릴라	그럼 불고기.
鷲美	太るじゃない。	수리미	살찌잖아.

少し距離を置いてタイミングを計っている様子の烈子。

조금 거리를 두고 타이밍을 재고 있는 모습의 레츠코.

烈子	……。	레츠코	…….
ゴリ	烈子ちゃんも行くでしょ？ ねっ、行こう！ いろいろ話も聞きたいし。	릴라	레츠코도 갈 거지? 응? 같이 가자! 이런저런 얘기도 듣고 싶고.
烈子	あっ、すみません。帰ります。	레츠코	아, 죄송해요. 집에 가보겠습니다.
烈子	冷蔵庫に片付けなきゃいけない食材余らしちゃってて。アハ……。	레츠코	냉장고에 처리해야 하는 식재료가 남아 있어서요.
ゴリ	あら……そう……。	릴라	어머나……. 그래…….

残念そうなゴリ。

아쉬워하는 릴라.

ヨガ教室の中
窓際に立つヨガの先生。三人の様子を黙って見下ろしている。

요가 학원 안
창가에 서 있는 요가 선생님. 세 사람의 모습을 묵묵히 내려다보고 있다.

先生	フー……プロテイン……。	선생님	후……. 단백질…….

そしてやれやれといった感じで首を振る先生。

그리고 어쩔 수 없다는 듯 고개를 가로젓는 선생님.

太る 살찌다
距離を置く 거리를 두다
計る (시간 등을) 재다
冷蔵庫 냉장고
片付ける 정리하다
食材 식재료
余らす 남기다

残念 유감스러움, 아쉬운 모양
窓際 창가
黙る 묵묵히 있다, 말하지 않다
見下ろす 내려다보다
やれやれ 아이고, 맙소사 (실망했을 때의 말)
首を振る 고개를 젓다

바로이 장면!

飲み屋
フェネ子とハイ田。差し向かいで酒を飲む二人。

주점	
페네코와 하이다. 마주 앉아서 술을 마시는 두 사람.	

ハイ田 烈子ってさあ、何か壁作ってくるとこあるよなあ。

하이다 레츠코가 왠지 우리한테 거리를 두는 것 같아.

フェネ子 まあね。

페네코 그럴지도 모르지.

ハイ田 3回連続で飲み会断られると、さすがに心折れるわ。ハア〜。

하이다 세 번이나 연속으로 술 마시자는 제안을 거절당하니까 역시 마음이 아프네. 하아…….

フェネ子 その度にハイ田の**やけ酒に付き合わされるこっちの身にもなってよね。❸**

페네코 그럴 때마다 하이다 너의 홧술에 같이 어울려주는 내 입장도 돼보라고.

携帯をいじっているフェネ子。

핸드폰을 만지작거리는 페네코

ハイ田 何なんだよ、烈子の「用事」って。まさか、男とかじゃねえだろうな?

하이다 레츠코의 '볼일'은 도대체 뭐야. 설마 남자가 있는 건 아니겠지?

フェネ子 多分違う。

페네코 아닌 것 같은데.

フェネ子が携帯をいじりながら言う。

페네코가 핸드폰을 계속 만지작거리며 말한다.

ハイ田 それ、烈子に聞いたのか?

하이다 그거 레츠코한테 들은 거야?

フェネ子、首を振る。

페네코, 고개를 가로젓는다.

フェネ子 あの子、自分のことあんまり話さないでしょ。私も聞かないし。

페네코 걔는 자기 얘기 별로 안 하잖아. 나도 안 물어보고.

差し向かい 마주 봄
連続 연속
断る 거절하다
さすが 과연
心折れる 상처받다, 마음이 상하다
付き合う 어울리다, 행동을 같이하다

いじる 만지작거리다
用事 볼일, 용건
違う 다르다
あんまり 그다지, 별로

❸ **やけ酒に付き合わされるこっちの身にもなってよね。** 홧술에 같이 어울려주는 내 입장도 돼보라고.
ヤケ酒는 스트레스를 잔뜩 받아 홧김에 마시는 술을 말합니다. ヤケになる는 自暴自棄(자포자기) 상태, 즉 '내 뜻대로 되지 않아 화가 나서 나 자신을 내팽개치고 결국 되는 대로 행동하는 것'이지요. 私は試験に落ちてヤケになった(나는 시험에 떨어져서 자포자기하고 말았다)라고 쓸 수 있답니다. ヤケ가 들어간 다른 표현으로는 ヤケ食い(홧김에 하는 폭식) 등이 있습니다.

ハイ田　ただの憶測ってことか。

フェネ子　推理だよ。

フェネ子がいじっていた携帯を差し出す。携帯には、SNSにアップされた知らない女の写真。場所はヨガ教室。

ハイ田　あ？　誰だよ、これ。

フェネ子　知らない人がヨガ教室で撮った写真。後ろに写ってるの、烈子っぽくない？

知らない女の後ろに烈子とおぼしき後姿。画面を見て驚くハイ田。

ハイ田　どういうことだ？

ハイ田が顔を上げいぶかしげな視線をフェネ子に向ける。

フェネ子　烈子って会社を出たら、普通、駅に直行すんの。でも、週に２回だけ、駅の反対方向に向かうんだよね。つまり、会社近辺のどっかに通ってる。それが週に２回。習い事の可能性大。

ハイ田　……。

目を丸くするハイ田。

하이다　그냥 억측이라는 거잖아.

페네코　추리한 거지.

페네코가 만지작거리던 핸드폰을 내민다. 핸드폰에는 SNS에 업로드된 낯선 여자의 사진. 장소는 요가 학원.

하이다　어? 이건 누군데?

페네코　모르는 사람이 요가 학원에서 찍은 사진이야. 뒤에 찍힌 사람, 레츠코 같지 않아?

모르는 여자의 뒤편에 레츠코로 보이는 뒷모습. 화면을 보고 놀라는 하이다.

하이다　어떻게 된 일이야?

하이다가 얼굴을 들고 의아하다는 시선을 페네코에게 보낸다.

페네코　레츠코는 회사를 나오면 보통 역으로 직행해. 하지만 일주일에 두 번은 역 반대쪽으로 간단 말이지. 즉, 회사 근처 어딘가에 다니고 있어. 그런 일이 주 2회니까 뭔가 배우고 있을 가능성이 높아.

하이다　…….

눈을 동그랗게 뜨는 하이다.

憶測 억측	後姿 뒷모습
推理 추리	驚く 깜짝 놀라다
差し出す 내밀다, 제출하다	いぶかしげ 의아스러움
撮る (사진을) 찍다	直行する 직행하다
写る (사진 등에) 찍히다	近辺 근처
～っぽい ～스럽다, ～같다	習い事 배우는 일
～とおぼしき ～로 추정되는	目を丸くする 눈을 동그랗게 뜨다

フェネ子　最近、筋肉痛を訴えてたから、恐らく体使う系。スポーツジムってキャラじゃないから、ピラティスとかヨガとかかなって当たりつけて、検索かけたら、その写真がヒット。

ハイ田　怖えよ、お前。敵に回したくねえわ。

フェネ子　しょうがないじゃん、烈子が話してくんないんだから。

ハイ田　ハア……。

ワインを呷るフェネ子。

페네코　최근 근육통을 호소하니까 몸을 쓰는 계열이겠지. 헬스장에 다닐 성격은 아니니 필라테스나 요가일 것 같아서 검색해 봤더니 이 사진이 나왔어.

하이다　너 무서운 사람이구나. 적으로 돌리고 싶지 않아.

페네코　어쩔 수 없잖아. 레츠코가 얘기를 안 해주니까.

하이다　하아…….

와인을 들이켜는 페네코

訴える 호소하다
恐らく 아마도
当たりつける 가늠해 보다
検索をかける 검색하다
ヒット 원하는 정보를 찾아내는 것
敵に回す 적으로 돌리다
呷る (음료 등을) 들이켜다

先生のアドバイス

선생님의 조언

烈子の帰り道
とぼとぼと歩く烈子。

레츠코의 귀갓길
터벅터벅 걷는 레츠코.

烈子 [せっかく誘ってくれたのに、断っちゃった。二人と知り合いになれて嬉しかったけど、やっぱり会社の人なんだよな。いろいろ聞かれても面倒だし……。❶ はあ～あ……。]

레츠코 [애써 초대해 줬는데 거절해 버렸어. 두 분과 알게 되어 기쁘지만, 결국 회사 사람들이니까. 이래저래 물어보게 되면 귀찮아질 수도 있고……. 하아아…….]

会社の外観、昼間

회사의 외관, 낮

바로 이 장면!

経理部
坪根の周りに男子社員が集まっている。大上、ヤギュウ。

경리부
쓰보네 주변에 남자 직원들이 모여 있다. 오오카미와 아규.

ヤギュウ 駄目だ……。

야규 안 되겠어…….

坪根の佃煮の瓶がなかなか開かない。

쓰보네의 쓰쿠다니 병이 좀처럼 열리지 않는다.

大上 あ、俺やるっす。ふっ……うお……固って！ マジ開かねっすよ、これ。

오오카미 제가 해볼게요. 흐읍…… ㅇㅇㅇ…… 빽빽해요! 이거 진짜 안 열리네요.

佃煮の瓶を受け取った大上も開けるのに失敗する。パソコンに向かいながら、コソコソと話すハイ田とフェネ子。

쓰쿠다니 병을 받아 든 오오카미도 병을 여는 데 실패한다. 컴퓨터 앞에 앉아 속닥속닥 이야기를 나누는 하이다와 페네코.

フェネ子 坪根の開かずの佃煮。

페네코 쓰보네의 열리지 않는 쓰쿠다니 병.

とぼとぼ 터벅터벅
　　　　(힘없이 걷는 모양)
誘う 권하다
断る 거절하다
知り合い 지인, 아는 사이
嬉しい 기쁘다
面倒 성가심, 귀찮음
集まる 모이다

駄目 소용없음, 효과가 없음
瓶 병
なかなか 좀체, 그리 간단히
固い 단단하다, 굳다
向かう 향하다
コソコソ 속닥속닥
　　　　(몰래 하는 모양)

❶ 面倒だし……。 귀찮아질 수도 있고…….
수리미와 릴라가 이것저것 물어서 괜히 귀찮은 일이 생길까 봐 걱정하는 레츠코. 面倒는 '번잡하고 성가시다, 귀찮다'라는 의미입니다. 주로 수고스럽고 신경을 써야 해서 가능하면 그 일을 하고 싶지 않고, 할 생각을 하니 마음이 무거워진다는 뉘앙스가 있지요. 주로 面倒くさがり (귀찮아하는 사람)나 面倒くさい (몹시 귀찮다) 등으로 사용할 수 있어요. 다소 뉘앙스의 차이가 있지만, 뜻이 비슷한 단어로 煩わしい나 厄介도 있답니다.

ハイ田	まだ開いてなかったのか、あれ。

そこに烈子が入ってくる。

坪根	あら～烈子さん、ちょうどいいとこに来たわ～！ 悪いけど、**この佃煮の瓶開けてもらってもいい？❷** ものすご～く固いけど。きっと頑張り屋さんのあなたなら出来るわ……。

坪根が慇懃な口調だが威圧する態度で、烈子に佃煮を渡す。こともなげにパカッと蓋を開ける烈子。

烈子	あっ、開きました。

口をあんぐりと開けて固まる坪根。同様に驚くハイ田とフェネ子。

坪根	あああ……！

会社の廊下を歩く三人。

ハイ田	烈子、お前すげえな。

烈子	えっ？ 何で？

ハイ田	アーサー王みたいだったぞ。ボディービルでも始めたのか？

烈子	え～？

하이다 아직도 안 열렸네, 저거.

그때 레츠코가 들어온다.

쓰보네 어머나, 레츠코 씨, 딱 좋을 때 왔네! 미안하지만 이 쓰쿠다니 병 좀 열어주겠어? 엄청 단단하게 닫혀 있다고. 분명 뭐든 열심히 하는 너라면 할 수 있을 것 같은데…….

쓰보네가 은근한 어조지만 위압적인 태도로 레츠코에게 쓰쿠다니를 넘긴다. 별일도 아니라는 듯 벌컥 뚜껑을 여는 레츠코

레츠코 아, 열렸어요.

입을 떡 벌리며 굳어진 쓰보네. 마찬가지로 깜짝 놀라는 하이다와 페네코.

쓰보네 아아악……!

회사 복도를 걷는 세 사람.

하이다 레츠코, 너 대단하다!

레츠코 응? 왜?

하이다 아서왕 같더라. 보디빌딩이라도 시작한 거야?

레츠코 뭐어?

頑張り屋さん 노력하는 사람, 뭐든 열심히 하는 사람

慇懃 은근, 정중함

口調 어조

威圧する 위압감을 주다

渡す 건네주다

こともなげに 아무렇지도 않은 듯이

パカッ 달칵 (뭔가를 딱 하고 여는 소리)

蓋 뚜껑

あんぐり 어이없거나 놀라서 입을 벌린 모양

同様に 마찬가지로

❷ **この佃煮の瓶開けてもらってもいい？** 이 쓰쿠다니 병 좀 열어주겠어?

佃煮(쓰쿠다니)는 간장, 설탕, 미림 등으로 달콤하고 매콤하게 조린 음식입니다. 보통 작은 생선이나 바지락, 다시마 등을 재료로 맛있게 조리는 밥 반찬이지요. 쓰쿠다니를 만드는 재료는 100가지 이상일 정도로 다양해서, 심지어 메뚜기 같은 곤충류를 넣어 만들 때도 있답니다.

フェネ子　おかしいな、確かにヨガ教室の写真に写ってたのに。	페네코　이상하네. 분명 요가 학원 사진에 찍혔는데.
烈子　何の話？	레츠코　무슨 얘기야?
フェネ子　いやいや、こっちの話。	페네코　아니, 아니. 그냥 혼잣말이야.

そこにゴリと鷲美が颯爽と歩いてくる。烈子、その姿を見て、緊張する。

그때 릴라와 수리미가 시원스럽게 걸어온다. 레츠코, 그 모습을 보고 긴장한다.

烈子　[こないだのこと、怒ってるのかな……。]

레츠코　[저번 일 때문에 화나셨을까…….]

ゴリと鷲美、烈子を見もせずすれ違う。

릴라와 수리미, 레츠코를 보지도 않고 지나가 버린다.

烈子　[次会ったら、ちゃんと謝ろう。]

레츠코　[다음에 보면 제대로 사과해야겠다.]

無言で歩くゴリと鷲美。不意に足を止める二人。ゴリの目が涙に潤み、崩れる。

말없이 걷는 릴라와 수리미. 갑자기 발걸음을 멈추는 두 사람. 릴라의 눈이 눈물로 글썽글썽하며 털썩 주저앉는다.

ゴリ　やっぱり烈子ちゃん、私達のこと嫌ってるのかしら？

릴라　역시 레츠코가 우리를 싫어하는 걸까?

鷲美　一回断られただけじゃない。また今度誘ってみましょ。

수리미　한 번 거절한 것뿐이잖아. 다음에 또 초대해 보자.

夜の街

밤거리

明かりの消えたヨガ教室

誰もいないスタジオ。蓮華座を組み、一人瞑想する先生。いつもとは雰囲気が違う。先生の体が青いオーラに包まれる。先生の意識が宇宙と同化する。そして、先生の頭の中に謎の数字が浮かぶ。
「9091-89」
ゆっくりと目を開け、かすれた声で意味ありげにつぶやく。

불이 꺼진 요가 학원

아무도 없는 학원 스튜디오. 연화좌를 틀고 혼자 명상하는 선생님. 평소와 분위기가 다르다. 선생님의 몸이 푸른 오라에 휩싸인다. 선생님의 의식이 우주와 동화된다. 그리고 선생님의 머릿속에 알 수 없는 숫자가 떠오른다.
'9091-89'
천천히 눈을 뜨고 쉰 목소리로 의미심장하게 중얼거린다.

写る (사진 등에) 찍히다	崩れる 무너지다	違う 다르다
緊張する 긴장하다	嫌う 싫어하다	包む 싸다, 에워싸다
怒る 화를 내다	今度 다음번에	謎 수수께끼, 불가사의
すれ違う 엇갈리다, 스치듯 지나가다	消える 꺼지다, 사라지다	浮かぶ 떠오르다
謝る 사과하다	蓮華座 연화좌	かすれた声 갈라진(쉰) 목소리
不意に 갑작스레, 느닷없이	組む (다리 등을) 꼬다	意味ありげ 의미심장
潤む 울먹이다, 글썽거리다	雰囲気 분위기	つぶやく 중얼거리다

先生	プロテイン……。	선생님	단백질…….

ヨガ教室外観
トレーニングの声が聞こえてくる。

요가 학원 외관
트레이닝하는 소리가 들려온다.

| 先生 | (腕立てをしながら) プロテイ〜ン。 | 선생님 | (팔굽혀펴기를 하면서) 단백질. |

| アシスタント | はい、今日のヨガ講座はここまでです。 | 보조 강사 | 좋아요. 오늘 요가 수업은 여기까지입니다. |

| 先生 | (腕立てをしながら) プロテイ〜ン！ | 선생님 | (팔굽혀펴기를 하면서) 단백질 |

| アシスタント | また来週もいい汗かきましょう！ | 보조 강사 | 다음 주에도 기분 좋은 땀을 흘리도록 합시다! |

先生、腕立て伏せから立ち上がり、ゴリ達のもとへ歩いていく。合掌して見下ろす先生。

선생님, 팔굽혀펴기를 하다가 일어나 릴라와 수리미 쪽으로 걸어간다. 합장하고 둘을 내려다보는 선생님.

| ゴリ | 先生、お疲れ様です。 | 릴라 | 선생님, 수고하셨습니다. |

| 先生 | プロテイン……。 | 선생님 | 단백질……. |

先生がゴリにメモを渡す。

선생님이 릴라에게 메모를 건넨다.

| ゴリ | あっ、はい、ありがとうございます。 | 릴라 | 아, 네, 감사합니다. |

不思議そうにメモを見るゴリと鷲美。

의아하게 메모를 보는 릴라와 수리미.

| 先生 | プロテイ〜ン。 | 선생님 | 단백질. |

腕立て伏せ 팔굽혀펴기
立ち上がる 일어서다
〜のもとへ 〜에게
合掌する 합장하다
見下ろす 내려다보다
不思議 불가사의, 이상함

ヨガ教室前の歩道

ゴリ 烈子ちゃ〜ん、駅まで一緒に行こ。

烈子 あれっ、今日はどこも寄らないんですか?

ゴリ うん、今日は帰るだけ。

烈子 こないだはすみません。せっかく誘ってくれたのに。

ゴリ いいのよ〜そんなこと、ぜ〜んぜん気にしてないわよ。

鷲美 烈子ちゃん、何線で帰るの?

烈子 あっ、田園都市線です。お二人はどちらに帰るんですか?

ゴリ あ〜ああ〜! あああああ……。

突然上を見上げて叫ぶゴリ。烈子がぎょっとする。ゴリの視線の先にカラオケ屋の看板。ここは烈子が通っているところ。

ゴリ カラオケ最近行ってな〜い!

烈子 はっ?

鷲美 私も行ってな〜い。(棒読み❸)

烈子 ええっ。

요가 학원 앞의 보도

릴라 레츠코, 역까지 같이 가자.

레츠코 어어, 오늘은 아무 데도 안 들르세요?

릴라 응. 오늘은 그냥 집에 갈 거야!

레츠코 저번에는 죄송했어요. 모처럼 초대해 주셨는데.

릴라 아니야, 그런 건 전혀 마음에 담아두지 않았는걸.

수리미 레츠코, 전철은 어떤 선 타고 가?

레츠코 아, 덴엔토시선이요. 두 분은 어떤 선 타고 가세요?

릴라 아아아아앗! 아아아아아아…….

갑자기 위를 올려다보며 소리치는 릴라. 레츠코가 흠칫 놀란다. 릴라의 시선 끝에 있는 노래방 간판. 여기는 레츠코가 다니는 곳.

릴라 노래방 안 간 지 정말 오래됐어!

레츠코 네?

수리미 나도 안 갔어. (영혼 없는 어조)

레츠코 네?

歩道 보도
寄る 들르다
突然 갑자기
見上げる 올려다보다
叫ぶ 소리치다
看板 간판
通う 다니다

❸ **棒読み** 영혼 없는 어조
우리나라 말로 하자면 일명 '국어책 읽기'입니다. 대사나 말 등을 아무 감정이나 억양 없이 읽는 것을 말하죠. 말에 감정이 없어서 본심이 아니라 그저 남이 원하는 대답을 해줄 뿐이라는 뉘앙스가 있습니다. 예를 들어, 私ってけっこう綺麗でしょ?(나 제법 예쁘지?)라는 물음에 그렇다는 뜻으로 綺麗だね。(棒) (그러게. 예쁘네. (영혼 없음))라고 대답한다면 이는 영혼 없이 그냥 하는 말로, 사실상 예쁘다는 말을 부정하는 뜻을 갖게 됩니다. 참고로 인터넷에서는 어떤 문장 끝에 (棒読み) 또는 (棒)를 붙여서 조소하는 의미를 드러낼 때가 있습니다.

ゴリ あら？鷲美、もしかして歌いたい気分？	**릴라** 어머? 수리미, 혹시 노래하고 싶은 기분이야?
鷲美 うん……でもゴリちゃん、帰るのよね？	**수리미** 으음……, 하지만 릴라, 집에 가려던 거 아니었어?
すでに烈子は両側からゴリと鷲美に腕を組まれて確保されている。	이미 레츠코는 양쪽에서 릴라와 수리미가 팔짱을 껴 완전히 붙들려 있다.
ゴリ どうしよっか〜？中見てから決めよっか？	**릴라** 어떻게 할래? 안을 보고 결정할까?
鷲美 見るだけ見てみよっか〜。	**수리미** 보기만 해볼까?
烈子 えっえっちょっと……。	**레츠코** 어, 엇, 잠시만요…….
どんどん中に連れ込まれる烈子。	점점 안으로 끌려 들어가는 레츠코.
カラオケ店内、フロント 店員、烈子の顔を見る。	**노래방, 프런트** 점원, 레츠코의 얼굴을 본다.
店員 いらっしゃいませ。お一人様……三名様ですね。	**점원** 어서 오세요. 한 분이십…… 세 분이시군요.
固まった宇宙人状態の烈子。店員がゴリ達の顔を見て言いなおす。	굳어버린 외계인 같은 상태인 레츠코. 점원이 릴라와 수리미의 얼굴을 보고 다시 말한다.
烈子 今日は帰るって言ったじゃないですか〜。	**레츠코** 오늘은 그냥 집에 간다고 하셨잖아요!
二人に両側から確保されたまま廊下を運ばれる烈子。	두 사람에게 양쪽에서 붙들린 채 복도를 따라 끌려가는 레츠코.

腕を組む 팔짱을 끼다
確保する 확보하다
決める 정하다
どんどん 점점, 계속 (잇따르는 모양)
連れ込む 데리고 들어가다, 끌고 가다
運ぶ 옮기다, 운반하다

ついに暴かれた秘密

마침내 밝혀진 비밀

 15.mp3

カラオケボックス内
防音ドアが冷酷に閉まる。

노래방 내부
방음문이 냉혹하게 닫힌다.

ゴリ カラオケ久しぶり～。

릴라 노래방 오랜만이야!

鷲美 割ときれいじゃない。

수리미 생각보다 깨끗하잖아.

鷲美・ゴリ 烈子ちゃん、カラオケってよく来るの？

수리미·릴라 레츠코, 노래방 자주 와?

烈子 いえ、私はあまり……。

레츠코 아뇨, 저는 그다지…….

ゴリ とりあえず何か飲み物頼もっか。はいっ、ビールの人～？

릴라 일단 뭔가 마실 거라도 시킬까? 쟤 맥주 마실 사람?

鷲美 はーい。

수리미 네에!

烈子 ［二人のペースに巻き込まれないようにしないと。］

레츠코 [이 둘의 페이스에 말려들지 않도록 해야겠어.]

烈子 あ、私ウーロン茶で。

레츠코 아, 저는 우롱차로 할게요.

ゴリ ビール、ビール、ウーロン茶ね、**了解～！**❶

릴라 맥주, 맥주, 우롱차지? 알았어!

ゴリが受話器を取る。

릴라가 수화기를 집어 든다.

店員 フロントです。

점원 프런트입니다.

暴く 폭로하다
防音ドア 방음문
冷酷 냉혹
閉まる 꼭 닫히다
割と 비교적
巻き込む 휘말리게 하다, 끌어넣다

受話器 수화기
取る 잡다, 쥐다

❶ **了解～！** 알았어!
了解는 '사정을 배려하여 이해하는 것, 받아들이는 것'이라는 뜻으로 了解しました라고 하면 分かりました（알겠습니다）의 의미가 됩니다. 了解しました는 동료나 아랫사람에게 쓰는 말이어서, 거래처 상대나 윗사람에게 쓰는 것은 실례입니다. 만약 윗사람 등에게 알겠다고 대답하려면 承知しました라고 하는 것이 좋습니다. 分かる의 겸양어가 承知する이기 때문이지요.

ゴリ	(こそこそ) ビール 2 杯_{はい}と**ウーロンハイお願_{ねが}いしまーす。❷**
烈子	[アルコール混入事件発生_{こんにゅう じ けんはっせい}!]

ゴリ　(소곤소곤) 맥주 두 잔이랑 우롱 하이볼 부탁합니다.

릴라　(소곤소곤) 맥주 두 잔이랑 우롱 하이볼 부탁합니다.

레츠코　[알코올 혼합 사건 발생!]

二人、烈子の目の前に座る。

두 사람, 레츠코 바로 앞에 있는다.

**바로 이 장면!*

鷲美	そんなに緊張_{きんちょう}することないのよ。会社_{かいしゃ}の外_{そと}では、上司_{じょうし}も先輩_{せんぱい}もないわ。同_{おな}じ女同志_{おんなどうし}でしょ。

수리미　그렇게 긴장할 거 없어. 회사 밖에서는 상사고 선배고 없으니까. 다 똑같은 여자야, 안 그래?

ゴリ、モアイのような無表情で烈子を無言で見つめている。

릴라, 모아이 석상처럼 무표정하게 레츠코를 조용히 바라본다.

ゴリ	そうよ、私達_{わたしたち}……ヨガ達_{だち}なんだから。

릴라　맞아, 우리는…… 요가 친구잖아.

烈子	ヨガ達_{だち}?

레츠코　요가 친구요?

ゴリ	ヨガを通_{つう}じて己_{おのれ}を見_みつめ直_{なお}し、チャクラを開_{ひら}いて宇宙_{う ちゅう}と一体_{いったい}となることを共_{とも}に目指_{め ざ}す仲間_{なかま}、それがヨガ達_{だち}。

릴라　요가를 통해 나 자신을 재발견하고, 차크라를 열어 우주와 하나가 되는 것을 함께 목표로 하는 친구, 그게 바로 요가 친구지!

烈子	いや、私_{わたし}、そんな大_{だい}それたこと考_{かんが}えてませんから。

레츠코　아니, 저는 그렇게 대단한 걸 생각하지 않았어요!

ゴリ	心_{こころ}を自由_{じゆう}になさい。

릴라　마음을 자유롭게 하렴.

鷲美、笑顔で烈子にカラオケの端末を渡す。

수리미, 활짝 웃으며 레츠코에게 노래방 단말기를 건네준다.

鷲美	とりあえず……歌_{うた}おっか?

수리미　일단…… 노래할까?

ゴリ	イエーイ！(盛り上がる)

릴라　오예! (흥에 겨워 들썩인다)

混入_{こんにゅう} 혼입, 섞여 들어감
座_{すわ}る 앉다
通_{つう}じる 통하다
己_{おのれ} 나 자신
見_みつめる 응시하다
開_{ひら}く 열리다, 열다
共_{とも}に 함께, 같이

仲間_{なかま} 동료
大_{だい}それた 대단한, 가당치 않은
盛_もり上_あがる (흥, 기세 등이) 높아지다

❷ ウーロンハイお願いしまーす。
우롱 하이볼 부탁합니다.

일본의 대중 주점의 메뉴판에서 흔히 볼 수 있는 ウーロンハイ (우롱 하이볼)는 칼로리나 당분이 적어서 건강을 위해서 마시기도 하고, 깔끔한 맛 덕분에 주로 회식 후반부에 마십니다. 우롱하이는 소위 말해 칵테일의 일종으로, 소주에 우롱차를 섞은 술입니다. 여기서 ハイ는 위스키에 소다를 섞어 만드는 '하이볼'이라는 칵테일에서 나온 말이지요. チューハイ (츄하이)도 있는데, 소주에 소다를 탄 술이랍니다.

烈子	[うううう……。]	레츠코 [으윽……]
ゴリ	烈子ちゃん何歌ってくれるのかな？ 超興味ある〜！	릴라 레츠코는 어떤 노래를 부르려나? 정말 궁금하다!

烈子は苦悶の表情をしている。ウキウキし出すゴリ。

레츠코는 고민스러운 표정을 짓고 있다. 신이 나서 들썩이기 시작하는 릴라.

鷲美	意外にヒップホップ系とか？	수리미 의외로 힙합 쪽이려나?
ゴリ	アイドル系じゃない？	릴라 아이돌 쪽이지 않을까?
烈子	[あっ、私デス系です、なんて言える訳ないじゃん。何とかこの場を乗り切らないと……。]	레츠코 [저는 데스메탈 쪽이에요. 그렇게 말할 수 있을 리 없잖아. 어떻게든 이 상황을 넘기지 않으면…….]

烈子	あっ、私あんまりレパートリーないんですよね。	레츠코 아하하, 저는 딱히 애창곡 목록이 없어요.
烈子	あっ、これサビしか歌えないな。あ、時間もったいないんで、どうぞ先輩たちから歌ってください。	레츠코 앗, 이건 후렴구밖에 못 부르네. 아, 시간이 아까우니 선배님들 먼저 노래하세요
ゴリ	3時間あるから、ゆっくり選びなさい。	릴라 세 시간 있으니까 천천히 골라.
烈子	[長期戦に持ち込まれた……。]	레츠코 [장기전에 말려들었다…….]
鷲美・ゴリ	……。	수리미·릴라 …….

じっと烈子を見ている。

가만히 레츠코를 바라본다.

| 従業員 | ビールとウーロンハイお持ちしました。 | 종업원 맥주와 우롱 하이볼 가져왔습니다. |

苦悶 괴로움, 고민
ウキウキ 들썩들썩 (신바람이 나서 들뜨는 모양)
〜し出す 〜하기 시작하다
意外に 의외로
〜訳がない 〜리가 없다
場 자리, 장소
乗り切る 극복하다

サビ (노래 등의) 후렴구
選ぶ 선택하다, 고르다
持ち込む 가지고 들어가다

烈子	えーと、これも駄目だな。これ、歌詞が**中二すぎるしな**。❸ これ多分キーが合わないな。これはギャラリーが引きそうだしな……。(ブツブツ)	레츠코 으음. 이것도 안 되겠네. 이건 가사가 너무 중2병스럽고. 이건 키가 안 맞을 것 같아. 이건 듣는 사람이 좀 식겁할 것 같고……. (중얼중얼)

テーブルに置かれた飲み物。ゴリ、ビールを呷る。

태이블 위에 놓인 음료. 릴라, 맥주를 들이켠다.

鷲美	なかなか手ごわいわね。多分壁を作っちゃうタイプの子なのよ。	수리미 만만치 않은 아이네. 거리를 두는 성격인가 봐.
ゴリ	大丈夫。先生はおっしゃったわ。	릴라 괜찮아. 선생님께서 말씀하셨어.
先生	プロテイ〜ン。	선생님 단백질.
ゴリ	このメモが私達を正しい答えに導いてくれると。	릴라 이 메모가 우리를 올바른 답으로 이끌어줄 거라고.

メモを見ながら言うゴリ。

메모를 보며 말하는 릴라.

鷲美	何なの？ その数字。	수리미 그 숫자는 뭐야?
ゴリ	分からない……。一体先生は私達に何を伝えようとしているのかしら。	릴라 몰라……. 대체 선생님은 우리에게 무엇을 전하려 하시는 걸까.

同時刻、ヨガ教室
明かりの消えたヨガ教室。導師のような雰囲気を放ちながら目を閉じて立つ先生。ゆっくりと目を開けて、意味ありげに呟く。

같은 시각, 요가 학원
불이 꺼진 요가 학원. 도사 같은 분위기를 뿜어내며 눈을 감고 서 있는 선생님. 천천히 눈을 뜨며 의미심장하게 중얼거린다.

先生	プロテイ〜ン。	선생님 단백질.

合う (크기 등이) 맞다
ギャラリー 관중
引く (몸을) 뒤로 빼다
呷る (음료 등을) 들이켜다
手ごわい 만만치 않다
壁を作る 벽을 만들다, 거리를 두다
正しい 올바르다

答え 해답, 답
導く 이끌다
伝える 전하다
明かり 빛, 조명
導師 도사, 도인
放つ 발하다, 내보내다
呟く 중얼거리다

❸ **中二すぎるしな。** 너무 중2병스럽고.
우리나라에서도 종종 언급되는 '중2병'은 일본어로, 厨二病 혹은 中二病라고 씁니다. '병'이라고 하지만 사실 질병은 아닙니다. 중학교 2학년 즈음에 시작되는 사춘기로, 괜히 어른처럼 행동하는 것에 대해 자조하는 의미로 쓰기 시작한 단어지요. 厨二病(中二病)의 특징으로 불량하거나 남과 다른 취미(서브컬쳐 등)가 멋지다고 느끼며 자신의 모든 걸 다 안다는 식으로 느끼는 것, 마치 자신에게 신비한 힘이 있는 듯 행동하는 것 등이 있습니다.

カラオケボックス	노래방 개별실
ゴリ　はっ。	릴라　헉
何かに気づいたゴリ。	뭔가를 깨달은 릴라.
烈子　えっと、どうしようかな。何歌おうかな……。どうしようかな、どうしようかな。	레츠코　어쩌면 좋지. 뭘 부르지……. 어쩌지, 어쩌지.
ゴリ　烈子、もういいわ。貸しなさい。	릴라　레츠코, 이제 됐어. 이리 줘.
きょとんとする烈子の前で、カラオケの端末に番号をひとつずつ入力するゴリ。番号の入力を終え、ゴリが送信ボタンを押す。カラオケの機材に番号が浮かび、スピーカーからデスメタルの轟音が流れ出す。烈子の血が逆流する。	어리둥절한 레츠코 앞에서 노래방 단말기에 번호를 하나씩 입력하는 릴라. 번호 입력을 마치고 릴라가 송신 버튼을 누른다. 노래방 기계에 번호가 뜨면서, 스피커에서 데스메탈의 시끄러운 음악이 흘러나오기 시작한다. 레츠코의 피가 역류한다.
烈子　[このカラオケボックスは、私の聖域。私が本当の自分でいられる秘密の場所。]	레츠코　[이 노래방은 내 성역. 내가 진정한 모습으로 있을 수 있는 비밀 장소.]
烈子、ハンドバッグから、自分のマイクを取り出す。	레츠코, 핸드백에서 자기 마이크를 꺼낸다.
烈子　[だから誰にも見られちゃいけない。ずっと、そう信じてきた]。	레츠코　[그러니까 누구에게도 들켜선 안 된다고, 계속 그렇게 믿어왔다.]
デス烈子　ボアアアアアアアアアアア！	데스 레츠코　흐아아아아아아아!
カラオケ店のフロント	노래방 프런트
店員　……。	점원　…….

貸す 빌려주다
きょとんとする 어리둥절하다
入力する 입력하다
終える 마치다
送信 송신
押す 누르다
機材 기계

轟音 굉음
流れ出す 흐르기 시작하다
逆流する 역류하다
取り出す 꺼내다

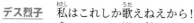

デス烈子	私はこれしか歌えねえから！ 聞け！ これが私の歌！ デス！ バレ！ しましたー！	데스 레츠코	난 이것밖에 못 부르니깨! 들어! 이게 내 노래야! 데스메탈! 들켜버리고! 말았네!

カラオケ店の廊下
店員の拍手。

노래방 복도
점원의 박수.

カラオケボックス内
テーブルに並ぶ料理、ドリンク。

노래방 개별실 내부
테이블 위에 잔뜩 차려진 요리, 음료.

ゴリ	オッオッオッオ～！	릴라	오, 오, 오, 오!
鷲美	あああ～。	수리미	아아아!
烈子	そんなやり方じゃ、喉痛めますよ。もっとしっかり声帯を閉じて、ウアアアアアア！	레츠코	그런 식으로는 목을 다쳐요. 성대에 힘을 딱 주고, 으아아아아!
ゴリ	だから、声帯を閉じるって何よ！	릴라	그러니까 성대에 힘을 준다는 게 뭔데!
鷲美	ぜんっぜん意味分かんない。	수리미	무슨 뜻인지 전혀 모르겠어.
烈子	あ……。	레츠코	으으음…….

プルルルルルルとインターホンが鳴る。受話器を取る烈子。

뚜르르르르르, 하고 인터폰이 울린다. 수화기를 집어 드는 레츠코.

店員	あと10分で終了時間です。	점원	10분 후에 종료됩니다.
烈子	延長お願いしまーす！	레츠코	시간 연장해 주세요!

拍手 박수
並ぶ 늘어서다
喉 목
痛める 아프게 하다
しっかり 꽉, 제대로
鳴る 울리다

116

アグレッシブ烈子

肩身の狭い職場

기죽어 지내는 직장

　16.mp3

社長室
窓に面した広い空間。東京を望む展望。

사장실
창문에 면한 널찍한 공간, 도쿄를 조망하는 전망.

社長　鷲美君、鷲美く〜ん！

사장　수리미, 수리미!

鷲美　お呼びですか、社長。

수리미　부르셨습니까, 사장님.

社長　ちょっとこれ見てくれるかな？ フフフ……。

사장　이거 한번 봐주겠나? 후후후…….

社長の机の上に模型が置いてある。

사장의 책상 위에 모형이 놓여 있다.

鷲美　これは？

수리미　이건 뭡니까?

社長　来年の夏、こうオブジェ的な感じで、社内に流しそうめんを張り巡らそうと思ってね。❶ その模型だよ。そうめんと共に流れる清らかな水の音、暑い季節に、従業員の労働意欲を喚起できるんじゃないかなって。

사장　내년 여름, 이런 오브제적인 느낌으로 사무실에 나가시소멘을 설치할까 해. 이게 그 모형이야! 소면과 함께 흐르는 청아한 물소리, 더운 여름철에 직원들의 노동 의욕을 북돋을 수 있지 않을까 해서.

グシャーッ！ 無言のかかとおとしで模型をぶち壊す鷲美。

우지끈! 아무 말 없이 뒤꿈치로 내리찍어 모형을 부숴버리는 수리미.

社長　だあああぁ〜！

사장　아아앗!

鷲美　却下です。こういった業務は総務の仕事です。社長の今後のご予定をお伝えいたします。

수리미　기각합니다. 이런 일은 총무과의 일입니다. 사장님의 오늘 일정을 안내해 드리겠습니다.

肩身が狭い 주눅이 들다	張り巡らす 온통 둘러치다
望む 바라다보다, 조망하다	清らか 맑은 모양
展望 전망	暑い 덥다
お呼び '부름'의 높임말	喚起 환기
模型 모형	かかとおとし 발뒤꿈치로 찍어 내리는 격투 기술
来年 내년	ぶち壊す 때려 부수다
オブジェ 오브제	伝える 전하다

❶ **流しそうめんを張り巡らそうと思ってね。**
나가시소멘을 설치할까 해.

流しそうめん(나가시소멘)은 일본의 여름 풍물시(계절을 대표하는 것)입니다. 세로로 반 쪼갠 대나무를 길게 이어 붙여 놓고, 위에서 물과 함께 소면을 흘리면 아래에서 젓가락으로 면을 건져 먹습니다. 요즘에는 대나무를 구하기 쉽지 않아서 아예 플라스틱으로 된 대나무 홈통을 팔거나 우유 팩이나 페트병으로 만들기도 합니다. 나가시소멘은 소면뿐 아니라 과일이나 채소, 약간의 반찬, 안주류까지도 흘려 보내서 먹는 재미가 있답니다.

社長	ひどいよ! うちの会社古臭いから、ここらで一発、IT企業みたいに奇抜な福利厚生サービスで、パーッと社内を明るくしようと……。

사장 너무해! 우리 회사는 너무 구식이라 이 정도로 한 번, IT 기업처럼 기발한 복리 후생으로 회사 분위기를 밝게 하고 싶었는데…….

鷲美	そうめんが社内を縦横無尽に流れるIT企業は存在しません。

수리미 소면이 사내에 종횡무진 흐르는 IT 기업은 없습니다.

社長	ううう……秘書の分際で私に意見するのかね。こ……この模型、造らせるのに30万かかったんだよ!

사장 으으으…… 비서 주제에 나에게 의견을 내는 건가! 이……이, 이 모형, 제작하는 데 30만 엔이나 들었다고!

領収書をかざす社長。それをパッと取り上げる鷲美。

영수증을 집어 드는 사장. 그걸 확 빼앗는 수리미.

社長	あ……。

사장 앗…….

鷲美	まさかこの領収書、経費で落とそうなんてお考えじゃありませんよね?

수리미 설마 이 영수증을 회사 경비로 처리하려고 하신 건 아니죠?

社長	駄目?

사장 안 돼?

鷲美	これは社長のご趣味です。

수리미 이건 사장님의 취미입니다.

ゆっくりと領収書を破り出す鷲美。

천천히 영수증을 찢는 수리미.

社長	わあ～! ちょっと待って、鷲美さん! そこをなんとか!

사장 악! 잠깐만, 수리미 씨! 제발!

鷲美	先代が悲しまれますよ。

수리미 전임 사장님이 슬퍼하실 겁니다.

社長	ちょっと待って! そこをなんとか～!

사장 잠깐만! 제발 봐주게!

ひどい 너무하다, 지독하다
古臭い 케케묵다
一発 한 번
奇抜 기발
明るい 밝다
縦横無尽 종횡무진
分際 분수, 주제

意見する 훈계하다, 타이르다
かかる (비용 등이) 들다
かざす 치켜올리다
取り上げる 빼앗다
まさか 설마
経費 경비
落とす 예산을 집행하다, 결제하다

駄目 소용없음, 해서는 안 됨
趣味 취미
破り出す 찢어버리다
先代 선대, 전대(前代)
悲しむ 슬퍼하다

社長が懇願してもにべもない鷲美。もはや社長の威厳もない。

사장의 애원에도 쌀쌀맞은 수리미. 이제 사장에게는 위엄도 없다.

바로이 장면!*

カラオケルーム

노래방 개별실

鷲美・ゴリ　結婚して専業主婦になりたい?

수리미·릴라　결혼해서 전업주부가 되겠다고?

烈子　エヘヘヘ〜。

레츠코　에헤헤…….

烈子がバツが悪そうに笑っている。

레츠코가 겸연쩍게 웃고 있다.

ゴリ　それがヨガを始めた理由?

릴라　그게 요가를 시작한 이유야?

鷲美　なるほどね。つまり……ヨガでパーフェクトボディーを手に入れて、稼ぎのいい彼氏ゲットして、26〜27で結婚して、まんまと退社して、悠々自適な生活をしよう、って魂胆でしょ?

수리미　그렇구나. 그 말인즉슨…… 요가로 완벽한 몸매를 만들어서 돈 잘 버는 남자를 꿰찬 뒤에 26〜27세쯤 결혼하고, 순조롭게 퇴사하여 유유자적하며 살겠다는 계획인 거지?

烈子　いやあ、悠々自適とまでは言いませんけど……。

레츠코　아니 뭐, 유유자적까지는 아니지만…….

鷲美　ハア〜。

수리미　에휴.

烈子　もしかして引いてます?

레츠코　설마 좀 깨나요?

鷲美　だって、好きな相手もいないんでしょ? 仕事から逃げたいだけなんでしょ? 主婦、甘く見てない? 結婚してからも闘いは続くのよ。

수리미　하지만 지금 좋아하는 사람도 없지? 일에서 도망치고 싶은 것뿐이잖아? 주부를 쉽게 보는 거 아니니? 결혼해도 전쟁은 계속된다고.

懇願 애원

にべもない 쌀쌀맞다

もはや 벌써, 이미

威厳 위엄

バツが悪い 겸연쩍다, 거북하다

稼ぎ 벌이

まんまと 감쪽같이, 순조롭게

魂胆 속셈

引く 뜨악하다, 분위기가 깨지다

逃げる 도망치다

甘く見る 얕보다

闘い 싸움

続く 계속되다

121

ゴリ	うん、うん、うん……。	릴라	응, 응, 응…….

うん、うん、うん、と頷くゴリ。

응응응, 하고 고개를 끄덕이는 릴라.

鷲美	子育てに疲れてゾンビみたいになってる友達だっているし、夫婦関係冷え切ってる子だっているし。	수리미	애 보느라 지쳐서 좀비가 된 친구도 있고, 부부 관계가 완전히 소원해진 친구도 있어.

ゴリ	うん、うん……。	릴라	응, 응…….

うん、うん、うん、と頷くゴリ。

응응응, 하고 고개를 끄덕이는 릴라.

鷲美	大体、結婚生活の利便ありきで選ばれる相手が気の毒よ。旦那をATMか何かだと思ってる?	수리미	애당초 편한 결혼 생활을 염두에 두고 배우자로 선택된 상대방이 불쌍하지. 남편을 ATM이라고 생각하는 거니?

ゴリ	うん、うん、うん、うん、うん……。	릴라	응, 응, 응, 응, 응.

うん、うん、うん、と頷くゴリ。

응응응, 하고 고개를 끄덕이는 릴라.

鷲美	ちょっと、頷いてないでゴリちゃんも何か言ってよ。	수리미	고개만 끄덕이지 말고 너도 뭐라고 말 좀 해.

ゴリ	えっ、えっと、分かんないけど。結婚もリスクばかりってわけじゃないだろうし、きっかけはどうあれ、好きになっちゃえば、ねえ?	릴라	엇, 글쎄. 난 모르겠어. 하지만 결혼도 위험하기만 한 건 아니고, 시작이야 어떻든지 사랑하게 되면, 안 그래?

鷲美	ま、いいんだけど、別に。	수리미	뭐, 그렇게 생각하든지. 난 상관없으니까.

頷く 고개를 끄덕이다

子育て 육아

疲れる 지치다

冷え切る (애정 등이) 완전히 식어버리다

利便 편리

ありき '있다(있다)'에서 비롯하여, 현시점에 '존재한다'는 의미로 '전제하거나 염두에 둔다'는 뉘앙스임. 여기서는 '편리함을 염두에 두고'라는 뜻

選ぶ 선택하다

気の毒 딱함, 가엾음

旦那 남편

〜ばかり 〜만, 〜뿐

きっかけ 계기

〜はどうあれ 〜는 어떻든지 간에

東京の朝
満員電車の中で揺られている烈子。

烈子 ［確かに、鷲美さんが言う通り、結婚に逃げようとした
私は安易だったのかもしれない。］

烈子が視線を送る先に吊り広告。「結婚」の2文字。

烈子 ［とはいえ……。］

経理部
烈子のモノローグに乗せて、トンがたたみかけるシーン。

トン おい、腰掛け〜！

トン 茶！

トン 茶！

トン 茶！ 茶！ 茶！

烈子 ［時と場所を選ばず、あらゆる角度から撃ち出されるこ
の攻撃。］

烈子、黙って茶を出す。

トン 茶〜！

めっちゃ遠い場所から声が掛かる。

揺る 흔들다
安易 안이
送る 보내다
吊り広告 (지하철이나 버스 천장 등에)
　　　 매달린 광고
たたみかける 다그쳐 말을 붙이다
あらゆる 모든, 온갖

撃ち出す 두드려 나오게 하다
黙る 말을 하지 않다
声が掛かる 부름을 받다

만원 전철 안에서 흔들리는 레츠코.

레츠코 [하긴, 수리미 씨 말대로 결혼으로 도망치려는 건 안이했던 걸지도 몰라.]

레츠코가 시선을 보내는 쪽에 매달린 광고. '결혼'이라는 두 글자.

레츠코 [그래도…….]

경리부
레츠코의 독백과 함께 황돈이 다그치는 장면.

황돈 어이, 단기 계약직!

황돈 차 내와!

황돈 차!

황돈 차! 차! 차!

레츠코 [시간과 장소를 가리지 않고 온갖 각도에서 쏟아지는 공격.]

레츠코, 묵묵히 차를 내온다.

황돈 차!

저 먼 곳에서 부른다.

123

烈子　[日に日に長くなる、射程距離。]

レツコ [날이 갈수록 길어지는 사정거리.]

トン　茶、茶、茶、茶、茶、茶、茶、茶、茶……。

황돈 차, 차, 차, 차, 차, 차, 차, 차, 차…….

言葉のマシンガン攻撃で蜂の巣になって倒れる烈子のイメージ。

말의 기관총 공격으로 벌집처럼 뻥뻥 몸이 뚫려 쓰러지는 레츠코의 이미지.

烈子　[この過酷な戦場で、どう生き伸びろというのか。]

레츠코 [이 가혹한 전쟁터에서 어떻게 살아남지?]

トン　茶!

황돈 차!

小宮　ついでに私も。

고미야 하는 김에 나도.

ヤギュウ　僕も!

야규 나도!

大上　じゃあ、俺も!

오오카미 그럼 저도요!

烈子　[ちゃっかり乗っかってくる奴らにもムカつくし。]

레츠코 [약삭빠르게 얹혀 가려는 녀석들도 짜증나고.]

トン　**腰掛け女にはお茶でも汲ませときゃいいんだよ。❷**
　　　ヘッ、ハハハハハ……。

황돈 단기 계약직 여자에겐 차라도 내오게 해야지, 크하하핫……!

給湯室
お湯を沸かす烈子。湯気を立てるケトル。雑巾を手に取る。

탕비실
물을 끓이는 레츠코. 김이 올라오는 주전자. 걸레를 집어 든다.

烈子　[雑巾の絞り汁、入れてやろうかな。]

레츠코 [걸레 짠 물이나 타버릴까 보다.]

烈子　やめとこ……。

레츠코 관두자…….

黙って急須からお茶を入れる烈子。

묵묵히 찻주전자에서 차를 따르는 레츠코.

日に日に 나날이, 날이 갈수록	お湯 뜨거운 물	
蜂の巣 벌집	沸かす 끓이다	
倒れる 쓰러지다	湯気 수증기	
生き伸びる 살아남다	ケトル 주전자	
ちゃっかり 약삭빠르게	雑巾 걸레	
乗っかる 올라타다	絞り汁 꽉 짜서 나오는 즙	
ムカつく 화가 치밀다	急須 찻주전자	

❷ 腰掛け女にはお茶でも汲ませときゃいいんだよ。 단기 계약직 여자에겐 차라도 내오게 해야지.
お茶くみ는 '차를 타는 것'에서 파생되어 '회사에서 손님이나 다른 직원들에게 차를 내오는 일을 담당하는 직원'을 의미합니다. 대체로 여직원에게 お茶くみ 담당을 시키는 경향이 많습니다. 여자가 할 일은 커피나 차를 준비하거나 아름답게 있는 것만이 전부라고 생각하던, 성차별이 심한 옛 시절에 존재하던 관념이지요.

経理部

烈子　どうぞ。

トンの机にお茶を置く烈子。

トン　……。

黙ってゴルフクラブを磨いているトン。

烈子　[礼くらい言え!]

そこに角田が現れる。

角田　トン部長〜! 先日はご馳走様でした〜![3]

トン　おお〜角田ちゃん。いやいや、こっちこそ世話かけたな。

角田　あっ、もしかして、それ新しいやつですか? すごお〜い!

トン　おっ、目ざといな。ドライバー新調したんだよ。先週、こいつでイーグル出しちまってよ。

角田　すご〜い! イーグルって何のことか全然分かんないけど、すご〜い。

烈子　……。

烈子、そのやりとりを見て、物思う。

磨く 닦다

現れる 나타나다

世話をかける 폐를 끼치다

目ざとい 보는 눈이 빠르다

〜ちまう 〜해버리다(〜てしまう의 구어적 표현)

やりとり 응수, 주고받는 대화

物思う 생각에 잠기다

> **[3] ご馳走様でした〜! 밥 사주셔서 감사합니다!**
> 사회인이 되면 상사와 직장 동료가 사주는 밥을 먹거나 함께 식사할 일이 생깁니다. 식사를 마치고 나서 바로 그 자리에서도 감사 인사를 하지만, 다음 날 또 얼굴을 보게 됐을 때 昨日はご馳走様でした (어제는 식사 잘 먹었습니다)라고 인사하면 더욱 좋습니다. ご馳走는 손님을 대접하기 위해 정성껏 준비하여 식사를 제공하는 것을 뜻합니다. 그래서 그 노고에 대해 감사의 뜻을 담아 하는 인사가 바로 ご馳走様でした 이지요. 참고로 일본의 식사 예절에서는 식사를 하기 전에 いただきます (잘 먹겠습니다)라고 두 손 모아 인사하고, 식사가 끝나면 ご馳走様でした라고 인사합니다.

경리부

레츠코　차 내왔습니다.

황돈의 책상에 차를 내려놓는 레츠코.

황돈　…….

말없이 골프채를 닦는 황돈.

레츠코　[인사 정도는 하란 말이야!]

그때 쓰노다가 나타난다.

쓰노다　황돈 부장님! 저번에 밥 사주셔서 감사합니다!

황돈　오오, 쓰노다! 아니, 나야말로 고맙지!!

쓰노다　아, 혹시 그거 새 골프채인가요? 대단해요!

황돈　오오, 눈치가 빠르군. 드라이버 골프채를 새로 맞췄어. 지난주에 이걸로 이글을 쳤지.

쓰노다　대단하시네요! 이글이 뭔진 전혀 모르지만 대단하세요.

레츠코　…….

레츠코, 그들의 대화하는 모습을 보고 가만히 생각에 잠긴다.

トン ドッグレッグのロングホール。トップとは2打差。アゲインストの中、ドーンと林越えを決めて逆転よ！

황돈 도그레그 롱 홀이었어. 톱과 2타 차이였는데, 역풍을 맞으면서 나무 위로 치고 역전을 했지!

角田 すごお〜い！

쓰노다 멋있어요!

自分の席に戻る烈子。

자기 자리로 돌아가는 레츠코.

フェネ子 角田君は今日もおっさん転がしに余念がないですな。よく、あんなに恥も外聞もなく、媚び倒せるもんだよね。

페네코 쓰노다는 오늘도 부장 비위 맞추느라 바쁘네. 어쩜 저리 뻔뻔하게 아부를 떨 수 있을까.

烈子 うん。

레츠코 그러게.

談笑するトンと角田を見る烈子。

담소를 나누는 황돈과 쓰노다를 지켜보는 레츠코.

ドッグレッグ 도그레그
(골프 코스 중간이 굽은 것)

アゲインスト (골프에서의) 역풍, 맞바람

越える (높은 곳 등을) 넘어가다

逆転 역전

おっさん転がし 아저씨 비위를 맞추는 것

余念がない 여념이 없다

恥も外聞もない 창피고 체면이고 아랑곳하지 않다

媚び倒す 아부로 껌뻑 넘어가게 하다

上手な媚の売り方

아부 잘하는 법

 17.mp3

東京の夜

おしゃれなカフェ

角田	珍しいですね、先輩が食事誘ってくれるなんて。

烈子と角田が向かい合ってお茶をしている。

烈子	うん、ちょっと聞きたいことがあって。一体どうやったら、あんなにうまく操れるの?

角田	操る?

바로 이 장면! *

烈子	トン部長のこと。何ていうか、こう……いいように手玉に取ってるっていうか。

角田	やめてくださいよ〜。別に普通ですよ。

烈子	角田さんの言う普通が分からないんだよね。

角田	先輩、もしかして、私が媚びてるって思ってます?

烈子	んんん! 別にそんな……。

도쿄의 밤

멋들어진 분위기의 카페

쓰노다	웬일이에요? 선배가 저한테 밥을 사주시다니.

레츠코와 쓰노다가 마주 보고 앉아 차를 마시고 있다.

레츠코	응, 좀 물어보고 싶은 게 있어서. 대체 어떻게 하면 그렇게 잘 구워삶는 거야?

쓰노다	구워삶다니요?

레츠코	황돈 부장님 말이야. 뭐랄까……, 네 마음대로 쥐락펴락한달까.

쓰노다	그런 말씀 마세요. 그냥 평범하게 대하는걸요.

레츠코	네가 말하는 평범을 모르겠어.

쓰노다	선배, 혹시 제가 아부한다고 생각하세요?

레츠코	으으윽! 딱히 그런 건 아니고…….

おしゃれ 멋을 냄
珍しい 드물다, 희귀하다
誘う 권하다, 초대하다
向かい合う 마주하다
一体 도대체
操る 부리다, 조종하다
いいように 마음대로

手玉に取る 마음대로 조종하다
媚びる 아부하다

角田	いいんですよ〜媚びてますから。	쓰노다	괜찮아요. 아부 맞으니까요.

烈子	ん?	레츠코	응?

角田	トン部長の言いたいことって、超簡単に言うと……「俺ってすげえだろ?」ってことなんですよ。	쓰노다	황돈 부장이 말하고 싶은 건 아주 간단히 말해서 '나 멋지지?'예요.

角田	だから「すご〜い」って言ってあげるんです。それで相手が気分良くなってくれるなら、言ったほうが得ですから。女の子に可愛いって言ってあげるのと一緒です。	쓰노다	그래서 '대단해요'라고 말해주는 거예요. 그래서 상대방이 기분 좋아진다면 말하는 게 이득이니까요. 여자애한테 귀엽다고 말해주는 거랑 똑같아요.

烈子	すごく……単純な話だね。	레츠코	엄청…… 단순한 거구나.

角田	単純ですよ。	쓰노다	단순해요.

ウエーター	ご注文の品、お待たせいたしました。	웨이터	오래 기다리셨습니다. 주문하신 식사 나왔습니다.

ウエーターが料理を置いて行く。		웨이터가 요리를 두고 간다.	

烈子	でもな……媚びたら負けな気がする、みたいなの、ない?	레츠코	그래도…… 비위를 맞추다 보면 패배감이 든다. 같은 건 없어?

角田	負けな気がするだけですよね。だったら負けじゃなくないですか?	쓰노다	패배한 것 같은 기분만 들잖아요. 그럼 패배한 건 아니지 않나요?

烈子	はあ〜。	레츠코	아하.

得 이득
単純 단순
注文 주문
品 물품, 상품
負け 패배
気がする 생각이 들다, 느낌이 들다

烈子の小物発言に、一枚も二枚も上手な対応をする角田。その態度に感心する烈子。

레츠코의 소심한 발언에 매우 능란하게 대응하는 쓰노다. 그 태도에 감탄하는 레츠코

| 角田 | でも、私みたいなタイプ、嫌われるんですよね。 |

쓰노다 하지만 사람들은 저 같은 타입을 싫어하더라고요.

| 烈子 | そ……そうなの？ そんな人いるんだ～。 |

레츠코 그…… 그래? 그런 사람이 있구나.

| 角田 | フェネ子先輩とか。あの人嫌いですよね、私のこと。 |

쓰노다 페네코 선배라든지요. 그 선배는 저 싫어하잖아요.

飄々と語る角田。

태연하게 말하는 쓰노다.

| 烈子 | ど……どうなんだろうね～。 |

레츠코 글쎄…… 어떠려나.

| 角田 | 大丈夫ですよ～。別に気にしてませんから。 |

쓰노다 괜찮아요. 별로 신경 안 쓰거든요.

角田が取り繕うとする烈子を無視して、飄々と言いながら携帯を取り出す。

쓰노다가 어떻게든 잘 무마해 보려는 레츠코를 무시하고, 덤덤하게 말하며 핸드폰을 꺼낸다.

| 烈子 | あっ、冷めないうちに食べよっか。 |

레츠코 아, 식기 전에 먹자.

| 角田 | あっ、その前に写真撮りまーす。 |

쓰노다 아, 그전에 사진 좀 찍을게요.

会社ビル外観

회사 빌딩 외관

女子更衣室
パニックに陥ったフェネ子。

여자 탈의실
크게 당황하는 페네코

| フェネ子 | 何で～？ 何で烈子と角田が仲良く一緒に写ってんの？ 烈子～！ 一体、角田と何があったの？ |

페네코 뭐야？ 왜 레츠코랑 쓰노다가 사이 좋게 같이 찍힌 거야？ 레츠코! 쓰노다랑 대체 어떻게 된 거야？

小物 하찮은 인물, 잔챙이
発言 발언
一枚も二枚も上手 눈에 보일 정도로 확연히 뛰어난
対応する 대응하다
感心する 감탄하다
嫌う 미워하다

飄々 홀홀 유연한 모습, 초연한 모습
語る 말하다
気にする 신경 쓰다
取り繕う 무마하다, 감싸주다
無視する 무시하다, 외면하다
取り出す 꺼내다
冷める 식다

パニックに陥る 당황하다
仲良く 사이좋게

角田のSNSにアップされた写真に烈子も写っている。SNSの写真を示し、烈子に詰め寄るフェネ子。

烈子 何って、一緒に御飯食べただけだよ。

フェネ子 あんたもあっち側に行くの？意識高い系に転身するの？「いいね！ボタン」連打したりされたり❶の人生を送るの？

烈子 そんなことないってば。

フェネ子 ならいいけど。

経理部

ハイ田 ああ、烈子。パソコン、直しといたぞ。

烈子 あっ、ほんと？ありがとう。

ハイ田が修理したパソコンを動かしてみる烈子。

烈子 あ、ほんとだ。すごく軽くなってる。

ハイ田 Ｃドライブが容量ギリギリになってたからな。ハードディスク換装して、ついでに設定も見直しといた。

烈子 ハイ田君……すご～い！

ハイ田 ……。

示す 가리키다	連打 연타
詰め寄る 따지고 들다	直す 고치다
側 쪽, 측	軽い 가볍다
意識高い系 자신을 과하게 연출하기만 할 줄 아는 허영심 많은 젊은이	ギリギリ 빠듯함 (한계점에 다다른 모양)
転身する 몸을 싹 비키다. (주장, 생활 방침, 직업을) 싹 바꾸다	換装 성능이 다른 부품으로 교체함
	見直す 다시 보다

❶ 「いいね！ボタン」連打したりされたり
'좋아요' 버튼 연타나 주고받으면서

いいねボタンはSNSの「좋아요」이모티콘을意味します。日本のSNSで見かけるリプ(답글하기)はリプライ(Reply)の준말입니다。拡散希望는트윗内容을많이리트윗해달라는뜻입니다。バズる라는재미있는단어도있는데バズはbuzz(벌이붕붕나는소리)から온말이지요。特定단어나일이온라인에폭발적으로언급될때를가리키는데,특히특정트윗이많이리트윗되는상황을의미한답니다。

쓰노다의 SNS에 업로드된 사진에 레츠코도 찍혀 있다. SNS의 사진을 가리키며 레츠코에게 따지는 페네코.

레츠코 뭔긴, 그냥 밥 한 끼 같이 먹은 거야.

페네코 너도 걔 쪽으로 갈아탔어? 이미지 관리하는 쪽으로 바꿀 거야? '좋아요' 버튼 연타나 주고받으면서 인생을 보낼 거야?

레츠코 그런 거 아니라니까.

페네코 그럼 됐어.

경리부

하이다 오, 레츠코. 노트북 고쳐놨어.

레츠코 앗, 정말? 고마워.

하이다가 수리한 컴퓨터를 작동시켜 보는 레츠코.

레츠코 와아, 정말이네. 진짜 빨라졌어.

하이다 C 드라이브 용량이 얼마 안 남았길래, 하드디스크 교체하는 김에 설정도 다시 최적화했어.

레츠코 하이다……, 대단해!

하이다 …….

女子力全開の烈子を見て、赤面になったハイ田。どっくんとハイ田の心臓が鳴る。

ハイ田 べ……別に大したこ[べっ][たい]としてねえよ。まあ、いつでも言ってくれりゃあ[い]、やるからさ。アハハ、ハハハハ……。

烈子 ［よし、試し撃ち成功[ため][う][せいこう]。あとは、実戦に臨むだけ[じっせん][のぞ]。］

経理部

トン、ゴルフクラブを振っている。が、いつになく弱々しい。

トン ああ〜とっても忙[いそが]しい。ぬあああ〜とっても忙[いそが]しい、くっ……。

烈子 トン部長[ぶ ちょう]〜ゴルフの練習[れんしゅう]ですか？ すごお〜い！

トン、ゆっくりと顔を上げ、ブリッコモードでやってくる烈子を見る。

トン 何が[なに]？

烈子 えっ、あの、スイングとか？ すごいな〜って……。

トン スイングがどうすごいんだよ？

烈子 えっと……腰のキレ[こし]が？

トン 腰[こし]〜！？ あっ、ぐう……。

女子力[じょ し りょく] 여자력, 아름다운 외모와 내면을 갈고 닦는 힘, 매력적인 여자가 드러내는 오라

全開[ぜんかい] 만개, 활짝 열어놓음

赤面[せきめん] 빨개진 얼굴

どっくん 두근두근(흥분, 긴장했을 때 심장이 뛰는 소리)

心臓[しんぞう] 심장

鳴る[な] 울리다

試し撃ち[ため][う] 시험 삼아 해보는 것

臨む[のぞ] 임하다

いつになく 전에 없이

弱々しい[よわよわ] 나약하다

ゆっくり 천천히

ぶりっこ 여자가 이성 앞에서 귀여운 척, 예쁜 척하는 모습

腰[こし] 허리

キレ 동작, 머리 회전 등이 날카로운 상태

한껏 여성스럽게 구는 레츠코를 보고 얼굴을 붉히는 하이다. 두근, 하고 하이다의 심장이 울린다.

하이다 벼…… 별거 아니야. 뭐, 언제든 말하면 해줄 테니까. 하하하, 하하하…….

레츠코 [좋아. 연습 성공. 이제 실전이다.]

경리부

황돈, 골프채를 휘두르고 있다. 그러나 평소와는 달리 힘이 없다.

황돈 아…… 너무 바빠. 으아아…… 너무 바빠. 윽…….

레츠코 황돈 부장님! 골프 연습 하세요? 대단하세요!

황돈, 천천히 얼굴을 들어 귀여운 척하는 레츠코를 쳐다본다.

황돈 뭐가?

레츠코 네? 아아, 스윙 같은 거요. 대단해 보여서…….

황돈 스윙이 어떻게 대단한데?

레츠코 그게…… 허리 자세가?

황돈 허리?! 으윽…….

	グキッ！		삐끗!
烈子	ど……どうしたんですか？	**레츠코**	왜, 왜 그러세요?
	トン、冷や汗をかく。		황돈, 식은땀을 흘린다.
トン	ううう……。	**황돈**	끄으으응……
トン	ゆうべ、家で箸を拾おうとして、腰痛めてんだよ！ さっきも、そーっと騙し騙しやってたんだ！ 土曜にコンペを控えて……。	**황돈**	어젯밤에 집에서 젓가락을 줍다가 허리를 다쳤단 말이다! 아까도 살살 조심조심 치고 있었는데! 토요일 대회를 앞두고 있어…….
	グキグキグキッ！		삐끗, 삐끗, 삐끗
トン	ぐっ！ ああ……うお……。フッフフフハハハハ。そうか、嫌みか。	**황돈**	끄으익! 아악……. 흐흐흐흐, 알겠다, 날 놀리는 거군.
	トン、怒りを超えて笑う。完全に裏目に出た烈子。		황돈, 분노를 참지 못해 이제 웃는다. 완전히 예상이 틀어진 레츠코.
烈子	いやいやいやいや！	**레츠코**	아니, 그런 거 아니에요!
小宮	トン部長、大丈夫ですか？	**고미야**	황돈 부장님, 괜찮으십니까?
トン	擦れ！	**황돈**	허리 좀 문질러!
小宮	はい！	**고미야**	네!
	トンの腰を擦る小宮。		황돈의 허리를 문지르는 고미야.

冷や汗をかく 식은땀을 흘리다

ゆうべ 어젯밤

箸 젓가락

拾う 줍다

痛める 아프다, 다치다

騙し騙し 조심조심 (망가질까 봐 조심하면서 쓰는 모습)

コンペ 시합, 경기

控える 앞두다

嫌み 듣기 거북한 말, 비꼬는 말

裏目に出る 예상이 틀어지다

擦る 문지르다

小宮 　**烈子君、❷** 　**君という人は！**	**고미야** 　레츠코 씨, 자네는 정말!
義憤に満ちた目で烈子を睨む小宮。	분노에 찬 눈으로 레츠코를 쏘아보는 고미야.
烈子 　ええ～！	**레츠코** 　에에……
烈子 　[どうして？　どうして……。]	**레츠코** 　[왜지? 왜지……]
デス烈子 　どうして、こうなったー！？	**데스 레츠코** 　왜 이렇게 된 거냐고?!

義憤 의분, 분노

満ちる 가득 차다

睨む 노려보다

❷ **烈子君、** 레츠코 씨,

회사의 분위기나 사풍, 규정에 따라 여자 부하 직원을 부를 때 이름에 君을 붙여 부를 수 있습니다. 이름에 さん, くん을 붙여 부르는 것 말고도 (성을 제외한) 이름에 ちゃん을 붙이는 경우도 있는데, 이는 성희롱이나 직권 남용 등을 연상시켜 좋지 않습니다. 비즈니스 매너 측면에서 보면 나이가 많든 적든 여자 부하 직원을 ～さん이라고 부르는 것이 상대방에 대한 존중을 드러내는 좋은 표현입니다.

18.mp3

夜の街、カラオケ店

밤거리, 노래방

カラオケルーム

노래방 개별실

鷲美・ゴリ　ほんと、<ruby>不器用<rt>ぶ きよう</rt></ruby>な<ruby>子<rt>こ</rt></ruby>ね。❶

수리미 · 릴라　정말 서투른 애라니까. ·

烈子　ううう……。

레츠코　ㅇㅇㅇ…….

鷲美　でも、<ruby>逃<rt>に</rt></ruby>げずに<ruby>考<rt>かんが</rt></ruby>えて<ruby>行動<rt>こうどう</rt></ruby>したのは<ruby>偉<rt>えら</rt></ruby>いわよ。その<ruby>技<rt>わざ</rt></ruby>を<ruby>伝授<rt>でんじゅ</rt></ruby>した<ruby>角田<rt>つのだ</rt></ruby>って<ruby>子<rt>こ</rt></ruby>、なかなか<ruby>分<rt>わ</rt></ruby>かってるわね。

수리미　그래도 피하지 않고 생각해서 행동을 취한 건 잘한 거야. 그 기술을 알려준 쓰노다라는 애, 꽤 잘 알고 있네.

ゴリ　<ruby>鷲美<rt>わし み</rt></ruby>も「すご〜い!」なんて<ruby>媚<rt>こび</rt></ruby>の<ruby>売<rt>う</rt></ruby>り<ruby>方<rt>かた</rt></ruby>するの?

릴라　너도 '대단해!' 하면서 비위 맞추고 그래?

鷲美　<ruby>言<rt>い</rt></ruby>う<ruby>言<rt>い</rt></ruby>う。<ruby>安売<rt>やす う</rt></ruby>りはしないけど<ruby>狙<rt>ねら</rt></ruby>った<ruby>男<rt>おとこ</rt></ruby>にはもう、これでもかってくらい<ruby>発射<rt>はっしゃ</rt></ruby>するわよ。

수리미　그럼, 물론이지. 무턱대고 그러진 않지만 노리는 남자한테는 마구마구 연발해.

ゴリ　ふ〜ん、<ruby>逆<rt>ぎゃく</rt></ruby>に<ruby>私<rt>わたし</rt></ruby>は「すごい」ってよく<ruby>言<rt>い</rt></ruby>われるほうかな。

릴라　음……. 나는 반대로 대단하다는 말을 주로 듣는 쪽이거든.

ゴリの<ruby>的外<rt>まとはず</rt></ruby>れな<ruby>自慢話<rt>じ まんばなし</rt></ruby>に<ruby>絶句<rt>ぜっく</rt></ruby>する<ruby>一同<rt>いちどう</rt></ruby>。

릴라의 엉뚱한 자랑에 할 말을 잃은 일동.

鷲美　あら。

수리미　어머나.

ゴリ　こないだも<ruby>若<rt>わか</rt></ruby>い<ruby>子<rt>こ</rt></ruby>に「<ruby>顔面<rt>がんめん</rt></ruby>すごいっすね」って<ruby>褒<rt>ほ</rt></ruby>められたし〜。

릴라　얼마 전에도 어떤 젊은 애한테 "얼굴 참 대단하시네요" 하고 칭찬 들었는걸.

<ruby>不器用<rt>ぶ きよう</rt></ruby> 서투름
<ruby>偉<rt>えら</rt></ruby>い 훌륭하다
<ruby>技<rt>わざ</rt></ruby> 기술
<ruby>伝授<rt>でんじゅ</rt></ruby>する 전수하다
<ruby>媚<rt>こび</rt></ruby>を<ruby>売<rt>う</rt></ruby>る 아부하다, 아양 떨다
<ruby>安売<rt>やす う</rt></ruby>り 무턱대고 베풂
<ruby>狙<rt>ねら</rt></ruby>う 노리다

これでもか '이렇게까지 해도 끄떡없다고?'의 뉘앙스를 표현함
<ruby>発射<rt>はっしゃ</rt></ruby>する 발사하다
<ruby>逆<rt>ぎゃく</rt></ruby>に 반대로
<ruby>的外<rt>まとはず</rt></ruby>れ (발언 등이) 요점을 벗어남
<ruby>自慢話<rt>じ まんばなし</rt></ruby> 자랑하는 이야기
<ruby>絶句<rt>ぜっく</rt></ruby>する 할 말을 잃다
<ruby>一同<rt>いちどう</rt></ruby> 일동

> ❶ <ruby>不器用<rt>ぶ きよう</rt></ruby>な<ruby>子<rt>こ</rt></ruby>ね。 서투른 애라니까.
> <ruby>不器用<rt>ぶ きよう</rt></ruby>는 '서투른, 재주가 없는'이라는 뜻입니다. 그래서 성격이 不器用한 사람은 자기 감정이나 생각을 잘 표현하지 못하거나 상대방의 의도에 잘 부응하지 못해 그를 실망시키기 쉽다는 특징이 있습니다. 또한 일상적인 대화에서도 머릿속 생각을 잘 정리하지 못해 말을 버벅거리는 口下手(말주변이 없음)한 면도 있답니다.

鷲美	あらあ……。(同情の意)
烈子	せっかく頑張ったのに……やっぱり寿退社しかないじゃないですか。

東京の夜景

鷲美	まあ、烈子とトン部長のこれまでの関係もあるし、いきなり片方だけキャラ変更しても無理があるわよね。
ゴリ	ちょっと、体当たり過ぎるきらいはあるかもね。
烈子	じゃあ、どうすればいいんですか?
ゴリ	大人はね……。
鷲美	目的を達成しようとするとき……。
鷲美・ゴリ	**根回しをするの。❷**

昼の東京

会社廊下
エレベーターが開く。中にいるのは鷲美。颯爽と社内を進む。

経理部

烈子	[鷲美さん、一体何するつもりなんだろう。]

수리미　세상에……. (동정의 뜻)

레츠코　모처럼 열심히 했는데…… 역시 결혼하고 퇴사하는 수밖에 없잖아요.

도쿄의 야경

수리미　뭐, 지금까지 레츠코와 황돈 부장과의 관계도 있고, 갑자기 한쪽이 바뀐다고 해도 힘들긴 하지.

릴라　너무 좀 급하게 들이댔는지 몰라.

레츠코　그럼 어떡해야 할까요?

릴라　어른은 말이지…….

수리미　목표를 달성하려고 할 때…….

수리미 · 릴라　물밑 작업을 하지.

한낮의 도쿄

회사 복도
엘리베이터 문이 열린다. 안에 있는 이는 수리미. 시원스럽게 회사 안을 걸어간다.

경리부

레츠코　[수리미 씨는 대체 어떻게 하시려는 걸까.]

寿退社 결혼으로 인한 퇴사
片方 한쪽
キャラ 캐릭터(キャラクター의 준말)
体当たり 몸을 부딪쳐 타격을 줌. 기를 쓰고 덤빔
～きらいがある ～한 경향이 있다
根回し 사전 교섭
進む 나아가다

❷ **根回しをするの。** 물밑 작업을 하지.
수리미는 그야말로 일 잘하는 사람의 수완과 능력을 그대로 보여줍니다. 根回し는 상황에 따라 こっそりズルする(몰래 꾀를 부리다)의 뉘앙스로 다소 부정적인 느낌을 줄 때도 있습니다. 애니메이션에서 수리미가 살짝 장난스러운 계략을 꾸미는 것도 약간 이런 의미죠. 하지만 根回し는 '순조로운 일 처리를 위해 미리 관계자와 사전 교섭을 하는 행위'라는 좋은 의미로도 사용됩니다. 갑자기 중요하거나 큰 사안을 전했다가 상대방이 부담스러워하거나 거절당할 수 있기에 미리 연질을 주고 필요한 사항을 조절하는 배려의 행동이라고 할 수 있지요.

領収書を見ている烈子。
「模型制作費 ¥300,000」(セロハンテープで補修してある。)

社長室
ノックをする鷲見。スマホから顔を上げ、あわててそれを隠す社長。

社長 入りたまえ。

鷲美 失礼いたします。

鷲美、社長室に入り一礼。

社長 どうしたのかね。

鷲美 先日、社長に立て替えていただいた模型代30万円の件、私のほうで、処理、しておきました。

社長 あっそう〜良かった〜！ いや〜ありがとう、鷲美君には頭が上がらないな。

鷲美 ところで社長、別件でご相談があるのですが。

社長 ん？

鷲美 経理部のトン部長のことです。

廊下
ゴリ、廊下を颯爽と歩いてくる。

ゴリ 私、今回、別にやることないのよね。

補修する 보수하다
隠す 숨기다
〜たまえ 〜하게나 (부드럽게 명령하는 뉘앙스)
一礼 한 번 가볍게 인사함
立て替える 선대(先貸)하다. 타인을 대신하여 일단 지불하다
処理する 처리하다

頭が上がらない 머리를 들 수 없다. 대등하게 맞설 수 없다
別件 다른 용무

영수증을 보는 레츠코.
'모형 제작비 ¥300,000' (셀로판테이프로 이어 붙여 놓았다.)

사장실
노크하는 수리미. 스마트폰에서 얼굴을 들고 황급히 그걸 숨기는 사장.

사장 들어와요.

수리미 실례하겠습니다.

수리미, 사장실에 들어가 인사한다.

사장 무슨 일인가?

수리미 일전에 사장님이 선지불하셨던 모형 제작비 30만 엔 건 말입니다. 제 쪽에서 처리했습니다.

사장 그래! 다행이군! 고마워, 수리미 자네한테는 머리를 못 들겠다니까.

수리미 그런데 사장님, 다른 일로 상의드릴 게 있습니다.

사장 응?

수리미 경리부 황돈 부장과 관련된 일입니다.

복도
릴라, 복도를 시원스럽게 걸어온다.

릴라 난 이번에 딱히 할 게 없네.

振り向いて、また歩き去っていくゴリ。

뒤를 돌아 다시 걸어서 자리를 뜨는 릴라.

社長室
のらりくらりしている社長の前で淡々と報告する鷲美。

사장실
건들거리는 사장 앞에서 담담히 보고하는 수리미.

社長　う〜ん、パワハラねえ。

사장　으음. 직권 남용으로 괴롭히는군.

鷲美　女性蔑視的な発言も多く、問題かと。

수리미　성차별적 발언도 많아 문제가 될 것 같습니다.

바로 이 장면!*

社長　でも、あれでしょ？ 記録が残ってるわけじゃないんでしょ？ 大したことないやつなんじゃないの？ ほら、すぐギャーギャー騒ぐ人っているから。

사장　하지만 그 무슨 기록이 남아 있는 건 아니잖아? 대단할 거 없는 일 아닌가? 그 뭐냐, 꼭 시끄럽게 난리 치는 사람들이 있으니까.

鷲美　社長、これは経営上のリスクです。ある女性従業員はトン部長が原因で、精神を病みつつあります。彼女が、ネットやマスコミにこのことを漏らさないとも限りません。会社の歴史に泥を塗ってもよろしいということでしたら、どうぞ問題を放置なさってください。

수리미　사장님, 이건 회사 경영 차원의 위기입니다. 어떤 여직원은 황돈 부장으로 인해 정신적인 피해를 받고 있습니다. 그 직원이 인터넷이나 언론사에 이 일을 알릴 수도 있습니다. 회사 이름에 먹칠을 해도 괜찮으시다면, 이 문제를 방치하셔도 됩니다.

社長　……。

사장　…….

鷲美の遠回しな脅しに社長の背筋に寒気が走る。

수리미의 은근한 협박에 사장의 등골이 서늘해진다.

夕暮れの町並み

저녁 무렵의 시내

ヨガ教室
涼しい顔で話す鷲美。

요가 학원
시원한 표정으로 말하는 수리미.

振り向く 뒤를 돌다
去る 떠나다
のらりくらり 빤질빤질
淡々と 담담하게
報告する 보고하다
女性蔑視的 여성 비하적, 여성 차별적
残る 남다

騒ぐ 소란을 떨다
病む 병들다
〜つつある 〜중이다, 〜하고 있다
漏らす 누설하다
限らない 꼭 〜하다고 할 수는 없다
泥を塗る (체면, 얼굴 등에) 먹칠을 하다
放置する 방치하다

遠回し 에두름
脅し 협박
背筋に寒気が走る 등골이 서늘하다
夕暮れ 해 질녘
町並み 시내 거리
涼しい 시원하다

鷲美	例の件、社長に話通しといたわよ。	수리미	그 일은 사장님하고 상의했어.
ゴリ・烈子	すご～い!	릴라·레츠코	대단해!
鷲美	烈子、預けといた領収書持ってきた?	수리미	레츠코, 내가 준 영수증 가져왔니?
烈子	あ、はい。まだ経理処理してませんけど。	레츠코	아, 네. 아직 정산은 못 했지만요.
鷲美	いいのよ。	수리미	괜찮아.

領収書をビリビリと破って捨てる鷲美。　　　　　　　　영수증을 박박 찢어서 버리는 수리미.

烈子	ええ～!	레츠코	아아아아앗!
鷲美	私「経理部が受理した」なんて言ってないもん。社長には「私の方で処理した」って言ったの。あのボンボン社長、「記録が残ってるわけじゃないでしょ?」とか寝ぼけたこと抜かしやがってムカついたから、こうして差し上げるの。	수리미	난 '경리부가 받아들였다'라고는 안 했거든. 사장한테 '내가 처리했다'라고만 했지. 그 뭣도 모르는 사장이 '기록이 남아 있는 건 아니잖아?'라고 헛소리나 해대서 얼마나 짜증 나던지, 이렇게 보답해 주는 거야.
烈子	鷲美さん大好き～!	레츠코	수리미 씨, 사랑해요!

鷲美の素晴らしすぎる復讐を聞いて、鷲美に抱きつく烈子。　　수리미의 너무 멋진 복수담을 듣고 수리미에게 꼭 안기는 레츠코.

例の件 (예의) 그건, 그 일
話を通す 의향 등을 전하다
預ける 맡기다
ビリビリ 박박(종이 등을 잘게 찢는 소리)
破く 찢다
捨てる 버리다
受理する 수리하다, 받아서 처리하다

ボンボン 부모가 오냐오냐 키운 부잣집 도련님
寝ぼける 잠이 덜 깨 멍하다
抜かす 지껄이다, 뇌까리다
～やがる 불만, 짜증, 비난의 뉘앙스를 표현
差し上げる 해드리다
素晴らしい 멋지다
復讐 복수

抱きつく 양팔로 안듯이 상대에 매달리다, 껴안다

社長室
社長に説教されているトン。

社長 というわけでね、まあ、指導が行き過ぎるようなことはあるのだろうけども、いらぬ波風を立てるようなことは**極力、慎んでいただいてね……。❸**

トン 私に今後どうしろと?

社長 みんな仲良く、というかね。現代的な労働環境の実現に努力するように、というとこかな。

悔しさを飲み込むトン。

사장실
사장에게 설교를 듣는 황돈.

사장 그러니까 지도하면서 도가 지나칠 수는 있겠지만, 불필요한 분쟁을 일으키는 일은 가급적 삼가도록 부탁하겠네…….

황돈 저보고 이제 어떻게 하라는 말씀인지요?

사장 사람들과 원만히 좀 지내게. 현대적인 노동 환경을 조성하도록 노력하는, 뭐 그런 것들 말일세.

분을 꾹 삼키는 황돈.

説教 설교, 잔소리
行き過ぎる 지나치다
波風 풍파, 분쟁
慎む 삼가다, 조심하다
今後 앞으로
悔しい 분하다
飲み込む 삼키다, 참다

❸ **極力、慎んでいただいてね……。**
가급적 삼가도록 부탁하겠네…….
황돈은 사장에게 불려가 직원에게 너무 강압적인 태도를 보이지 말라는 주의를 받게 됩니다. 큰 실수나 문제가 생기지 않도록 언동을 자제할 때 쓰는 말이 慎む(삼가다, 조심하다)입니다. 자신의 행동뿐 아니라 애니메이션의 이 장면처럼 慎んでください라며 상대방의 행동을 지적할 때도 쓸 수 있답니다. 이 밖에 慎む와 관련하여 言葉を慎む(말을 삼가다), 口を慎む(말을 삼가다), 身を 慎む(행동을 삼가다), お酒を慎む(술을 삼가다) 등이 있습니다.

139

改心した悪徳上司

크게 반성한 악덕 상사

 19.mp3

駅のプラットホーム

역의 플랫폼

朝、まだあまり人気のない駅、東京近郊
トンが朝食をむさぼる。

아침, 아직 인적이 드문 역, 도쿄 근교
황돈이 아침 식사를 우적거리고 있다.

| アナウンス | 間もなく、三番線に電車が参ります。❶ 白線の内側に下がってお待ちください。 |

안내 방송　3번 승강장으로 곧 열차가 들어옵니다. 흰 선 안쪽으로 물러서서 기다려주십시오.

ベンチの上に置かれたコンビニの袋。ストローのささったコーヒー牛乳。コロッケパンにかぶりつくトン。むしゃむしゃとコロッケパンを頬張り、コーヒー牛乳で胃に流し込む。ホームに通勤電車が入ってくる。

벤치 위에 놓인 편의점 봉지. 빨대가 꽂힌 커피 우유. 크로켓 빵을 덥석 무는 황돈. 우적우적 크로켓 빵을 잔뜩 입에 넣고 커피 우유를 마셔 삼킨다. 플랫폼으로 통근 전철이 들어온다.

| トン | ……。 |

황돈　…….

トンの目が怒りで赤く光る。ドアが開く。

황돈의 눈이 분노로 벌겋게 빛난다. 문이 열린다.

| トン | 今日は一日忙しくなるな。 |

황돈　오늘은 하루 종일 바빠지겠군.

朝の東京

아침의 도쿄

電車内、烈子が乗っている電車
満員電車で考える烈子。

전철 안, 레츠코가 타고 있는 전철
만원 전철에서 생각에 잠긴 레츠코.

| 烈子 | [トン部長の件は、鷲美さんが話をつけてくれたけど……あのトン部長のことだからな……。何だかちょっと怖いな。] |

레츠코　[황돈 부장님 일은 수리미 씨가 사장님께 잘 말씀드렸지만…… 황돈 부장님 성격을 생각하면…… 왠지 좀 무섭네.]

人気 인기척
近郊 근교
むさぼる 탐하다, 게걸스럽게 먹다
下がる 물러서다
コンビニ 편의점
袋 봉지
ささる 꽂히다, 박히다

かぶりつく (음식 등을) 덥석 물다
むしゃむしゃ 우적우적 (입을 크게 벌리고 게걸스럽게 먹는 모양)
頬張る 입에 잔뜩 넣고 먹다
胃 위장
流し込む 흘려서 속에 집어넣다
話をつける 이야기를 매듭짓다

❶ 間もなく、三番線に電車が参ります。
3번 승강장으로 곧 열차가 들어옵니다.
参ります는 来る의 겸양어로, 역무원 입장에서 전철은 자신에게 속한 것과 마찬가지이므로 손님에게 낮추어 표현합니다. 안내는 이렇게 이어집니다. 危ないですから黄色い線の内側までお下がり下さい(위험하니 노란 선 안쪽으로 물러서 주십시오) → 手荷物をドアにはさまれないようご注意ください(소지품이 문에 끼지 않도록 주의해 주십시오) → ドアが閉まります(문이 닫힙니다) → かけこみ乗車はお止めください(열차에 뛰어서 승차하지 마십시오).

会社ビル外観

更衣室
烈子、着替えている。バンと更衣室のドアが開く。

フェネ子 ハア、ハア、ハア。

入ってきたのは、息をきらしたフェネ子。

烈子 フェネ子、どうかしたの?

フェネ子 経理部が……大変なことになってる。

烈子 ん?

経理部オフィス
恐れおののく一同。瞳を輝かせ、さわやかな笑顔で笑うトン。自分の机を磨いている。

トン 皆さん、おはようございます! ニヒッ。

トンのすがすがしい笑顔が経理部を襲う。

経理部員達 わあああ!

トン おはようございます! 今日も一日頑張りましょう!
カバ恵さん、おはようございます!

全員にあいさつして回るトンのぱあっと輝く笑顔。その光がカバ恵を容赦なく照らす。

会社 빌딩 외관

탈의실
레츠코, 옷을 갈아입고 있다. '쾅!' 하고 탈의실 문이 열린다.

페네코 허억, 허억, 허억.

들어온 건 숨을 헐떡이는 페네코.

레츠코 페네코, 무슨 일이야?

페네코 경리부가…… 큰일 났어.

레츠코 응?

경리부 사무실
두려움에 떠는 일동. 눈을 빛내며 시원한 미소로 웃는 황돈. 자신의 책상을 닦고 있다.

황돈 여러분, 좋은 아침입니다! 히힛.

황돈의 매우 시원한 미소가 경리부를 덮친다.

경리부 직원들 으아아악!

황돈 좋은 아침이에요! 오늘 하루도 열심히 보냅시다! 가바에 씨, 좋은 아침!

모두에게 인사하며 돌아다니는 황돈의 환히 빛나는 미소. 그 빛이 가바에를 가차 없이 비춘다.

着替える 옷을 갈아입다
息をきらす 숨을 헐떡이다
大変 큰일, 대사건
恐れおののく 두려움에 덜덜 떨다
瞳 눈동자
輝く 빛나다
さわやか 시원하고 산뜻한 모양

すがすがしい 상쾌하다, 시원하다
襲う 덮치다, 습격하다
回る 차례로 돌다
ぱあっと 활짝
容赦なく 사정없이
照らす 비추다

カバ恵	うわ～！ うっ、う……。	**가바에**	꼬아아악! 으윽…….

怯えて倒れるカバ恵。

두려움에 떨며 쓰러지는 가바에.

ハイ田	カバ恵さんもやられたぞ。気を付けろ～！	**하이다**	가바에 씨도 당했어. 조심해!

小宮	トン部長！ お願いですから、お止めください。加湿器の水は私が替えますから～！	**고미야**	황돈 부장님! 제발 부탁이니 그만하세요! 가습기 물은 제가 갈게요!

小宮、泣きながらトンにすがりつく。

고미야, 울면서 황돈에게 매달린다.

トン	何を言うんだ、小宮君。自分のことは、自分でやらないと。	**황돈**	무슨 소리인가, 고미야. 내 일은 내가 해야지.

トンの輝く笑顔。

황돈의 빛나는 미소.

小宮	ひぎゃああああ！	**고미야**	흐갸아아악!

烈子	この破壊力……想定外！	**레츠코**	이런 파괴력은…… 예상하지 못했어!

給湯室
お茶を淹れている烈子。

탕비실
차를 타는 레츠코.

烈子	ちょっと不器用だけど、トン部長なりに一応反省してくれたってことなんだろうな。	**레츠코**	좀 서툴긴 하지만, 황돈 부장님 나름대로 일단 반성하신 거겠지.

フェネ子が給湯室をのぞきに来る。

페네코가 탕비실을 살짝 들여다보러 온다.

フェネ子	あ、烈子いた。	**페네코**	아, 레츠코 여기 있네.

怯える　무서워하다
倒れる　쓰러지다
やられる　당하다
替える　바꾸다, 갈다
すがりつく　매달리다
想定外　예상 밖의 일
のぞく　들여다보다

烈子　どうしたの？

フェネ子　トン部長の笑顔に耐え切れなくなって逃げてきた。

涙目のフェネ子。ハイ田、ひょいと顔を出す。

ハイ田　あの場にいると、体と精神に変調を来たすよな。

カバ恵、給湯室をひょいと覗き、ぐいぐい中に入ってくる。

カバ恵　あら、みんなも逃げて来たの？ **何か調子狂っちゃうよね〜！❷**

ハイ田　ちょっと、何、何、何……。

フェネ子　カバ恵さん、狭い、狭い、狭い。

坪根もやってくる。

坪根　べ……別に逃げてきたわけじゃないのよ。誰でもいいから、この佃煮の蓋開けてくれる？

大上　あ、俺やるっす。

小宮　トン部長〜！

ハイ田　経理部の避難所になってきてるな。

烈子　すいませーん。通りまーす。

레츠코　무슨 일이야?

페네코　황돈 부장님의 웃는 얼굴을 도저히 견딜 수 없어서 도망쳤어.

눈에 눈물이 고인 페네코. 하이다, 불쑥 얼굴을 내민다.

하이다　저기 있다간 몸과 정신이 이상해질 것 같아.

가바에. 탕비실을 쓱 들여다보고, 꾹꾹 밀고 안으로 들어온다.

가바에　어머, 다들 도망친 거야? 어쩐지 정신이 이상해지는 것 같아!

하이다　뭐야, 뭐야, 뭐야…….

페네코　가바에 씨, 좁아요, 좁아요, 좁아요.

쓰보네도 찾아온다.

쓰보네　따…… 딱히 도망친 건 아니야. 누구라도 좋으니까 이 쓰쿠다니 병뚜껑 좀 열어줄래?

오오카미　제가 할게요.

고미야　황돈 부장님!

하이다　점점 경리부의 피난처가 되어가네.

레츠코　죄송합니다. 지나갈게요.

耐え切る 버텨내다

涙目 눈물이 잔뜩 고인 눈

ひょいと 불쑥

変調 변조, 몸이나 머리에 이상이 생김

来たす 초래하다. 일으키다

ぐいぐい 꾹꾹 (세게 미는 모양)

〜て来る 점차 〜하게 되다

❷ **何か調子狂っちゃうよね〜！ 어쩐지 정신이 이상해지는 것 같아!**
調子が狂う는 '상태가 좋지 않다'라는 뜻입니다. 어느 순간부터 좋지 않은 방향으로 흐르는 상태를 컨트롤할 수 없고, 안정성을 잃어 엉망이 된 경우에 쓰는 표현입니다. 쉽게 말해, 상대방의 어떤 응답이나 행동을 기대하고 있는데 그가 뜻밖의 반응을 보이는 바람에 나의 다음 언동까지 삐끗해 버려 내 페이스를 잃은 상황이라고 할 수 있지요. 그래서 이 표현은 好きな女性を前にすると調子が狂う(좋아하는 여자 앞에만 서면 자꾸만 엉뚱하게 행동하게 된다), エンジンの調子が狂う(엔진 상태가 이상하다), 楽器の調子が狂う(악기 상태가 이상하다) 등으로 활용할 수 있습니다.

お茶を乗せたトレイを持っている烈子。

찻잔을 올린 쟁반을 들고 있는 레츠코.

ハイ田	あ、烈子、まさかそれ、トン部長に持ってくのか？

하이다 앗, 레츠코, 설마 그거 황돈 부장님한테 가져가는 거야?

烈子 うん、一応淹れなきゃかなって。

레츠코 응, 왠지 그래야 할 것 같아서.

ハイ田 またあの危険区域に戻るつもりかよ？

하이다 또다시 저 위험 구역으로 돌아가려는 거야?

フェネ子 **気を付けて。**❸

페네코 조심해.

カバ恵 まともに目を合わせちゃ駄目よ。

가바에 눈을 똑바로 마주치면 안 돼

烈子 大丈夫です。

레츠코 괜찮아요.

経理部オフィス
トンはある程度落ち着きを見せ、デスクでそろばんをはじいている。

경리부 사무실
황돈은 어느 정도 진정된 모습을 보이며, 책상 앞에서 주판을 퉁기고 있다.

烈子 トン部長、お茶をどうぞ。

레츠코 황돈 부장님, 차 드세요.

湯のみを置く烈子。トンがそろばんをはじく手を止めて、ギラギラの笑顔を作る。

찻잔을 내려놓는 레츠코. 황돈이 주판을 퉁기던 손을 멈추며, 번쩍이는 미소를 짓는다.

トン ありがとう！

황돈 고맙군!

烈子 ［う……。］

레츠코 ［으윽…….］

笑顔に耐える烈子。

미소를 견디는 레츠코

烈子 失礼します。

레츠코 실례하겠습니다.

乗せる 싣다, 얹다
戻る 돌아가다
まともに 똑바로, 정면으로
目を合わせる 눈을 맞추다
程度 정도
落ち着く 진정하다
湯のみ 찻잔

ギラギラ 번쩍번쩍 (강렬히 빛나는 모양)
耐える 견디다, 버티다

❸ **気を付けて。** 조심해.
気を付ける는 잊지 않도록 평소부터 마음에 둔다는 의미로 '조심하다'라는 뜻입니다. 그래서 일상적으로는 주의를 촉구하는 의도로 ミーティングに遅れないように気を付けてください(미팅에 늦지 않도록 주의하세요), 気を付けてお帰りください(조심히 돌아가세요)처럼 사용된답니다.

바로 이 장면!*

その場を離れる烈子。トン、去っていく烈子の後姿を見る。笑顔が消える。

그 자리를 떠나는 레츠코, 황돈. 떠나가는 레츠코의 뒷모습을 본다. 미소가 사라진다.

トン [うおおお〜。まさか、こいつが社長にチクりやがったのか？]

황돈 [으으으음. 설마, 이 녀석이 사장님한테 고자질한 건가?]

夜の東京

밤의 도쿄

カラオケルーム
烈子の報告を聞く鷲美とゴリ。

노래방 개별실
레츠코의 보고를 듣는 수리미와 릴라.

鷲美 とりあえず、作戦はうまくいったってことかしらね。

수리미 우선 작전은 성공했다는 거네.

烈子 ありがとうございます。鷲美さんのおかげです。

레츠코 감사합니다. 수리미 씨 덕분이에요.

ゴリ でも安心するのは、まだ早いんじゃない？

릴라 하지만 마음 놓기엔 아직 이르지 않니?

烈子 え？

레츠코 네?

鷲美 烈子とトン部長の間には、まだ高い壁があるわ。

수리미 너랑 황돈 부장 사이에는 아직 높은 벽이 있어.

ゴリ 社長に釘刺されて、大人しくしてるだけで、あなたたちの関係性は何も変わってないでしょ？

릴라 사장님께 한 소리 들어서 얌전해진 것뿐이지, 두 사람의 관계는 아무것도 바뀐 게 없잖아?

烈子 ああ……。

레츠코 아아…….

鷲美 お互いの理解を深める機会が必要ね。何かないの？

수리미 서로를 깊게 이해할 수 있는 기회가 필요해. 뭔가 없어?

後姿 뒷모습

消える 사라지다

チクる 고자질하다

〜やがる 불만, 짜증, 비난의 뉘앙스를 표현

うまくいく 잘되다

おかげ 덕분, 덕택

壁 벽

釘を刺す 다짐을 받아두다, 못 박다

大人しい 얌전하다, 온순하다

変わる 변하다

深める 깊게 하다

147

烈子	え……。	레츠코	네…….
鷲美	飲み会とか。	수리미	회식이라든지.
烈子	ああ〜でも私苦手なんですよね、会社の飲み会。	레츠코	아아, 하지만 전 별로 안 좋아해요. 회사 회식.
鷲美	最近、こういう子多いわよね。	수리미	요즘 이런 애들이 많네.
ゴリ	分かる。うちの若い子もこんな感じ！ ねえ、烈子。古臭いと思うかもしれないけど、酒の席で親睦を深めるって、今も昔も絶対有効よ。	틸라	맞아! 우리 쪽 젊은 애도 이런 식이라니깐. 저기, 레츠코. 구닥다리라고 생각할지도 모르겠지만, 술자리에서 친목을 다지는 건 예전이나 지금이나 효과가 확실해.
鷲美	上手に、賢く利用しなさい。	수리미	요령 있게 잘 이용하렴.
烈子	う……。	레츠코	음…….
	烈子、意を決する。		레츠코, 결심한다.

飲み会 술자리, 회식

苦手 잘하지 못함, 대하기 싫은 대상

古臭い 케케묵다, 고리타분하다

親睦を深める 친목을 다지다

昔 옛날

上手 능란함, 능숙함

賢い 현명하다

意を決する 결심하다

職場の飲み会

직장 회식

🎧 20.mp3

会社外観

休憩室

ハイ田 いや～そん時^{とき}はマジ死ぬかと思ったよ。

そこへ大上がやってくる。

大上 ハイ田先輩^{だ せんぱい}!

ハイ田 あ?

大上 月末^{げつまつ}の飲^のみ会^{かい}、出^でます?

ハイ田 あ～めんどくせえな。どうすっかな～。会費^{かい ひ}払^{はら}って、上^{じょう}司^しの自慢話^{じ まんばなし}聞^きかされるとか、うぜえしな～。

大上 ね、勘弁^{かんべん}して欲^ほしいっすよね。

ハイ田 俺^{おれ}、不参加^{ふ さん か}でいいや。

大上 ハイ田先輩^{だ せんぱい}、不参加^{ふ さん か}っと。烈子先輩^{れつ こ せんぱい}は?

メモを取る大上。

회사 외관

휴게실

하이다 아아, 그때는 정말 죽는 줄 알았어.

그때, 오오카미가 다가온다.

오오카미 하이다 선배!

하이다 뭐야?

오오카미 월말 회식 나오실 거예요?

하이다 아, 귀찮은데 어떡할까. 회비까지 내고 상사의 자기 자랑을 듣는 것도 짜증 나는데.

오오카미 그러게요. 좀 참아주면 좋겠는데 말이죠.

하이다 난 '불참'으로 해줘.

오오카미 하이다 선배는 불참이시군요. 레츠코 선배요?

메모를 하는 오오카미.

払^{はら}う 돈을 내다, 지불하다
自慢話^{じ まんばなし} 자랑하는 이야기
うざい 짜증스럽다
勘弁^{かんべん}する 생각해서 분별하다, 용서하다
メモを取^とる 메모하다

❶ **マジ死ぬかと思ったよ。**
정말 죽는 줄 알았어.

일상 대화에서 えー、マジで？(어, 정말로?)처럼 マジ라는 말을 참 많이 듣게 되는데, 이는 真面目^{まじめ}의 준말입니다. 그래서 '진정으로, 진짜'를 의미하는 真面目, 本当に, 正真正銘^{しょうしんしょうめい}, 事実^{じ じつ}, 本気^{ほん き} 등의 뉘앙스로 쓰일 때가 많습니다. マジ는 부사나 형용사로 사용될 때가 많고, マジでむかつく(정말 열 받아)와 같이 사용됩니다.

149

烈子　あ、参加で。

大上　参加……っと。❷

ハイ田　烈子……出んの？

烈子　うん。

ハイ田　やっぱ俺参加にしといて。

大上　えっ、でもさっき「めんどくさい」って言ったじゃないすか。

ハイ田　うっせえな！ 気が変わったんだよ。いいから参加にしとけよ！

真っ赤な顔で大声を出すハイ田。

フェ子　面白そうだから、私も参加。

東京の夜景

飲み屋外観、飲み会会場
飲み屋前の路上でケータイで話す大上。

大上　え？ 今どの辺っすか？

大上　は？ これから電車乗るとこ？ マジすか。

レ츠코 아, '참가'로 해줘.

오오카미 참가하시는군요.

하이다 레츠코……, 회식 가려고?

레츠코 응.

하이다 그냥 나 '참가'로 해둬라.

오오카미 네? 하지만 아까 귀찮다고 하셨잖아요.

하이다 시끄러워! 마음이 바뀌었어. 됐으니까 '참가'로 해둬!

새빨간 얼굴로 큰소리를 지르는 하이다.

페네코 재밌어 보이니까 나도 참가.

도쿄의 야경

주점 외관, 회식 장소
주점 앞의 길에서 핸드폰으로 대화 중인 오오카미.

오오카미 아, 지금 어디쯤이세요?

오오카미 네? 이제 전철 타신다고요? 정말요?

真っ赤 새빨감
面白い 재미있다
飲み屋 주점, 술집
路上 노상, 길 위

❷ **参加……っと。** 참가하시는군요.
경리부에서 오오카미가 직원들에게 회식 참가 여부를 물어보고 다니지요. 오오카미가 이 회식의 간사(幹事) 역할을 하고 있음을 알 수 있어요. 회식 간사는 장소 예약, 일정 확인 및 조정, 안내, 행사 진행, 개최 등의 업무를 맡아요. 최근 일본에서는 이런 간사 업무를 편하게 하기 위해 회식 참가 여부를 관리하는 웹이나 앱으로 参加の可否(참가 여부), 当日の出欠確認(당일 출석 여부) 등을 확인한답니다.

大上　もうみんな上で乾杯しちゃいましたよ。はい、はーい。はい、分かりました。じゃ、気を付けて来てくださーい。

オオカミ　이미 다들 안에서 건배 시작했어요. 네, 네네. 네, 알겠습니다. 그럼 조심해서 오세요.

駅のホーム
ケータイを切るハイ田。

역 플랫폼
핸드폰 통화를 끊는 하이다.

ハイ田　チッ、ああ〜クソ〜。やっとこぎ着けた飲み会だってのに。

하이다　아이, 젠장! 이번 회식이 좋은 기회였는데.

飲み屋内
カラオケ機器が置かれた宴会場風の部屋。談笑する経理部社員達の顔。ざわざわとうるさい店内。

주점 안
노래방 기계가 놓여 있는 연회장풍의 방. 담소 나누는 경리부 직원들의 얼굴. 웅성웅성 시끄러운 가게 안.

烈子達　かんぱーい！

레츠코 일행　건배!

烈子　そういえばハイ田君は？

레츠코　그러고 보니 하이다는?

フェネ子　遅れるってさ。

페네코　늦을 거래.

座敷部屋の入り口の障子が開く。ハイ田が入ってくる。慌てて中の様子を見回す。視線の先、烈子の隣の席に大上が座っている。

연회용 객실 입구의 장지문이 열린다. 하이다가 들어온다. 황급히 방 안을 둘러본다. 시선 끝, 레츠코 옆자리에 오오카미가 앉아 있다.

ハイ田　あいつ！何ちゃっかり烈子の隣座ってんだよ。

하이다　저 녀석! 레츠코 옆에 앉아서 뭘 추근거리고 있는 거야.

カバ恵・坪根　ハイ田く〜ん！こっち、こっち〜！

가바에・쓰보네　하이다! 여기야, 여기!

カバ恵と坪根が、目を輝かせながら二人に挟まれた空席をポンポンと叩いている。

가바에와 쓰보네가 눈을 빛내며 두 사람 사이의 빈자리를 탁탁 친다.

乾杯する 건배하다
切る 끄다, (전화 등을) 끊다
やっと 가까스로, 간신히
こぎ着ける 노력해서 겨우 목표에 도달하다
ざわざわ 왁자지껄 (많은 사람들이 떠들썩한 모양)
遅れる 늦다

座敷部屋 (식당 등의) 좌식 객실
障子 장지문, 미닫이문
慌てる 황급히 굴다, 허둥대다
見回す 둘러보다
ちゃっかり 빈틈없이, 약삭빠르게
隣 옆
座る 앉다

挟む 끼우다, 사이에 두다
叩く 두드리다

151

ハイ田 はああ〜。

ゲンナリするハイ田。

トンの席
ご機嫌なトンと小宮が向かい合って飲んでいる。トンにお酌している小宮。

小宮 トン部長、いい飲みっぷりでございますね〜。

トン ハッハハハハハ。今日はいい気分だ。ハハハハハ。

烈子、その様子を見てから、スマホに保存した写真を見る。ゴリ、鷲美、烈子、カラオケボックスで撮った思い出の写真。

烈子 [ゴリ部長、鷲美さん、見守っててください。]

意を決し、ビール瓶を抱えて立ち上がる。トンの近くに座る烈子。

トン ブハ〜!

바로 이 장면!*

烈子 トン部長、お疲れさまです。

トン おお〜腰掛……あああ……烈子君!

烈子 グラス、空いてますよ。

烈子、ラベルを上にしてビールを注ぐ。

하이다 에휴…….

진절머리를 내는 하이다.

황돈의 자리
기분이 아주 좋은 황돈과 고미야가 마주 앉아 술을 마시고 있다. 황돈의 잔에 술을 따르는 고미야.

고미야 황돈 부장님, 술을 제대로 즐기시네요.

황돈 하하하하핫. 오늘은 기분이 좋군. 하하하하핫

레츠코, 그 모습을 보고서 스마트폰에 저장한 사진을 본다. 릴라, 수리미, 레츠코가 노래방에서 찍은 추억의 사진.

레츠코 [릴라 부장님, 수리미 씨, 지켜봐 주세요.]

결심을 하고 맥주병을 들고 일어난다. 황돈 근처에 앉는 레츠코.

황돈 캬!

레츠코 황돈 부장님, 고생이 많으세요.

황돈 아, 단기…… 아…., 레츠코 씨!

레츠코 잔이 비어 있네요.

레츠코, 라벨을 위로 하여 맥주를 따른다.

ゲンナリする 진절머리가 나다
ご機嫌 기분이 아주 좋은 모양
向かい合う 마주 보다
お酌をする 술을 따르다
いい飲みっぷり 술을 시원하게 잘 마시는 모습
保存する 보존하다, 저장하다

思い出 추억
見守る 지켜보다
意を決する 결심하다
抱える 껴안다, 부둥켜 들다
立ち上がる 일어나다
空く 텅 비다
注ぐ (액체 등을) 따르다

烈子	ラベルは上に、でしたよね。

레츠코 라벨은 위에 보이도록 하라셨죠.

トン	記憶力は悪くねえようだな。

황돈 기억력은 나쁘지 않은 것 같군.

どちらともなく苦笑気味に笑い出す。笑いが止む。

누가 먼저랄 것 없이 쓴웃음조로 웃음을 터트린다. 웃음이 딱 멈춘다.

トン	だが、つぎ方がなってねえな。貸してみろ、おう。

황돈 하지만 따르는 방법이 잘못됐어. 이리 줘봐.

烈子	あ……。

레츠코 아…….

トン、ビール瓶を烈子から受け取り、ゆっくりと烈子のグラスにビールを注ぐ。

황돈, 맥주병을 레츠코에게서 건네받아 천천히 레츠코의 잔에 맥주를 따른다.

トン	お前、仕事はどうするんだ? 続けるのか、辞めるのか。

황돈 일은 어떻게 할 생각이지? 계속 다닐 건가, 그만두는 건가?

烈子	つ……続けるつもりです。

레츠코 계…… 계속 다니려고 합니다.

トン	そうか。

황돈 그렇군.

烈子のグラスに完璧な泡が乗る。トンが視線をあげて烈子の顔を見てから瓶を置く。弱音を吐き始めるトン。

레츠코의 잔에 완벽한 모양의 거품이 얹힌다. 황돈이 시선을 들어 레츠코의 얼굴을 보고 병을 내려놓는다. 나약한 소리를 하기 시작하는 황돈.

トン	俺も今回はさすがに懲りた。俺が若い頃は、そりゃ厳しくしごかれたもんだったが、今同じつもりで指導すりゃ、パワハラだ何だとしっぺ返しを食らっちまう。時代は変わった。俺ももう年だな。

황돈 나도 이번엔 의욕이 사라졌어. 내가 젊을 적엔 호되게 배우면서 일했는데, 지금은 같은 방법으로 지도하면 권력 남용이다 뭐다 앙갚음을 당하고 말지. 시대는 바뀌었어. 나도 이제 나이를 먹은 거야.

トン、ビールをごくごく飲む。

황돈, 맥주를 벌컥벌컥 마신다.

苦笑 쓴웃음
止む 멈추다
つぐ 따르다, 붓다
貸す 빌려주다
受け取る 받아 들다
続ける 계속하다
辞める 그만두다

泡 거품
弱音を吐く 나약한 소리를 하다
懲りる 질리다, 넌더리 나다
厳しい 엄하다
しごく 심하게 훈련을 시키다
パワハラ 직권 남용, 상사의 괴롭힘(パワーハラスメント의 준말)

しっぺ返し 대갚음, 되쏘아 줌
食らう 당하다
~ちまう ~해버리다 (~てしまう의 남자 말투)
ごくごく 꿀꺽꿀꺽 (물 등이 목구멍을 넘어갈 때 나는 소리)

トン	ハア……お前ともいろいろあったが、少々やりすぎた。今まですまなかったな。	황돈	하……. 너와도 많은 일이 있었지. 내가 좀 지나쳤어. 지금까지 미안했다.
烈子	トン部長……。	레츠코	황돈 부장님…….

頭をさげるトンを見た烈子、目を涙で潤ませ、グラスを空ける。

머리를 숙이는 황돈을 본 레츠코, 눈물 가득 고인 눈으로 잔을 비운다.

烈子	私こそ、至らないことばかりですみません。これからもご指導お願いします。	레츠코	저야말로 부족한 점이 많아서 죄송합니다. 앞으로도 지도 부탁드려요.

烈子、ビールを飲み干す。

레츠코, 맥주를 다 마신다.

烈子	それに、もう懲りたなんて言わないでください。トン部長の熱心なご指導あっての経理部です。きっと、トン部長のその気持ち、社長も分かってくれますよ。	레츠코	그리고, 의욕이 없다고 하지 마세요. 황돈 부장님의 열성적인 지도 없이는 경리부도 없습니다. 분명, 황돈 부장님의 그 마음을 사장님도 알아주실 거예요.

二人の関係が氷解していく。瓶を持つトンの手が震え、烈子のグラスからビールが溢れ出し、ぼたぼたとこぼれ始める。

두 사람의 관계가 서서히 녹아간다. 병을 든 황돈의 손이 떨리더니, 레츠코의 잔에서 맥주가 넘치면서 철철 흘러내리기 시작한다.

トン	社長？ 何で俺が社長に釘刺されたこと知ってんだ？	황돈	사장님? 내가 사장님한테 한 소리 들었다는 걸 어떻게 알지?
烈子	うぐっ。	레츠코	윽.

顔面蒼白になった烈子の体温が一気に冷える。

얼굴이 창백해진 레츠코의 체온이 단번에 싹 내려간다.

トン	尻尾を出しやがったな。この腰掛け女！	황돈	꼬리가 잡혔군. 이 단기 계약직 여자가!
烈子	あああ、あの……違います。私はただ……トン部長と親睦を深めようと思って。	레츠코	아, 그게…… 아니에요. 저는 그냥 부장님이랑 친목을 다지고 싶어서.

すまない 미안하다

頭をさげる 머리를 숙이다

潤む 물기를 띠다, 울먹이다

至らない 부족하다, 미흡하다

氷解する 얼음 녹듯 풀리다

震える 떨리다, 흔들리다

溢れ出す 흘러넘치다

ぼたぼた 뚝뚝 (물방울이 떨어지는 모양)

こぼれる 넘치다, 흘러나오다

蒼白 창백

一気 단숨에

冷える 차가워지다

尻尾を出す 꼬리를 드러내다, 본색을 드러내다

～やがる 경멸, 분노의 감정을 담아 상대의 동작을 낮춰 말하는 뉘앙스

違う 다르다, 틀리다

親睦 친목

トン　女ってやつはムシが好かねえ。❸ いや、お前のような女
　　　はムシが好かねえ！

烈子　[完全に裏目った〜！]

トンの怒りが爆発する。トンと烈子の間に流れる冷え切った空気をよそ
に、会場は盛り上がっている。カラオケセットが置かれたステージに大
上が上がる。

황돈　여자라는 것들은 눈엣가시라니까. 아니, 너
　　　같은 여자들이 눈엣가시야!

레츠코　[완전히 역효과만 났잖아!]

황돈의 분노가 폭발한다. 황돈과 레츠코 사이에 흐
르는 차가운 냉기를 개의치 않고, 회장의 분위기는
달아오르고 있다. 노래방 기계 세트가 놓인 무대
위로 오오카미가 올라간다.

裏目 기대에 어긋남

爆発 폭발

冷え切る 아주 차가워지다.
　　　　(애정이) 완전히 식어버리다

〜をよそに 〜를 아랑곳하지 않고,
　　　　　 〜를 개의치 않고

盛り上がる (흥취 등이) 높아지다. 달아오르다

❸ 女ってやつはムシが好かねえ。 여자라는 것들은 눈엣가시라니까.
虫が好かない는 '확실한 이유는 알 수 없으나 밉고 싫다'라는 뜻입니다. 일본어
관용구 중에는 사람의 논리적인 사고가 아니라 그저 어쩐지 그렇게 느껴지는 일을
虫(벌레)라는 단어로 표현할 때가 참 많습니다. 일본인은 예부터 사람 몸에 벌레가
들어가 있어서 자신의 뜻과 상관없이 나의 감정이나 판단에 여러 영향을 끼친다고
생각했습니다. 그래서 '이유는 모르지만 〜한 느낌이 든다'라는 뉘앙스로 腹の虫
が治らない(자꾸만 화가 치민다), 虫の知らせ (어쩐지 불길한 예감), 虫の居所
が悪い (기분이 언짢다) 등 벌레를 활용한 관용구가 많아요.

歌でガチバトル

노래로 진검승부

🎧 21.mp3

大上	あざっす！ あざーっす！ というわけで、恒例のカラオケ大会の時間帯となりました。幹事の大上、トップバッター行かしていただきます！

오오카미 네, 감사합니다! 감사합니다! 자, 여느 때처럼 노래 대결 시간이 찾아왔습니다! 간사인 저 오오카미가 먼저 노래 부르겠습니다!

その時、腕が伸びて大上のマイクをトンが奪い取る。

그때 팔이 쑥 뻗어 나오더니 오오카미의 마이크를 황돈이 빼앗아 든다.

大上	あ……あ？

오오카미 어…… 어?

会場に大音量でヒップホップのループが流れ始める。会場の大歓声。烈子を睨みつけるトン、固まる烈子。トンがゆっくりと息を吸い、烈子をディスり始める。

회장에 큰 음량으로 힙합 루프가 흘러나오기 시작한다. 회장의 큰 환호성. 레츠코를 노려보는 황돈. 잔뜩 굳어 있는 레츠코, 황돈이 천천히 숨을 들이쉬더니 레츠코를 디스하기 시작한다.

바로 이 장면!*

トン	In 1987、T-O-N新卒で採用。バブルの落とし子がゆとりのお前に物申す。❶ おい、烈子、なんでお前は仕事をしてる。

황돈 In 1987, T-O-N, 졸업하자마자 채용됐다네. 거품 경제 시대의 산물인 내가 유토리 세대인 너한테 해줄 말이 있다. 이봐, 레츠코, 왜 너는 일을 하지?

女性コーラス	だって、みんなもしてるから。

여성 코러스 그거야 다들 그렇게 하니까.

トン	おい、烈子、なんでお前は結婚したがる。

황돈 이봐, 레츠코, 왜 너는 결혼하고 싶어 하지?

女性コーラス	だって、みんなもしてるから。

여성 코러스 그거야 다들 그렇게 하니까.

ガチバトル 진검승부 (ガチ (스모 진검승부)+バトル (battle))

恒例 항례, 언제나 규칙적으로 행해지는 것

トップバッター 톱 배터 (top batter), 1번 타자

行かす 行く의 사역형인 行かせる의 의미이나, 올바른 표현은 아님

伸びる 뻗다, 펴지다

奪い取る 빼앗아 쥐다

流れる 흐르다

歓声 환호성

睨みつける 매섭게 쏘아보다

息を吸う 숨을 들이쉬다

ディス 디스하다, 깎아내리다

新卒 (그 해의) 새 졸업자

落とし子 달갑잖은 산물, 부산물

物申す 말을 하다

❶ ゆとりのお前に物申す。
유토리 세대인 너한테 해줄 말이 있다.

ゆとり世代 (유토리 세대)는 일본의 교육지도요강의 개정에 따라 2002~2011년에 의무교육을 받은 세대 (즉 1987. 4. 2.~2004. 4. 1. 출생)를 의미합니다. 이 시기의 교육은 다양한 경험을 쌓고 풍부한 인간성 개발을 중시했습니다. 스트레스에 대한 내성이 없고, 실패를 두려워하며, 상사의 지시만 기다리고, 사생활을 특히 중시하는 유토리 세대의 특성 때문에 고민하는 상사도 많다고 합니다.

トン 常識的言動、はみ出ねえ傾向、 周囲の評価は真面目ないい子。 それ以上でも以下でもねえ。 つまりお前にゃ欠けてる、フィロソフィー(哲学)。	황돈 상식적인 언행, 수수한 성격, 주위의 평가는 성실하고 착한 아이. 그 이상도, 그 이하도 아니야. 즉, 너한테는 없어, 필로소피(철학).

ドヤ顔のトン。盛り上がりする観客。 … 의기양양한 얼굴의 황돈. 잔뜩 신나 흥분한 관객.

観客 トン! トン! トン! トン!	관객 황돈! 황돈! 황돈! 황돈!
フェネ子 アハハ! 烈子、ディスられてる。ディスられてる! そして当たってる～。	페네코 아하하핫! 레츠코, 부장님이 너한테 디스 를 날렸어. 디스를 날렸다고! 그리고 맞는 말이야!
烈子 うるさいな!	레츠코 시끄러워!

トンの大合唱の中、一人反抗するハイ田。トンに対して烈子コール。 … 황돈 대합창 중, 혼자 반항하는 하이다. 황돈에 맞서 레츠코 콜.

ハイ田 烈子! 烈子! 烈子! 烈子～! 言われっぱなしでいい のかよ? 悔しくねえのかよ?	하이다 레츠코! 레츠코! 레츠코! 레츠코! 그냥 듣 고만 있을 거야? 분하지 않아?

少しずつ声援が大きくなっていく。 … 조금씩 성원이 커져간다.

観客 烈子! 烈子! 烈子! 烈子!	관객 레츠코! 레츠코! 레츠코! 레츠코!

烈子、ステージに無理やり上げられる。マイクを受け取る烈子。 … 레츠코, 무대 위에 억지로 올라간다. 마이크를 받아 드는 레츠코.

ハイ田・フェネ子 烈子! 烈子!	하이다・페네코 레츠코! 레츠코!
烈子 えーっと……ああ……え～と……。	레츠코 어어어…… 아…… 그게…….

はみ出る 비어지다, 튀어나오다
欠ける 결여하다, 없다
ドヤ顔 의기양양한 얼굴
観客 관객
当たる 맞다, 들어맞다
うるさい 시끄럽다
合唱 합창

反抗する 반항하다
言われっぱなし 남의 비판을 반박하지
　　　　　　　못하고 듣기만 하는 것
悔しい 분하다, 원통하다
声援 성원
無理やり 억지로 하려는 모양
受け取る 받아 들다

何も言葉を出せない烈子をよそに、ループは無常に鳴り続ける。

ア 이무 말도 못 하는 레츠코를 놔두고, 루프는 무상하게 계속 울린다.

トン アハハ……、返す言葉もねえってわけか。俺は分かってたぜ、なぜならお前はな……。
言われた仕事をただひたすら
クソ真面目に終わらす間抜け面。❷
抗うことを諦めた、九回裏。
つまり、お前の中身は薄っぺら。
目指す夢も野心もねえから、
その場の空気で
右! 左! 私の不幸は誰かのせいだと、
グチを肴に酒浸り!
うわあはははははは。

황돈 하하하……, 대꾸할 말도 없는 건가. 내 그럴 줄 알았어. 왜냐하면 너는 말이야…….
그저 하라는 일만 한결같이
너무 성실하게 일을 끝내는 얼간이.
9회 말이면 맞서 싸우는 것도 포기하지.
즉, 너의 내면은 너무 얄팍해.
목표로 하는 꿈도 야망도 없으니까,
그저 분위기에 따라
오른쪽! 왼쪽! 자신의 불행은 남의 탓이라고,
불평을 안주 삼아 술에 절어 살지!
으하하하하하핫.

トンの高笑いと大歓声。悔しさに歯噛みする烈子。

황돈의 높다란 웃음과 큰 환호성. 분해서 이를 가는 레츠코

烈子 うう～ううう……。

레츠코 으으, 으으으…….

大上 というわけで、トン部長、入魂のラップでした～。

오오카미 황돈 부장님의 끝내주는 랩이었습니다!

トンのガッツポーズと大歓声。

황돈의 승리를 자신하는 포즈와 엄청난 환호성.

観客 トン! トン! トン!

관객 황돈! 황돈! 황돈!

とぼとぼとステージを降りる烈子。打ちひしがれた烈子、ケータイを触って写真を出す。ゴリ、鷲美、烈子、三人でカラオケボックスで撮った思い出の写真。

터벅터벅 무대에서 내려오는 레츠코. 충격으로 의욕을 잃은 레츠코, 핸드폰을 조작해 사진을 꺼낸다. 릴라, 수리미, 레츠코 셋이서 노래방에서 찍은 추억의 사진.

烈子 [ゴリ部長、鷲美さん……せっかく応援してくれたのに……ごめんなさい。私、やっぱり駄目でした。]

레츠코 [릴라 부장님, 수리미 씨……. 기껏 응원해 주셨는데…… 죄송합니다. 저는 역시 안 되겠어요.]

無常 무상, 덧없음

ひたすら 오로지, 그저

間抜け面 멍청한 얼굴

抗う 저항하다

薄っぺら 얄팍함

グチ 푸념

酒浸り 술에 절어 있음

高笑い (주위를 신경 쓰지 않고) 큰 소리로 웃음

歯噛みする 이를 갈다

入魂 심혈을 쏟음, 정성을 기울임

降りる (아래로) 내려오다. (탈것에서) 내리다

打ちひしがれる (타격 등을 받아) 의욕을 잃다

触る 만지다

❷ **クソ真面目に終わらす間抜け面。**
너무 성실하게 일을 끝내는 얼간이.

クソまじめ는 너무 성실하고 착실하여 도무지 융통성이 없는 모습을 가리킵니다. クソ라는 접사가 붙으면, '더욱, 매우'라는 뜻으로 정도나 수준이 심한 것을 강하게 비아냥거리는 뉘앙스를 드러내게 되지요. 예를 들어 クソすっげー(정말 대단하다), クソいまいましい(정말 화가 치민다)처럼 사용할 수 있답니다.

一筋の涙が落ちる。そこでハッと気付く。写真の真ん中で烈子が両手をそえて何かを持っている。ピンチアウトして写真を拡大する。さらに拡大する。拡大する。烈子が手に持っているメモに「9091-89」。鳴り止まないトンコール。烈子が壇上で大上にメモを渡す。

烈子 この番号（ばんごう）の曲（きょく）で歌（うた）います。

大上 あ、はい。

観客 トン！ トン！ トン！ トン！

トン ヘッ、童謡（どうよう）でも歌（うた）うのか？ ハハハハハ。

大上が番号を入れる。曲が流れ出す。

トン 何（なん）だ、こりゃ？

フェネ子・ハイ田 烈子（れっこ）！ 烈子（れっこ）！

観客 烈子（れっこ）！ 烈子（れっこ）！

カラオケ店、カラオケボックス内
手を振り上げ、応援するゴリと鷲美。

鷲美・ゴリ 烈子（れっこ）！ 烈子（れっこ）！

カラオケ店のフロント
店員が無言で手を振り上げている。

飲み会会場

한 줄기 눈물이 떨어진다. 그때 문득 정신이 든다. 사진 한가운데에서 레츠코가 양손을 모아 뭔가를 쥐고 있다. 손가락으로 밀어 사진을 확대한다. 더욱 확대한다. 확대한다. 레츠코의 손에 든 메모에 적힌 '9091-89'. 아직도 그치지 않는 황돈 콜. 레츠코가 단상 위에서 오오카미에게 메모를 건넨다.

레츠코 이 번호로 나오는 노래를 부를게.

오오카미 아, 네.

관객 황돈! 황돈! 황돈! 황돈!

황돈 흥! 동요라도 부르게? 으하하하하.

오오카미가 번호를 입력한다. 곡이 흘러나오기 시작한다.

황돈 이건 뭐야?

페네코·하이다 레츠코! 레츠코!

관객 레츠코! 레츠코!

노래방, 노래방 개별실 안
손을 번쩍 치켜들고 응원하는 릴라와 수리미.

수리미·릴라 레츠코! 레츠코!

노래방 프런트
점원이 말없이 손을 번쩍 치켜들고 있다.

회식 장소

一筋（ひとすじ） 한 줄기

ハッと 문득, 퍼뜩 (갑자기 생각나는 모양)

そえる 덧붙이다. 곁들이다

ピンチアウト 핀치 아웃. 터치패널 위에 두 손가락을 대고 펴서 넓히는 동작

拡大（かくだい）する 확대하다

鳴（な）り止（や）む 소리가 그치다

壇上（だんじょう） 단상

渡（わた）す 넘기다. 건네다

童謡（どうよう） 동요

振（ふ）り上（あ）げる 번쩍 치켜들다

観客　烈子！ 烈子！ 烈子！

관객　레츠코! 레츠코! 레츠코!

烈子がゆっくり息を吸い込む。
静寂。

레츠코가 천천히 숨을 들이마신다.
정적.

デス烈子　ボアアアアアアアアアアア！

데스 레츠코　호와아아아아아 !

トン　うわああ〜！

황돈　으아아악!

トンの顔がゆがむ。応援していたハイ田とフェネ子も衝撃波で吹っ飛ぶ。会場の全てが衝撃波で吹っ飛ぶ。

황돈의 얼굴이 일그러진다. 응원하던 하이다와 페네코도 충격파로 휙 날아간다. 회장 모든 것이 충격파로 날아간다.

デス烈子　無駄に話が長ぇブタだな。
聞いてなかったわ、途中から！
酒の席なら無礼講だろ？
言わせてもらうわ、手短に！
このクソ上司！
このクソ上司！
お前が嫌いだ！

데스 레츠코　쓸데없이 말이 많은 돼지야!
중간부터는 듣지도 않았다!
술자리에서는 예의 차리는 거 아니잖아?
난 짧게 끝내도록 할게!
빌어먹을 상사!
빌어먹을 상사!
네가 싫어!

ぐらりと体が揺れ、どすっと膝をつくトン。

몸이 기우뚱 흔들리더니 털썩 무릎을 꿇는 황돈.

トン　ハハハハ……覚えとけ。10年先、20年先、お前もいつかクソ上司になるんだって……ことを……な……。

황돈　하하하……. 명심해라. 10년 후, 20년 후 너도 언젠간 빌어먹을 상사가 될…… 거란 걸…….

ドサッ！ 捨て台詞を言い残して、酔いつぶれ、いびきをかき始めるトン。会場を静寂が包む。そのとき、障子がガラッと開く。

털썩! 마지막 말을 남기고 술에 취해 쓰러져 코를 골기 시작하는 황돈. 정적이 회장을 감싼다. 그때 장지문이 드르륵 열린다.

店員　すいません、ラストオーダーになりまーす。

점원　실례합니다. 마지막 주문 받겠습니다.

息を吸い込む 숨을 들이쉬다
静寂 정적, 고요
ゆがむ 일그러지다
衝撃波 충격파
吹っ飛ぶ 휙 날아가다
無駄に 쓸데없이
途中 도중

無礼講 지위 상하를 가리지 않고 편히 즐기는 술자리
手短に 간략히, 짧게
ぐらりと 기우뚱 (크게 흔들리는 모양)
揺れる 흔들리다
どすっと 쿵 (무거운 것이 부딪치는 낮고 둔한 소리)
膝をつく 무릎을 꿇다

覚える 기억하다
捨て台詞 떠날 때 내뱉는 협박 등의 막된 말
言い残す 말을 남기다
酔いつぶれる 술에 취해 곤드레만드레가 되다
いびきをかく 코를 골다
包む 싸다, 에워싸다
ガラッ 드르륵(미닫이문 등이 열리는 소리)

好きな人いる？

좋아하는 사람 있어?

🎧 22.mp3

烈子 ［空前の盛り上がりを見せた経理部の飲み会から一夜明け、今日もまた会社での一日が始まります。］

レツコ ［전에 없이 불꽃 튀었던 경리부 회식이 끝나고 날이 밝아서, 오늘도 회사에서의 하루가 시작됩니다.］

フェネ子 うえ〜**完全に二日酔いだよ。❶** 飲み会の最後らへん、全然覚えてなくってさ。

페네코 우에엑 숙취가 어마어마해. 회식이 끝날 때쯤은 하나도 기억이 안 나.

記憶の糸を辿るフェネ子。フラッシュバック。思い出そうとするフェネ子。

기억의 실을 따라 더듬는 페네코. 플래시백. 기억을 떠올리려고 하는 페네코.

フェネ子 はっ、確か、烈子が……。

페네코 앗, 분명 레츠코가…….

烈子が手刀でフェネ子の延髄をとんと叩く。どうと倒れるフェネ子。二日酔いのハイ田が現れる。

레츠코가 손날로 페네코의 목덜미 부분을 '탁' 하고 내려친다. 풀썩 쓰러지는 페네코. 숙취에 시달리는 하이다가 나타난다.

ハイ田 確か烈子はカラオケで何か歌……。

하이다 분명 레츠코가 노래방 기계로 뭔가 노래를…….

烈子がハイ田の延髄をとんと叩く。どうと倒れるハイ田。気を失ったハイ田をずるずると給湯室に引きずっていく烈子。

레츠코가 하이다의 목덜미 부분을 '탁' 하고 내려친다. 풀썩 쓰러지는 하이다. 정신을 잃은 하이다를 탕비실로 질질 끌고 가는 레츠코.

烈子 ［幸運なことに、泥酔していた同僚達は、その日の記憶が全くないようです。残る問題は……。］

레츠코 ［다행히 동료들은 취해서 그날 일을 기억하지 못하는 것 같습니다. 남은 문제는…….］

地響きのような足音。トンが無言で烈子の机に書類の束を置く。

땅이 울리는 듯한 발소리. 왕돈이 말없이 레츠코의 책상에 서류 다발을 내려놓는다.

烈子 お……おはようございます。

레츠코 아…… 안녕하세요.

一夜明け 날이 밝고 다음 날

〜へん 〜의 부근, 쯤

糸 실

辿る 더듬어 찾다

思い出す 기억해 내다

手刀 손날

延髄 연수, 숨골

叩く 때리다

倒れる 쓰러지다

気を失う 정신을 잃다

引きずる 질질 끌다

泥酔 만취

足音 발소리

束 다발

❶ **完全に二日酔いだよ。** 숙취가 어마어마해.

二日酔いは술을 잔뜩 마신 다음 날 술기운이 남아 어지럼증 등의 증상을 겪는 '숙취'를 의미합니다. 주로 二日酔いする(숙취를 겪다)나 二日酔い頭痛(숙취로 인한 두통) 등으로 사용되지요. 참고로 '술을 잘한다'는 お酒に強い, 술을 좋아해서 많이 마시는 사람을 上戸라고 부릅니다. 반대로 '술이 약하다'는 お酒に弱い, 술을 거의 못 마시는 사람을 下戸라고 합니다.

163

見上げる烈子。でも目を合わせられない。	올려다보는 레츠코. 하지만 눈을 맞추지 못한다.
トン ……。	황돈 …….
無言で睨むトン。	아무 말 없이 노려보는 황돈.
烈子 あ、あの……き……昨日はいろいろとすみませんでした！ 酒の席とは言え、数々のご無礼、申し開きのしようもございません。❷	레츠코 저, 저어……, 어…… 어제는 정말로 죄송합니다! 술자리라고는 하나 큰 실례를 범하다니, 뭐라고 드릴 말씀이 없습니다.
床に手をついて土下座する烈子。	바닥에 손을 짚고 머리를 조아리며 사죄하는 레츠코.
トン 覚えてねえ。	황돈 기억 안 나.
顔を上げる烈子。トンは背中を向けており、表情は分からない。	얼굴을 드는 레츠코. 황돈은 등을 돌리고 있어서 표정을 알 수 없다.
烈子 えっ？	레츠코 네?
トン 昨日は飲み過ぎちまってな。	황돈 어제 너무 많이 마셨어.
のしのしと去っていくトン。	성큼성큼 걸어 떠나는 황돈.
烈子 ……。	레츠코 …….

見上げる 올려다보다
目を合わせる 눈을 맞추다
睨む 노려보다
床 바닥
土下座 땅에 엎드려 머리를 조아림
背中 등, 뒷면
のしのし 성큼성큼

> ❷ **申し開きのしようもございません。** 뭐라고 드릴 말씀이 없습니다.
> 申し開き는 '어떤 문제나 과실이 일어났을 때 그것에 대해 사정을 설명하는 일' 혹은 '자신이 한 일의 정당성이나 이유를 설명하기 위한 해명'을 의미합니다. 쉽게 말해서 '변명, 해명'이지요. 申し開きのしようもございません 혹은 申し開きもできません은 궁지에 몰려 도저히 상대방을 납득시킬 만한 설명을 할 수 없을 때 쓰는 사죄의 말입니다. 言い訳도 '변명'을 의미하지만, 상대방의 오해를 풀기 위해서가 아니라 어떤 사실에 대해 어쩔 수 없는 이유가 있었다고 정당화하는 면에서 申し開き와 뉘앙스 차이가 있어요.

カラオケルーム
烈子の対面に鷲美とゴリ。ゴリは石のように固まって動かない。

노래방 개별실
레츠코의 맞은편에 있는 수리미와 릴라. 릴라는 돌처럼 굳어 움직이지 않는다.

鷲美　じゃあ、烈子の「真面目ないい子」のイメージは保たれたままってこと？

수리미　그래서 레츠코의 '성실하고 착한 애'라는 이미지는 무사하다고?

烈子　そうみたいですね。

레츠코　그런 것 같아요.

鷲美　何だ、つまんない。

수리미　뭐야, 재미없네.

烈子　もう、他人事だと思って。あの、ところで……さっきからゴリ部長が隣で石になって固まってるんですけど。

레츠코　아이참, 남의 일이라고 그렇게 말씀하시다니. 저어, 그런데…… 아까부터 릴라 부장님이 옆에서 돌이 되어 굳어 계시는데요.

鷲美の隣で石のように固まっているゴリ。

수리미 옆에서 돌처럼 굳어 있는 릴라.

鷲美　ああ、いいのよ。気にしないで。

수리미　아이, 괜찮아. 걱정하지 마.

烈子　でも……。

레츠코　그래도…….

鷲美、烈子に顔を近づけ、耳打ちする。

수리미, 레츠코에게 얼굴을 가까이 대며 귓속말을 한다.

鷲美　めんどくさいことになるからほっときなさい。

수리미　귀찮아지니 그냥 놔둬.

烈子　でも石になるなんてよっぽどですよ。何かあったんですか？

레츠코　그래도 돌이 되다니 어지간히 큰일 아닌가요. 무슨 일 있으셨어요?

鷲美　失恋したのよ。

수리미　실연당했어.

対面 대면, 맞은편　　　近づける 다가가다
固まる 굳어지다　　　耳打ちする 귓속말을 하다
動く 움직이다　　　めんどくさい 몹시 성가시다
保つ 유지되다　　　ほっとく 내버려 두다
つまらない 시시하다, 재미없다　　　よっぽど 상당히, 대단히
他人事 남의 일
隣 옆, 곁

ゴリにスポット、涙が滝のように出る。ゴリ、突然、ぶわっと立ち上がって、カラオケマイクで絶叫する。

릴라에게 스포트라이트, 눈물이 폭포처럼 뿜어져 나온다. 릴라가 갑자기 벌떡 일어나 노래방 마이크로 절규한다.

ゴリ　でも、まだ好きなの〜！

릴라　하지만 아직 사랑하는데!

やがて泣きながら演説を始めるゴリ。

곧이어 울면서 연설을 시작하는 릴라.

ゴリ　確かに私も仕事を言い訳にしすぎちゃったとこはあるわよ。でも私だっていろいろ我慢してたし、いろいろ許してあげてきたじゃない。それがいけなかったのかな？ 何しても許されると思わせちゃったのかな？

릴라　하긴 나도 일 핑계를 너무 자주 대긴 했어. 하지만 나도 이것저것 많이 참고 용서도 해줬잖아. 그게 잘못이었던 걸까? 뭐든지 다 받아줄 거라고 생각하게 한 걸까?

うんざりした鷲美の顔、ぽかんとする烈子。構わず喋り続けるゴリ。

진절머리를 내는 수리미의 표정. 멍하니 입만 벌리는 레츠코, 개의치 않고 계속 말하는 릴라.

烈子のアパート

레츠코의 아파트

ゴリ　お互い分かり合えるなんて思っちゃうのが間違いなんだよね。だって、二人とも違う世界を見てるんだもの。聞いてる？ 烈子。

릴라　서로를 이해할 수 있다고 생각한 게 잘못인가 봐. 결국 우린 다른 세계를 보고 있으니까. 듣고 있니? 레츠코.

いつの間にか烈子の部屋で烈子に縋り付いているゴリ。

어느 틈에 레츠코의 방에서 레츠코에게 매달리고 있는 릴라.

烈子　だから、何で家までついて来ちゃうんですか！

레츠코　그러니까 왜 집까지 따라오셨어요!

ゴリ　今夜は一人で寝る気にならないのよ〜！

릴라　오늘 밤엔 혼자 잠들고 싶지 않아!

烈子　いい加減帰ってくださいよ。

레츠코　이제 제발 댁으로 돌아가세요.

滝 폭포
突然 갑자기
立ち上がる 일어서다
絶叫する 절규하다
やがて 머지않아, 이윽고
言い訳 변명
我慢する 참다

いろいろ 여러 가지
許す 용서하다
うんざりする 진절머리를 내다
ぽかんとする 멍해지다
構わず 상관하지 않고
喋る 말하다
お互い 서로

分かり合う 서로 이해하다
間違い 틀림, 잘못
縋り付く 매달리다
ついて来る 쫓아오다
一人 혼자
いい加減 적당함, 알맞음

ゴリ いいじゃない、別に。烈子の部屋、一度見てみたかったし。あっ、このTシャツ借りるわね。	릴라 딱히 안 될 것도 없잖아. 레츠코 네 방도 한 번 보고 싶었는걸. 아, 이 티셔츠 좀 빌릴게.
失恋にかこつけてやりたい放題のゴリ。勝手にタンスを開け始める。	실연을 핑계 삼아 제멋대로 구는 릴라. 멋대로 서랍을 열기 시작한다.
烈子 ちょっと〜！	레츠코 아이, 좀!
時間経過、烈子の部屋 ベッドでふとんに入り、ゴリに背中を向けている烈子。	**시간 경과, 레츠코의 방** 침대에서 이불 속에 들어가, 릴라에게 등을 돌리고 있는 레츠코.
ゴリ ねえ、ほんとに好きな人いないの？	릴라 있지, 정말로 좋아하는 사람 없어?
烈子 いません。	레츠코 없어요.
ゴリ 会社にいい人いないの？	릴라 회사에 괜찮은 사람 없어?
烈子 いません！	레츠코 없다니까요!
ゴリ 打っても響かない子ね。	릴라 이거 영 반응이 없네.
ゴリ なら、想像くらいしてみてもいいんじゃない？ この町のどこかに烈子にとって運命の人がいるかもしれないって。	릴라 그럼 상상이라도 해보는 건 어때? 이 도시 어딘가에 레츠코의 천생연분이 있을지 모른다고.
会社外観	**회사 외관**
経理部 仕事をしている烈子。坪根の声が聞こえてくる。	**경리부** 일하고 있는 레츠코. 쓰보네의 목소리가 들려온다.

借りる 빌리다

かこつける 구실삼다

やりたい放題 자기 마음대로

勝手に 제멋대로

タンス 서랍장

ふとん 이불

背中を向ける 등을 돌리다

打っても響かない 물어도 반응이 없는 모습

坪根	もう、何これ？ れさすけ君、困るわよ。「読めない領収書なんか受け取れない」って、いつも言ってるわよね？	쓰보네 아 정말. 이건 뭐야? 레사스케 씨, 이러면 곤란해. 알아볼 수 없는 영수증은 못 받는다고 몇 번을 말해?

水で字が滲んだ領収書。ボロボロになっている。

물로 글자가 번진 영수증. 너덜너덜해진 상태다.

れさすけ	すいません。	레사스케 죄송합니다.

坪根	またズボンのポッケに入れっぱなしで何日もほったらかしにしてたんでしょう？	쓰보네 이번에도 바지 뒷주머니에 넣은 채로 며칠을 그대로 뒀지?

れさすけ	はい。	레사스케 네.

坪根	忘れて、そのまま洗濯？	쓰보네 깜박하고 그대로 세탁?

れさすけ	はい。	레사스케 네.

れさすけは怒られてる間、まったく表情を変えない。

레사스케는 혼나고 있는 중에도 전혀 표정을 바꾸지 않는다.

坪根	ハア……じゃあ、**今回も自腹ね。** ❸	쓰보네 하아……. 그럼 이번에도 자비로 처리해야겠어.

フェネ子	出た、自腹王子。	페네코 나왔구나, 자비 왕자.

烈子	自腹王子？	레츠코 자비 왕자?

フェネ子	あのボーっとした営業の人。いつもあの調子で怒られてんの。	페네코 저 멍하게 생긴 영업부 사람 말이야. 맨날 저렇게 혼나.

烈子	あんな人いたっけ？	레츠코 저런 사람이 있었나?

困る 곤란하다
受け取る 받다, 수취하다
滲む 번지다
ボロボロ 너덜너덜
入れっぱなし 넣어둔 채로
ほったらかす 방치하다
調子 상태, 기세

❸ **今回も自腹ね。** 이번에도 자비로 처리해야겠어.
自腹는 '자기 돈, 자기 비용'이라는 뜻입니다. 주로 自腹を切る(자비로 돈을 내다)라고 활용되어 '꼭 자신이 낼 필요가 없는 경비를 자기 돈으로 내다'라는 뜻으로 쓰입니다. 반면에 회삿돈이나 정해진 경비로 처리하는 것은 経費で落とす(경비로 처리해서 돈을 내다)라고 하지요. 공적인 상황에서 自腹는 거의 사용되지 않으므로 직원들에게 공지하는 상황에서는 文房具類は自費でお願いします(문구류는 자비로 구입해 주십시오)라고 합니다.

フェ子	確かに、印象に残らないタイプだよね。	페네코	하긴 기억에 남지 않는 타입이지.

れさすけの顔を見る烈子。
フェ子、烈子、ハイ田が廊下を歩いていると突然角田が現れる。

레사스케의 얼굴을 보는 레츠코.
페네코, 레츠코, 하이다가 복도를 걸어가는데, 갑자기 쓰노다가 나타난다.

角田	あっ、烈子先輩!	쓰노다	아, 레츠코 선배!
烈子	あっ、角田さん。	레츠코	앗, 쓰노다 씨.
角田	先日は、ご飯ご馳走になっちゃってすみませんでした! あっ、フェ子先輩もこんにちは。	쓰노다	지난번에 저녁 사주셔서 감사해요. 아, 페네코 선배도 안녕하세요.
フェ子	へへ……。	페네코	헤헤…….

フェ子の愛想笑い。

페네코의 간살맞은 웃음.

角田	で、いきなりなんですけど、先輩、今好きな人とかいます?	쓰노다	그런데 뜬금없지만, 선배, 좋아하는 사람 있어요?
烈子	は? い……いないけど。	레츠코	뭐? 어…… 없는데.
角田	じゃあ、合コン参加しません?	쓰노다	그럼 같이 미팅 가실래요?
烈子	合コン!? えー、いいよ私はそういうの。	레츠코	미팅?! 으음, 난 그런 거 됐어.
角田	でも彼氏欲しいですよね? 行きましょうよ。出会いのチャンスですよ～。ねえ、先輩、出てくださいよ～。	쓰노다	하지만 남자 친구 사귀고 싶죠? 같이 가요, 남자 만날 기회예요. 네? 선배, 같이 가요.

不安そうに見守るハイ田。ハイ田の様子を見て、フェ子が諭す。

불안한 듯 지켜보는 하이다. 하이다의 모습을 보고 페네코가 달랜다.

突然 갑자기
ご馳走になる (음식 등을) 대접받다
愛想笑い 간살맞은 웃음, 남의 비위를 맞추기 위한 웃음
合コン (남녀 간 만남을 목적으로 하는) 미팅
彼氏 남자 친구
出会い 만남
見守る 지켜보다

様子 모습, 상태
諭す 타이르다

<u>フェネ子</u> 角田、烈子にその気がないんだから、止めたら？	페네코 쓰노다, 레츠코는 관심 없다니까 이제 그만하는 게 어때?
<u>角田</u> 何でですか？	쓰노다 왜요?
<u>フェネ子</u> 時代は出会いなんて求めてないの。	페네코 시대가 다들 만남을 원하지 않아.

フェネ子がスマホを取り出してプレゼンを始める。

페네코가 스마트폰을 꺼내 프레젠테이션을 시작한다.

<u>フェネ子</u> ある調査によれば日本の20代から30代の独身男性の75%、独身女性の65%に、「交際相手がいない」という結果が出てる。つまり、コスパの悪い恋愛に見切りをつけて独り身を選ぶ人が増えてるの！	페네코 어떤 조사에 따르면 일본의 20~30대 독신 남성 75%와 독신 여성 65%에게는 '교제 상대가 없다'는 결과가 나왔어. 즉, 비용 대비 효과가 좋지 않은 연애를 포기하고, 독신을 선택하는 사람이 늘어나고 있어!
<u>角田</u> じゃあ、フェネ子先輩も参加します？	쓰노다 그럼 페네코 선배도 가실래요?
<u>フェネ子</u> はあ？ 何で「じゃあ」で繋げんの？ 私の話聞いてた？	페네코 뭐? 왜 '그럼'으로 연결하는데? 내가 한 말 듣기는 했어?
<u>角田</u> 聞いてたけど意味分かんないです～。ねえ、フェネ子先輩も「出る」って言ってるし、烈子先輩も来てくださいよ～。	쓰노다 들었지만 무슨 말인지 잘 모르겠어요. 자, 페네코 선배도 '간다'고 했으니까 레츠코 선배도 와주세요.
<u>フェネ子</u> 出るって言ってないし。	페네코 간다고 안 했는데.

ハイ田、口をあんぐり開けて固まっている。

하이다. 입을 떡 벌린 채 굳어 있다.

気がない 관심이 없다
止める 그만하다
求める 갈구하다
プレゼン 프레젠테이션
　　　　（프레젠테이션의 준말)
交際相手 교제 상대
コスパ 비용 대비 효과, 가성비
　　　　（코스트퍼포먼스의 준말)

見切りをつける 단념하다
独り身 독신
増える 늘어나다
繋げる 잇다
あんぐり 멍청하게 입을 떡 벌린 모양

合コンに参戦

미팅에 참전

 23.mp3

エレベーター内
鷲美とゴリへの報告会。

엘리베이터 안
수리미와 릴라에게 하는 보고회

鷲美・ゴリ 合コン!? いいんじゃない?

수리미・릴라 미팅?! 그거 잘됐네!

烈子 でも、正直、そういうの苦手なんですよね。

레츠코 하지만 사실 그런 거 어색해요.

ゴリ 烈子にとって運命の人が来るかもしれないのよ。

릴라 레츠코의 천생연분이 올지도 몰라.

바로 이 장면!

烈子 運命の人って……私、そんな惚れっぽいタイプじゃないですし。

레츠코 천생연분이라니……. 저는 그리 쉽게 사랑에 빠지는 타입도 아니에요.

鷲美 烈子、ごちゃごちゃ言ってないで、ステージに上がるのよ。

수리미 레츠코, 이래저래 말하지 말고 일단 나가 봐.

ゴリ 条件さえ揃えば……。

릴라 상황만 잘 맞아떨어지면…….

鷲美 恋に落ちるときは……。

수리미 사랑에 빠지는 건…….

鷲美・ゴリ 一瞬よ!

수리미・릴라 한순간이야!

謎のデュオ風にハモる。二人を乗せたエレベーターの扉が閉まる。

알 수 없는 듀오풍으로 합창한다. 두 사람을 태운 엘리베이터의 문이 닫힌다.

参戦 참전
正直 솔직히 말해서
惚れっぽい 반하기 쉽다
ごちゃごちゃ 너저분한 모양
揃える 정돈하다. 갖추다
恋に落ちる 사랑에 빠지다
一瞬 일순간

謎 알 수 없음. 수수께끼
ハモる 하모니를 이루다

<u>烈子</u>	ハア〜。	레츠코	하아.

会社休憩室
ハイ田が合コン参加を許したフェネ子を責めている。

회사 휴게실
하이다가 미팅 참가를 허락한 페네코를 탓하고 있다.

ハイ田	なっんで、お前までぬるっと合コンに参加してんだよ！

하이다 왜 너까지 미팅에 나가는 거야!

フェネ子	私が聞きたいよ。正直見くびってた。角田があそこまで相手を自分のペースに巻き込む技に長けてるとは……。

페네코 내가 묻고 싶다. 솔직히 과소평가했어. 쓰노다가 그렇게까지 상대를 자기 페이스로 끌어들이는 솜씨가 뛰어날 줄이야…….

フェネ子・ハイ田	ハア……。

페네코 · 하이다 휴…….

フェネ子	でも安心して……私、守るから。

페네코 하지만 걱정 마……, 내가 지켜줄 테니.

ハイ田	あ？

하이다 뭐?

フェネ子	血に飢えた男どもの攻撃から、烈子を全力で守るから。

페네코 피에 굶주린 남자들의 공격으로부터 최선을 다해 레츠코를 지킬게.

ハイ田	刺客として参戦するってことか。頼むわ、フェネ子。お前しか頼りになる奴いねえからさ。

하이다 자객으로 참가하겠다는 뜻이구나. 부탁해, 페네코. 너 말고 의지할 사람도 없으니까.

フェネ子	任しといて。

페네코 내게 맡겨둬.

藁にもすがる思いのハイ田。そして強い信念を見せるフェネ子。

지푸라기라도 잡는 심정의 하이다. 그리고 강한 신념을 보이는 페네코.

許す 허락하다, 멋대로 하게 하다	飢える 굶주리다	藁にもすがる 지푸라기라도 잡는다
責める 책망하다	〜ども 〜들 (복수를 나타냄)	強い 강하다
見くびる 깔보다	攻撃 공격	
巻き込む 끌어들이다	全力 전력, 최선	
技 기술	刺客 자객	
長ける 뛰어나다	頼りになる 의지가 되다	
守る 지키다	任す 맡기다	

次の日、朝の東京

電車内
寿司ずめの満員電車。電車の中で乗客に揉まれている烈子。
烈子、何かに気づく。

<u>烈子</u>　[あっ。]

戸袋の近くにれさすけが立って、ぼうっと外を眺めている。

<u>烈子</u>　[自腹王子。同じ電車使ってたんだ。今まで全然気付か
なかった。]

ぼうっと窓の外を見ているれさすけ。

<u>烈子</u>　[一応降りたときに軽く挨拶くらいしといた方がいい
のかな？　いやいや、下手に挨拶してその後どうする
の？　話題もないし、微妙な距離感で会社まで行くこと
になんない？　っていうか、そもそも、向こうはこっち
のこと知らないかもだし。]

烈子の引っ込み思案のマイナス思考が炸裂する。

<u>烈子</u>　[あ〜、超めんどくさい。気付かなきゃ良かった。]

会社の最寄り駅
電車が止まり、ドアが開く。次々に乗客が吐き出される。烈子が振り向
くと、れさすけはまだ車内でぼうっとしている。

<u>烈子</u>　えっ？

다음 날, 아침의 도쿄

전철 안
사람들이 꽉꽉 들어찬 만원 전철. 전철 안에서 승
객들에게 이리저리 치이고 있는 레츠코.
레츠코, 뭔가를 알아차린다.

레츠코　[아아.]

전철 문 근처에 레사스케가 서서 멍하게 밖을 바
라보고 있다.

레츠코　[자비 왕자네. 같은 전철 타는구나. 지금
껏 전혀 몰랐어.]

멍하게 창밖을 보고 있는 레사스케

레츠코　[일단 내리면 가볍게 인사 정도 하는 게
좋겠지? 아니지, 괜히 인사하고 나서 어떡할 건
데? 대화 주제도 없고 어색한 분위기 속에서 회사
까지 가게 되지 않을까? 아니, 그보다 어차피 저
사람은 날 알지도 못할 텐데.]

레츠코가 가진 내성적인 성격의 마이너스 사고가
작렬한다.

레츠코　[아, 너무 귀찮아. 차라리 못 본 게 나았겠
다.]

회사 근처 역
전철이 멈추고 문이 열린다. 차례로 승객들이 쏟아
져 나온다. 레츠코가 뒤를 돌아보니 레사스케는 아
직도 차량 안에서 멍하니 있다.

레츠코　엣?

寿司ずめ 사람이나 물건이 꽉 들어찬 상태

揉む 구기다, 비비다

戸袋 도어 포켓(지하철 문의 가장자리 부분)

ぼうっと 멍하니

眺める 바라보다

全然 전혀

降りる 내리다

挨拶 인사

下手に 어설프게

微妙 미묘

引っ込み思案 소극적인 성격

炸裂する 작렬하다

最寄り駅 가장 가까운 역

止まる 멈추다

次々 차례로

吐き出す 토해내다

振り向く 돌아보다

れさすけを車内に残したまま、ドアが閉まり、電車は走り出す。

レ사스케를 차량 안에 남긴 채, 문이 닫히고 전철이 달리기 시작한다.

烈子 ［えっ、えっ、会社……。超変な人。］

레츠코 ［어. 어어. 회사는……. 정말 이상한 사람이야.］

遠ざかる電車を見送る烈子。

멀어지는 전철을 가만히 바라보는 레츠코.

夜の東京

밤의 도쿄

合コン会場概観

フェネ子、合コン脱出作戦要項を発表する。

미팅 장소의 대략적 모습

페네코, 미팅 탈출 작전 사항을 발표한다.

フェネ子 脱出経路は二つ、正面入り口と裏の非常口。何かあったら、はす向かいの**交番に駆け込むこと。**❶ 分かった？

페네코 탈출 경로는 두 군데인데, 정문 입구와 뒤편의 비상구야. 무슨 일이 생기면 맞은편에 있는 파출소로 뛰어가. 알았지?

烈子 う……うん。

레츠코 으…… 응.

角田 フェネ子先輩、もっと肩の力抜いてくださいよ～。

쓰노다 페네코 선배. 어깨 힘 좀 푸세요.

フェネ子 私、今日遊びで来てないし！ 烈子、変な男が狙ってきたら、私が守るからね。

페네코 난 오늘 놀러 온 게 아니야! 레츠코, 이상한 남자가 눈독 들이면 내가 지켜줄게!

角田 変な人なんて来るわけないじゃないですか。

쓰노다 이상한 사람이 올 리가 없잖아요.

フェネ子 何でそう言い切れんのよ！

페네코 어떻게 그리 단정하는데?

角田 だって、来るのうちの営業の人達すよ。

쓰노다 그거야. 오는 사람들 모두 우리 회사 영업부 사람들이거든요.

フェネ子 うちの営業？

페네코 우리 회사 영업부?

遠ざかる 멀어지다
見送る 배웅하다, 가는 것을 바라보다
会場 모임이 있는 장소
概観 개관, 대략적인 모습
要項 요강, 요항
裏 뒤쪽
はす向かい 비스듬히 앞쪽

駆け込む 뛰어들다
肩 어깨
抜く 빼다
遊び 놀이
狙う 노리다
言い切る 단언하다

❶ **交番に駆け込むこと。** 파출소로 뛰어가.
交番은 설립 초반에 명칭이 派出所(파출소)로 정식 변경되어 전국적으로 통일됐지만, 시민들에게 交番이 더 익숙하고 이미 생활 속에 침투되어 정식 명칭을 다시 交番으로 바꾸게 됐습니다. 그래서 일본에서 交番과 派出所는 같은 곳이지요. 交番은 주로 도시권에 설치되어 있으며, 경찰관 여러 명이 교대로(交), 당번(番)을 서는 교대 근무 24시간 체제로 유지되는 곳입니다.

角田	そうですよ。社内合コンって言ってませんでしたっけ？	쓰노다	맞아요. 사내 미팅이라고 말하지 않나요?

角田が写真をパシャ。角田のインスタには自分がうまく写ってる写真しかない。

쓰노다가 사진을 찰칵. 쓰노다의 인스타그램에는 자기가 잘 찍힌 사진밖에 없다.

烈子	［社内……。]	레츠코	［사내…….]
フェネ子	［合コン。]	페네코	［미팅.]

合コン会場、テーブル席

미팅 장소, 테이블 좌석

マヌ丸	どうも！ マヌ丸っす！	마누마루	안녕하세요! 마누마루입니다!

体育会系のがっしりした男。27歳くらい。

체육회 계열의 듬직한 남자. 27세 정도.

りんた	はじめまして。りんたです。	린타	반갑습니다. 린타입니다.

さわやかメガネ男子。27歳くらい。

시원스럽게 생긴 안경남. 27세 정도.

れさすけ	……。	레사스케	…….
マヌ丸	ほら、挨拶！	마누마루	자, 인사해야지!

マヌ丸が黙っているれさすけの**頭をつかみ、お辞儀させる。** ❷

마누마루가 가만히 있는 레사스케의 머리를 꽉 붙잡고 고개 숙여 인사시킨다.

烈子・フェネ子	自腹王子……。	레츠코 · 페네코	자비 왕자다…….

ぼそっと、そんな呟きが口をついて出る。

그런 나직한 중얼거림이 무심결에 입 밖으로 튀어나온다.

写る (写真などに) 撮られる
がっしり 丈夫でたくましい様子
さわやか 爽やかな様子
黙る 話をしない
つかむ つかむ
お辞儀 (머리를 숙여 하는) 인사
ぼそっと 小さく중얼거리는 様子

呟き 중얼거림
口をついて出る 무심결에 입 밖으로 튀어나오다

❷ 頭をつかみ、お辞儀させる。
머리를 꽉 붙잡고 고개 숙여 인사시킨다.
사실 お辞儀에는 여러 자세가 있고 상황에 따라 감사, 의뢰, 축하, 사죄 등 여러 의미를 담아 사용된답니다. お辞儀에는 우선 앉아서 하는 절인 座礼와 서서 하는 경례인 立礼, 두 유형이 있습니다. お辞儀의 구체적인 종류에는 가볍게 머리를 숙이는 会釈, 앉아서 머리를 30도 정도로 숙이는 인사인 浅礼, 선 채로 머리를 30도 정도 숙이는 정식적 인사로 敬礼가 있습니다.

角田	えっ？
烈子・フェネ子	何でもない。
マヌ丸	ああ、こいつはれさすけって言います。人数合わせで連れてきた奴なんで、飾りだと思ってください。
角田	その言い方ひどくないですか？
マヌ丸・りんた	アハハ。

角田と男達の間で笑いが起きる。

烈子	け……経理部の烈子と申します。
マヌ丸	よろしく！烈子ちゃん、かわいいっすねえ。

ずいと乗り出し、にこやかに圧をかけてくるマヌ丸。たじろぐ烈子。

烈子	えー……。
マヌ丸	誰かに似てんなあ。あっ、サンリオキャラに似てるって言われない？
烈子	ああ、割と言われる……。

そこにずいとフェネ子が怖い顔で割って入る。メンチを切るフェネ子。

マヌ丸	角田、この子誰？

쓰노다	네?
레츠코·페네코	아무것도 아니야.
마누마루	아, 이 녀석은 레사스케라고 합니다. 머릿수 채우려고 데려왔으니 장식품으로 생각해 주세요.
쓰노다	말씀이 좀 심한 거 아니에요?
마누마루·린타	하하하.

쓰노다와 남자들 사이에 웃음이 번진다.

레츠코	겨…… 경리부의 레츠코라고 합니다.
마누마루	반가워요! 레츠코 씨, 귀여우시네요.

불쑥 몸을 내밀고, 생글거리며 압박을 가하는 마누마루. 쩔쩔매는 레츠코.

레츠코	아, 네…….
마누마루	누구 닮으신 것 같은데. 아, 산리오 캐릭터 닮았다는 말 듣지 않아요?
레츠코	아아, 은근 들어요…….

그때 쑥 하고 페네코가 무서운 표정으로 끼어든다. 째려보는 페네코.

마누마루	쓰노다, 이분은 누구야?

連れてくる 데리고 오다
飾り 장식
起きる 생기다, 발생하다
ずいと 쑥, 불쑥
    (주저함 없이 앞으로 나아가는 모양)
乗り出す 몸을 앞으로 쑥 내밀다
にこやか 싱글벙글 웃는 모양

圧をかける 압력을 가하다
たじろぐ 쩔쩔매다
似てる 비슷하다
割と 비교적
怖い 무섭다
割る 비집다, 끼어들다
メンチを切る 노려보다

角田　経理部のフェネ子先輩です。

マヌ丸　　はじめまして！ フェネ子ちゃんもかわいいっすねえ！

マヌ丸、満面の笑みで「かわいいっすねえ、かわいいっすねえ」とお決まりの合コントークをする。

フェネ子　[合コン、悪くないかも。]

合コンに簡単にハマるフェネ子。その響きの未体験の心地よさにフェネ子がぽわわんとなる。

쓰노다　경리부의 페네코 선배예요.

마누마루　반갑습니다! 페네코 씨도 귀엽네요!

마누마루, 활짝 웃으며 '귀엽네요, 귀엽네요' 하며 뻔한 미팅용 대화를 꺼낸다.

페네코　[미팅도 나쁘지 않네.]

미팅에 금방 빠져드는 페네코. 체험한 적 없는 그 기분 좋은 울림에 페네코가 헤실거린다.

満面の笑み　활짝 웃는 얼굴

お決まり　상투적임. 판에 박힘

ハマる　푹 빠지다

響き　울림

心地よい　기분 좋다

ぽわわん　기분이 좋아 배시시 웃는 모습

恋に落ちるとき

사랑에 빠질 때

 24.mp3

時間経過

それぞれが打ち解け、場が盛り上がる。やかましく笑う参加メンバーたち。

시간 경과

각자 마음을 터놓게 되어 분위기가 달아오른다. 요란하게 웃는 참가 멤버들.

マヌ丸	俺、そういうの全然余裕だから。❶

마누마루 전 그런 거 아주 잘할 수 있다니까요.

角田 それ本気で言ってます？

쓰노다 그거 진심으로 하는 말이에요？

りんた それって、言い方変えるとき……。

린타 그 말인즉슨…….

フェネ子 それ、どこ情報？

페네코 그런 건 어디서 들으셨어요？

四人の笑い声。烈子は会話の輪を外れ、静かに飲んでいる。正面にれさすけ。

네 사람의 웃음소리. 레츠코는 대화하는 무리에서 벗어나 조용히 술을 마시고 있다. 정면에 레사스케.

烈子 ［すっかり会話からあぶれてしまった。まあ、いいんだけど。］

레츠코 ［완전히 대화에서 소외되고 말았네. 뭐, 상관은 없지만.］

れさすけ ……。

레사스케 …….

れさすけ、無言で缶コーヒーを飲んでいる。

레사스케, 아무 말 없이 캔 커피를 마신다.

烈子 ［でも、つまらなそうにしてるのもあれだしな……。えーと話題話題。］

레츠코 ［그래도 지루한 티 내는 것도 좀 그런데……. 으음, 화제를 찾자, 화제를.］

打ち解ける 마음을 터놓다
盛り上がる (분위기 등이) 달아오르다
やかましい 떠들썩하다
余裕 여유
本気 진심
言い方 말씨, 표현
変える 바꾸다

輪 원형, 고리, 테두리
外れる 누락되다, 벗어나다
静かに 조용히
あぶれる 빠져서 밀려 나오다
つまらない 따분하다, 시시하다

❶ そういうの全然余裕だから。
그런 거 아주 잘할 수 있다니까요.
全然은 주로 부정 표현과 함께 '전혀, 조금도'라는 뜻으로 쓰입니다. これじゃ、明日まで全然間に合わないかもしれない(이래서는 내일까지 시간을 전혀 맞출 수 없어)처럼 말이지요. 그런데 최근에는 全然이 긍정문에서 '완전히, 매우'라는 뜻으로 쓰이는 경우가 아주 많아졌습니다. 全然いい(아주 좋아), 全然足りる(아주 적당해)처럼요. [全然+긍정]이 어색하다는 사람도 있지만 일본어 연구자들은 [全然+부정]만 옳은 것은 아니라고 합니다.

烈子	あの……昨日、電車でお見かけしましたよ。いつも田園都市線使ってるんですか？	레츠코 저기……. 어제 전철에서 봤어요. 항상 덴엔토시선 타세요?
れさすけ	……。	레사스케 …….
烈子	会社の駅で降りずに行っちゃいましたよね？ あれからどうしたんですか？	레츠코 회사 있는 역에서 안 내리고 그냥 가버리셨죠? 무슨 일 있으셨어요?
れさすけ	えっとですね……。	레사스케 그게 말이죠…….
マヌ丸	お前、マジでふざけんなよ！	마누마루 너, 웃기지 말라고!
一同	アハハハ！	일동 아하하하!
りんた	いや、お前面白いじゃないか、なかなか。	린타 이야, 재미있잖아.

바로 이 장면!*

れさすけ	（ぱくぱく……。）	레사스케 （뻐끔, 뻐끔…….）
	れさすけがぼそぼそと何か言っているが聞こえない。	레사스케가 뭐라고 중얼거리는데 들리지 않는다.
烈子	[えっ、今何か言った？]	레츠코 [앗, 지금 뭐가 말한 건가?]
れさすけ	（ぱくぱくぱくぱく。）	레사스케 （뻐끔, 뻐끔, 뻐끔, 뻐끔.）
一同	アハハハハハハハ！	일동 아하하하하하하!
烈子	[声ちっさ……。]	레츠코 [목소리가 너무 작아…….]

降りる 내리다

ふざける 장난치다. 까불다

ぱくぱく 뻐끔뻐끔 (입을 뻐끔거리는 모양)

ぼそぼそ 소곤소곤 (작은 소리로 말하는 모양)

烈子 え？ すみません、ちょっとうるさくて。	레츠코 네? 죄송해요. 조금 시끄러워서.

れさすけ、ケータイを取り出し、QRコードを表示して烈子にかざす。

레사스케, 핸드폰을 꺼내서 QR 코드를 표시하여 레츠코에게 보여준다.

烈子 えっ？

레츠코 응?

烈子、ケータイでQRコードを読み取り、アプリに追加登録する。二人をよそに騒々しく盛り上がる他の参加者達。

레츠코, 핸드폰으로 QR 코드를 스캔하여 앱에 추가 등록 한다. 둘을 신경 쓰지 않고 신나게 떠드는 다른 참가자들.

れさすけ ……。

레사스케 …….

れさすけ、ライン風**アプリに文字を打ち込む。❷** 烈子のケータイに表示されるれさすけの返信。烈子がメッセージを読む。

레사스케, 라인 메신저처럼 생긴 앱에 문자를 쳐서 입력한다. 레츠코의 핸드폰에 표시되는 레사스케의 답장. 레츠코가 메시지를 읽는다.

れさすけ （電車の件ですが、ボーっとしてたら乗り過ごして遅刻しました。）

레사스케 （그때 전철 일은 말이죠. 멍하게 있다가 내릴 역을 놓쳐 지각했어요.）

安心したように笑う烈子。

안심한 듯 웃는 레츠코.

烈子 （ひとつ、お聞きしていいですか？）

레츠코 （뭐 하나 여쭤봐도 돼요?）

れさすけ （どうぞ。）

레사스케 （그럼요）

烈子 （どうして缶コーヒー飲んでるんですか？）

레츠코 （왜 캔 커피를 드세요?）

れさすけ （お酒、苦手なんです。）

레사스케 （술을 잘 못 마셔요.）

烈子 （だからって普通缶コーヒー飲まないでしょ。）

레츠코 （보통은 그렇다고 해서 캔 커피를 마시진 않잖아요.）

烈子はケータイを見ながらレモンハイを飲む。フェネ子、ケータイをいじる烈子を見る。

레츠코는 핸드폰을 보면서 레몬하이를 마신다. 페네코, 핸드폰을 만지작거리는 레츠코를 본다.

取り出す 꺼내다
表示する 표시하다
かざす 손에 든 것을 올려서 어떤 것을 뒤덮듯이 내밀다
読み取る (기기로) 읽어 들이다
アプリ 앱, 어플(アプリケーション의 준말)
～をよそに ～을 아랑곳하지 않고

騒々しい 시끌벅적하다
ライン 라인 (카카오톡 같은 일본의 모바일 메신저)
打ち込む 입력하다
返信 답신, 회신
件 건, 생긴 일
乗り過ごす 내릴 역을 지나치다
いじる 만지작거리다

❷ アプリに文字を打ち込む。
앱에 문자를 쳐서 입력한다.

핸드폰으로 일본어를 입력하는 방법으로 플릭·토글·풀 키 입력 등 세 가지가 있습니다. 가장 인기 있고 일반화된 방법이 플릭 입력인데, 키를 터치하면 해당 행의 문자가 주변에 꽃잎처럼 나와서 원하는 글자를 터치하여 입력합니다. 토글 입력은 あ 버튼을 누를 때마다 해당 문자가 あ →い →う →え →お로 바뀌는 방식입니다. 풀 키 입력은 컴퓨터 키보드처럼 히라가나의 로마자를 입력하면 됩니다.

店の外

店の外でケータイをとる酔っ払ったフェネ子。フェネ子がハイテンションでハイ田に報告を入れている。

フェネ子 ハイ田！ ねえ、ハイ田！

ハイ田 うるせえな！ 聞こえてるって。

フェネ子 何かねえ、合コン、思ってたより超楽しい！

ハイ田 んなこと、どうでもいいんだよ。烈子はどうなった？

フェネ子 全然心配ない！ やっぱあの子こういうの向いてないね。何か、ずっと下向いてケータイいじってるし。

ハイ田 そっか……。

フェネ子 っていうか、ハイ田！ 情けねえんだよ、お前。さっさと告っちまえ！ バーカ！

店の中

ケータイで文字を打つ烈子とれさすけ。

烈子 （正直こういう場、苦手です。）

れさすけ （僕も苦手です。）

烈子 ［ウフッ。何だかすごく落ち着いた気分。］

가게 밖

가게 밖에서 핸드폰 전화를 받는 술 취한 페네코. 페네코가 잔뜩 신이 나서 하이다에게 보고를 하고 있다.

페네코 하이다! 야, 하이다!

하이다 시끄러워! 소리 안 질러도 들린다니까.

페네코 어쩐지 말이야, 미팅이 생각보다 훨씬 재밌어!

하이다 그건 내가 알 바 아니야. 레츠코는 어땠어?

페네코 하나도 걱정 안 해도 돼! 역시 걔는 이런 데 잘 안 맞아. 미팅 내내 고개 숙이고 핸드폰만 만지고 있어.

하이다 그렇구나…….

페네코 아무튼 하이다! 너 진짜 한심해. 얼른 고백해 버려! 바보야!

가게 안

핸드폰으로 문자를 치는 레츠코와 레사스케.

레츠코 （솔직히 이런 자리, 잘 안 맞아요.）

레사스케 （저도 그래요.）

레츠코 ［헤헷. 어쩐지 마음이 참 편안해지네.］

酔っ払う 만취하다
ハイテンション (신이 나거나 흥분해서) 감정이 드높아진 상태
心配 걱정
向く 향하다, 적합하다
下向く 아래쪽을 향하다
情けない 한심하다
告る (사랑 등을) 고백하다
文字を打つ 문자를 입력하다
落ち着く 진정하다

181

にっこり笑う烈子。二人の間にビールのグラスと空き缶が増えていく。

생긋 웃는 레츠코. 두 사람 사이에 맥주잔, 빈 캔이 점점 늘어난다.

烈子 ［まるで私達の周りだけ、何も風が吹いてないみたい。あれ？ 私、酔ってんのかな？］

레츠코 [마치 우리 주위에만 바람이 전혀 불지 않는 느낌이야. 어? 나, 취한 건가?]

れさすけを見ている烈子がハッとする。ふと、れさすけの**顔がイケメンに見えてくる。**❸ 顔を赤くしてれさすけを見つめている烈子。

레사스케를 보는 레츠코가 깜짝 놀란다. 문득 레사스케의 얼굴이 꽃미남으로 보인다. 얼굴을 붉히며 레사스케를 바라보는 레츠코.

角田 先輩？

쓰노다 선배?

マヌ丸 烈子ちゃん？

마누마루 레츠코 씨?

角田が烈子の様子を気づいた瞬間、烈子がゆっくりと倒れる。ガタン！

쓰노다가 레츠코의 상태를 알아차린 순간, 레츠코가 천천히 쓰러진다. 파당!

フェネ子 烈子？

페네코 레츠코?

ぐわんぐわんと回る背景。客達の笑い声。遠くに聞こえる角田の声。

빙글빙글 도는 배경. 손님들의 웃음소리. 멀리서 들리는 쓰노다의 목소리.

角田 烈子先輩、大丈夫ですか？

쓰노다 레츠코 선배, 괜찮아요?

リンタ おい、おいおい、えっ、大丈夫かよ。ちょっと、烈子ちゃん？

린타 이봐, 정신 차려. 괜찮은 거야? 레츠코?

烈子 ［おかしいなあ。いつの間にこんな飲んだんだろう。］

레츠코 [이상하네. 언제 이렇게 많이 마셨지?]

トイレドアにフラフラ近づく。烈子の中から何かがこみあげる。

화장실 문으로 비틀비틀 다가간다. 레츠코의 속에서 뭔가가 치밀어 오른다.

烈子 うっ。

레츠코 웁.

トイレに駆け込んでドアを閉める。

화장실 안으로 뛰어들어가 문을 닫는다.

にっこり 생긋	回る 돌다, 회전하다
増える 늘어나다	客達 손님들
風が吹く 바람이 불다	おかしい 이상하다
ハッとする 깜짝 놀라 정신이 들다	フラフラ 비틀비틀 (걸음이 흔들리는 모양)
見つめる 응시하다, 바라보다	近づく 다가가다
様子 상태, 모습	こみあげる 치밀어 오르다
倒れる 쓰러지다	駆け込む 뛰어 들어가다

❸ **顔がイケメンに見えてくる。**
얼굴이 꽃미남으로 보인다.

イケメン은 '잘생긴 남자, 꽃미남'이라는 젊은 세대의 속어랍니다. イケてる(매력적이고 멋지다)와 面(얼굴) 혹은 men(남자)과 합성한 조어지요. イケメン君(꽃미남 군), イケメン俳優(꽃미남 배우) 등처럼 활용하여 사용합니다. 이 밖에도 フツメン은 극히 평범한 男性(아주 평범한 남자), ブサメン은 ブサイク한 男性(아주 못생긴 남자), ジミメン는 地味한 男性(아주 수수한 남자)를 의미합니다.

デス烈子　うぼえええええええええええ！

盛大に吐く烈子。よろよろとトイレから出てくる。

烈子　うう……。

柱に手をついて、下を向く烈子。顔を上げるとれさすけが立っている。

れさすけ　大丈夫(だいじょうぶ)？

れさすけが烈子にハンカチを渡す。

烈子　あ……ありがとう。

ハンカチを受け取る烈子。烈子の心臓の音が高鳴る。

※回想

ゴリ　条件(じょうけん)さえ揃(そろ)えば……。

鷲美　恋(こい)に落(お)ちるときは……。

鷲美・ゴリ　一瞬(いっしゅん)よ！

烈子の目の前にれさすけのイケメン顔。息を飲む烈子。

烈子　[ああ～。]

데스 레츠코 꾸에에에에에에에에엑!

성대하게 토하는 레츠코. 비틀거리며 화장실에서 나온다.

레츠코 으으…….

기둥에 손을 짚고, 아래를 내려다보는 레츠코. 얼굴을 드니 레사스케가 서 있다.

레사스케 괜찮아요?

레사스케가 레츠코에게 손수건을 건넨다.

레츠코 아……, 고마워요.

손수건을 받아 드는 레츠코. 레츠코의 심장 소리가 크게 울린다.

※회상

릴라 상황만 잘 맞아떨어지면…….

수리미 사랑에 빠지는 건…….

수리미·릴라 한순간이야!

레츠코의 눈앞에 있는 레사스케의 잘생긴 얼굴. 숨을 삼키는 레츠코

레츠코 [아야!]

盛大(せいだい)に 성대하게
吐(は)く 토하다
よろよろ 휘청휘청, 비틀비틀
柱(はしら) 기둥
手(て)をつく 손으로 짚다
ハンカチ 손수건 (핸커치프의 준말)
渡(わた)す 건네다

受(う)け取(と)る 받아 들다
高鳴(たかな)る 크게 울리다
揃(そろ)える 갖추다
息(いき)を飲(の)む 숨을 삼키다

恋はバラ色

사랑은 장밋빛

 25.mp3

休日、烈子のアパート。目覚まし時計は7時を指している。目覚ましを止める烈子の手。

휴일. 레츠코의 아파트. 알람 시계는 7시를 가리키고 있다. 알람 시계를 끄는 레츠코의 손.

烈子　……。

레츠코 …….

烈子がベッドで寝ている。ゆっくりと、目を開ける。

레츠코가 침대에서 자고 있다. 천천히 눈을 뜬다.

烈子　痛っ。うう……マジ頭痛い。痛てて……。しばらくお酒控えよう。

레츠코 아얏. 으으……, 머리가 깨질 것 같아. 아야야얏……. 당분간 술은 자제하자.

視線の先テーブルの上、れさすけのハンカチ。烈子、じっとハンカチを見る。

시선 끝의 테이블 위에 레사스케의 손수건. 레츠코, 가만히 손수건을 본다.

烈子　ん？

레츠코 응?

クンクンとハンカチの匂いを嗅ぐ。

킁킁. 손수건의 냄새를 맡는다.

烈子　何、このハンカチ。私のじゃない。昨日何があったんだっけ？

레츠코 이 손수건은 뭐지? 내 거 아닌데. 어제 무슨 일이 있었더라?

目をこすりながら、昨夜を思い出そうとする烈子。目を開けると、部屋中がピンク色に染まっている。

눈을 비비면서 어젯밤을 떠올리려고 하는 레츠코. 눈을 뜨자 방 안이 온통 분홍빛으로 물들어 있다.

烈子　あれ？　えっ？　えっ？　えっ？

레츠코 응? 어? 어? 어?

やがて、部屋は元に戻る。

이윽고 방은 다시 원래대로 돌아온다.

目覚まし時計 알람 시계
指す 가리키다
止める 멈추다, 끄다
痛い 아프다
しばらく 잠시, 한동안
控える 삼가다, 절제하다
じっと 가만히, 지그시

クンクン 킁킁 (냄새를 맡는 모양)
匂い 냄새
嗅ぐ (냄새 등을) 맡다
こする 문지르다
昨夜 어젯밤
染まる 물들다
やがて 곧, 이윽고

元 본래의 상태

| 烈子 | 何？ 今の。 | 레츠코 | 뭐지, 방금 그건? |

바로 이 장면! *

会社外観 **회사 외관**

経理部 **경리부**
仕事をしている烈子。 일하고 있는 레츠코.

フェネ子	こないだどうやって帰ったか覚えてる？	페네코	어제 집에 어떻게 들어갔는지 기억하고 있어?
烈子	気付いたら家で寝てた。何にも覚えてない。	레츠코	정신 차려보니 집에서 자고 있었어. 아무것도 기억 안 나.
フェネ子	自腹王子に介抱してもらったことも？	페네코	자비 왕자가 너 보살펴 준 것도?

れさすけがハンカチを渡す姿がオーバーラップ。 레사스케가 손수건을 건네는 모습이 오버랩된다.

烈子	……。覚えてない。	레츠코	……. 기억 안 나.
坪根	ちょっと、烈子さん！	쓰보네	잠시만, 레츠코 씨!
烈子	あっ、はい！	레츠코	아, 네!
坪根	これ、営業部の島田さんに届けて来てちょうだい。	쓰보네	이거 영업부 시마다 씨한테 갖다줬으면 하는데.
烈子	はい、分かりました。	레츠코	네, 알겠습니다.
坪根	それと、れさすけ君て分かる？彼に「出すものは早めに出せ」って釘刺しといて。**不在ならメモでいいから。❶**	쓰보네	그리고 레사스케 씨 알아? 그 사람한테 '내야 할 건 빨리 내라'고 단단히 일러둬. 자리에 없으면 메모라도 남기고.

介抱 돌봄, 간호
渡す 건네다
姿 모습
届ける 상대편에 가지고 가다, 보내다
~ちょうだい ~해주세요 (요청하는 말)
早めに 빨리, 일찌감치
釘を刺す 다짐을 해두다, 못 박다

❶ **不在ならメモでいいから。** 자리에 없으면 메모라도 남기고.
만나야 할 사람을 찾아갔는데 부재중이라면 메모를 남겨야 합니다. 메모나 쪽지에는 방문 일시, 목적, 앞으로의 원만한 관계를 위한 인사 등을 솔직하며 겸손하며 예의 바른 문장으로 써야 합니다. 다음과 같은 형식을 예로 들 수 있습니다.
営業部の橘と申します。会議の件でお伺いしましたが、ご不在のようでしたので、資料だけ置かせていただきます。お時間があるときに、ご一読いただければ幸いです。1月13日11時30分
영업부의 타치바나라고 합니다. 회의 건으로 찾아뵈려 왔습니다만, 부재중이신 것 같아 자료만 놓고 갑니다. 시간 있을 때 한번 읽어주시면 감사하겠습니다. 1월 13일, 11시 30분.

休憩室
ゴトンと自動販売機の取り出し口に缶コーヒーが落ちる。ニッコリしてる烈子。缶コーヒーはれさすけが飲んでいる銘柄。

휴게실
'덜컹' 하고 자판기의 음료 꺼내는 입구로 캔 커피가 떨어진다. 생긋 웃는 레츠코. 캔 커피는 레사스케가 마시는 그 제품.

ハイ田　おう、烈子。

하이다　안녕, 레츠코.

烈子　あっ、ハイ田君、おはよう。

레츠코　아, 하이다구나. 좋은 아침.

ハイ田　あれ？ お前、缶コーヒーなんて飲むやつだったっけ？

하이다　어? 너, 캔 커피 같은 거 마셨던가?

烈子　あっ、これ？ アハハ……何となく飲んでみたくなっちゃって。

레츠코　아, 이거? 아하하……. 그냥 마셔보고 싶어져서.

ハイ田　フーン。

하이다　흐음.

烈子　あっ、ごめん。坪根さんに急かされてるから行くね。

레츠코　아, 미안. 쓰보네 씨가 서두르라고 해서 이만 가볼게.

ハイ田　あっ、ああ。

하이다　그, 그래.

去っていく烈子。見送るハイ田。

떠나가는 레츠코 뒷모습을 바라보는 하이다.

営業部
営業部入り口から顔を出す烈子。手には缶コーヒーを持っている。

영업부
영업부 입구에서 얼굴을 내미는 레츠코. 손에는 캔 커피를 들고 있다.

烈子　[さすがに、営業はみんな出払っちゃってるか。あれ？]

레츠코　[역시 영업부는 다들 밖에 일 보러 갔나. 응?]

誰もいない中、れさすけだけ、ボーっと机に座っている。

아무도 없는 중, 레사스케만 멍하니 책상 앞에 앉아 있다.

取り出す 꺼내다
銘柄 상표, 품목
急かす 재촉하다
見送る 배웅하다, 가는 것을 바라보다
出払う 다 나가고 없다

烈子　[いた！]	레츠코 [있다!]

れさすけの机
空の缶コーヒーがずらっと並んでいる。烈子、れさすけの後ろから近づき、声をかける。イケメン顔になってるれさすけ。

레사스케의 책상
빈 캔 커피가 줄줄이 늘어서 있다. 레츠코, 레사스케의 뒤에서 다가가 말을 건다. 꽃미남 얼굴로 변해 있는 레사스케

烈子　おはようございます。	레츠코 좋은 아침이에요.

れさすけ　どうも。❷	레사스케 안녕하세요.

烈子　坪根<ruby>坪根<rt>つぼね</rt></ruby>さんから<ruby>言伝<rt>ことづて</rt></ruby>がありました。<ruby>領収書<rt>りょうしゅうしょ</rt></ruby>を<ruby>早<rt>はや</rt></ruby>めに<ruby>出<rt>だ</rt></ruby>すようにとのことです。それから……。	레츠코 쓰보네 씨가 말씀 전해달라고 하셨어요. 영수증을 빨리 제출해 달라고 그러시던데요. 그리고…….

さっき買った缶コーヒーを机の上に置く。

아까 산 캔 커피를 책상 위에 올려놓는다.

烈子　<ruby>週末<rt>しゅうまつ</rt></ruby>は、いろいろご<ruby>迷惑<rt>めいわく</rt></ruby>おかけしちゃったみたいで……。<ruby>親切<rt>しんせつ</rt></ruby>にしていただき、ありがとうございました。ほんとにみっともないところをお<ruby>見<rt>み</rt></ruby>せしちゃって……。	레츠코 주말에 여러모로 폐를 끼친 것 같아서요……. 친절하게 대해주셔서 감사합니다. 정말 못 볼 꼴을 보였지 뭐예요…….

照れる烈子、顔を上げる。れさすけの顔がボケ面からイケメンに変わっている。

부끄러워하는 레츠코, 얼굴을 든다. 레사스케의 얼굴이 멍한 표정에서 꽃미남으로 바뀌어 있다.

烈子　はっ。	레츠코 앗.

イケメンれさすけと対峙する烈子。

꽃미남 레사스케와 마주하는 레츠코

烈子　[あれ……？]	레츠코 [뭐지……?]

烈子　[あれ？　あれ？　あれ？]	레츠코 [어? 어? 어어?]

ずらっと　줄줄이
<ruby>並<rt>なら</rt></ruby>ぶ　늘어서다
<ruby>言伝<rt>ことづて</rt></ruby>　전언
いろいろ　여러 가지
<ruby>迷惑<rt>めいわく</rt></ruby>　폐, 성가심
みっともない　보기 흉하다.
　　　　　　　　꼴사납다
<ruby>照<rt>て</rt></ruby>れる　부끄러워하다

ボケ<ruby>面<rt>づら</rt></ruby>　멍한 얼굴
<ruby>対峙<rt>たいじ</rt></ruby>する　대치하다

❷ **どうも。** 안녕하세요.

どうもは 감사, 만족, 유감, 추측 등 여러 상황에서 쓰입니다. どうも로 시작해서 どうも로 끝난다는 말이 있을 정도지요. 원래 どうも 言えぬ(형언하기 어렵다)라고 하여 깊은 감동을 표현할 때 썼지만 시대가 흐르면서 どうも로 줄어들었습니다. どうもありがとう(정말 감사합니다)라고 쓰거나 친한 상대와 인사를 나눌 때 どうもこんばんは(안녕하세요)의 뜻으로 どうも라고 말하기도 합니다. どうも로만 인사할 때는 뒤에 어떤 뉘앙스의 말이 나오는지 잘 살펴야 합니다.

合コンで見た光景がフラッシュバックする。

미팅에서 본 광경이 플래시백 된다.

烈子　あれ〜っ？

레츠코　이게 뭐야?

絶叫する烈子。ウェディングマーチの流れる中、営業部が、会社の廊下が、経理部が、会社のビル全体がピンク色に染まり、虹がかかる。渋谷の街がピンク色に染まる。

절규하는 레츠코. 결혼행진곡이 흐르는 중 영업부가, 회사 복도가, 경리부가, 회사 빌딩 전체가 분홍빛으로 물들면서 무지개가 걸린다. 시부야의 거리가 분홍빛으로 물든다.

経理部

경리부

トン　腰掛け！ これ処理しとけ！

황돈　단기 계약직! 이거 처리해!

大量の書類をずんと叩きつける。叩きつけられた書類もピンク色に染まり、虹がかかる。

대량의 서류를 '타엑' 하고 내려치듯 놓는다. 내던져진 서류도 분홍빛으로 물들고 무지개가 걸린다.

烈子　わあああっ！ ありがとうございます！ 精一杯頑張ります！[3]

레츠코　와아아앗! 감사합니다! 최선을 다할게요!

トン　お……おう。

황돈　어……, 그래.

トンが横にいても恋する顔の烈子。多幸感あふれる烈子に気圧されるトン。

황돈이 옆에 있어도 사랑에 빠진 얼굴을 한 레츠코. 행복감 넘치는 레츠코의 기세에 눌린 황돈.

トン　腰掛け！ 茶！

황돈　단기 계약직! 차 내와!

お茶を入れる烈子。どぼどぼと注がれるピンク色の液体。入れたお茶に見事に虹がかかる。

차를 준비하는 레츠코. 쪼르르 부어지는 분홍빛 액체. 준비한 차에 멋지게 무지개가 걸린다.

烈子　は〜い！

레츠코　갑니다아아아앗!

スキップのスローモーションでお茶を届ける烈子。

폴짝거리는 슬로 모션으로 차를 가져다주는 레츠코.

絶叫する 절규하다
虹がかかる 무지개가 걸리다
叩きつける 내동댕이치다, 내던지다
横 옆
多幸感 다행감
あふれる 넘치다
気圧される 기세에 눌리다

どぼどぼ 쪼르르 (액체 등이 쏟아지는 모양)
注ぐ (액체 등을) 따르다
液体 액체
見事に 멋지게
スキップ 스킵, 한쪽 발로 두 번씩 번갈아 뛰면서 나가는 운동

> **[3] 精一杯頑張ります！** 최선을 다할게요!
> 精一杯는 '최선을 다해 힘껏'이라는 뜻입니다. 精가 '마음, 기력'을 의미하기에, 가진 힘을 모두 쏟아냄을 의미하죠. 모양새가 비슷한 단어로 目一杯와 手一杯가 있습니다. 目一杯는 '최대한, 한껏'이라는 뜻으로, '한도가 꽉 찰 때까지'라는 뉘앙스가 있습니다. 目一杯楽しむ(한껏 즐기다) 등의 표현으로 활용되죠. 반면에 手一杯는 '힘에 부침'이라는 뜻으로 더는 어떻게 할 여유가 없음을 의미합니다. 目の前のことで手一杯だ(눈앞에 있는 일만으로도 힘에 부치다)라는 식으로 쓰인답니다.

烈子　[世界がいつもと違って見える。転職とか結婚退職とか、別にそんなことどうでもいいことだったんだ。恋に生きればよかったんだ!]

電車内の転職案内の中吊り広告が急に結婚の広告に変化する。満員電車の中、目をハートにさせてる烈子。烈子の上に虹がかかっている。ピンク色の街で手を広げる烈子。東京の街がピンク色に染まり、虹がかかっている。

레츠코 [세상이 평소와 다르게 보여. 이직이나 결혼 후 퇴사 같은 건 어떻게 되든 상관없는 일이었어. 사랑에 빠져서 다행이야!]

전철 안의 이직 안내 광고가 갑자기 결혼 광고로 바뀐다. 만원 전철 안에서 눈이 하트로 변한 레츠코. 레츠코 위에 무지개가 걸려 있다. 분홍빛 거리에서 팔을 활짝 벌린 레츠코. 도쿄 거리가 분홍빛으로 물들고 무지개가 걸린다.

別に 별로, 특별히
手を広げる 팔을 활짝 벌리다

デートに誘われた日

데이트 신청을 받은 날

 26.mp3

カラオケルーム		**노래방**

鷲美・ゴリ　好きな人^{すひと}ができた!?

수리미・릴라 좋아하는 사람이 생겼다고?!

烈子　エヘヘ……。

레츠코 에헤헤헷…….

恋する乙女の顔で固まっている烈子。ゴリが烈子の目の中を見るとハートマークになっている。

사랑에 빠진 소녀의 얼굴로 굳어 있는 레츠코. 릴라가 레츠코의 눈을 들여다보니 눈이 하트 마크가 되어 있다.

ゴリ　ん? これは……だいぶ仕上^{しあ}がってるわね。こないだまで「好^すきな人^{ひと}なんていない」って言ってたのに。

릴라 엥? 이거…… 제대로 푹 빠진 모양인데. 얼마 전까지 좋아하는 사람 없다고 하더니.

鷲美　実戦経験^{じっせんけいけん}がないだけで、**実^{じつ}は結構^{けっこう}惚れっぽいタイプだったのかもしれないわね。❶**

수리미 실전 경험이 없을 뿐. 사실은 사랑에 쉽게 빠지는 타입인지도 몰라.

ゴリ　どんな人^{ひと}?

릴라 어떤 사람이야?

鷲美　写真^{しゃしん}ある?

수리미 사진 있니?

烈子　ありますけど～何^{なん}か見^みせるの恥^はずかしいなあ。

레츠코 있기는 한데요, 왠지 보여드리기 민망해요.

ゴリ　見^みせなさいよ～。

릴라 보여줘!

烈子　え～どうしようかな?

레츠코 아아, 어떻게 할까?

---

^{おとめ}乙女 소녀, 처녀

固^{かた}まる 굳어지다

仕上^{しあ}がる 다 되다, 완성되다

実戦経験^{じっせんけいけん} 실전 경험

結構^{けっこう} 제법, 충분히

恥^はずかしい 부끄럽다

❶ **実は結構惚れっぽいタイプだったのかもしれないわね。** 사실은 사랑에 쉽게 빠지는 타입인지도 몰라.

惚れっぽい는 '반하기 쉬운'이라는 뜻으로 '금방 사랑에 빠지는 성격'을 가리키지요. 즉, 누군가가 나에게 잘해주기만 하면 금방 그 사람을 멋지게 여기고 좋아하게 되는 성격입니다. 금방 좋아했다가 그 열정이 빨리 식기도 하죠. 이렇게 ～っぽい라는 말을 쓰면 '～하기 쉬운'이라는 의미를 드러냅니다. 대표적인 예로 飽^あきっぽい(질리기 쉬운), 忘^{わす}れっぽい(잘 잊는) 등이 있습니다.

もったいぶる烈子。 | 괜히 점잔을 빼는 레츠코

ゴリ 見^みせなさいよ～。 | 릴라 보여달라니까.

烈子 どうしようかな？ | 레츠코 어쩌지?

ゴリ じゃ、見^みせなくていい。 | 릴라 그럼 안 보여줘도 돼

烈子 この人^{ひと}なんですけど～。 | 레츠코 이 사람이에요!

食い気味にビシッと合コンの時の写真を見せる烈子。ボケッとしたれさすけの写真。 | 릴라의 말이 끝나기도 전에 덥석 미팅 때의 사진을 보여주는 레츠코. 멍한 얼굴의 레사스케 사진

鷲美・ゴリ あああー……。 | 수리미·릴라 아아…….

ゴリ か……かっこいいんじゃない？ | 릴라 머…… 멋있는 것 같네?

烈子 ですよね！ かっこいいですよね？ | 레츠코 그렇죠! 멋있죠?

鷲美 「あばたもえくぼ」って言^いうしね。❷ (ぼそっと) | 수리미 '제 눈에 안경'이라고 하니까. (중얼거림)

烈子 えっ？ | 레츠코 네?

鷲美 何^{なん}でもない。他^{ほか}にどんなとこが良^よかったの？ | 수리미 아무것도 아니야. 그 외에 어떤 점이 좋았어?

烈子 え～。 | 레츠코 으음.

鷲美 教^{おし}えてよ。 | 수리미 말해줘.

もったいぶる 점잔을 빼다, 뽐내다
食^くい気^ぎ味^み 상대방의 말이 끝나기도 전에 끼어드는 것

ぼけっと 멍하니, 멍청히 (아무것도 하지 않고 우두커니 있는 모양)

かっこいい 멋지다

あばた 마맛자국

えくぼ 보조개

❷「あばたもえくぼ」って言うしね。
'제 눈에 안경'이라고 하니까.

あばたもえくぼ는 마맛자국도 보조개로 보인다는 말로, 우리말 속담으로 따지자면 '제 눈에 안경'입니다. 사랑에 빠지면 좋아하는 사람의 단점마저도 다 장점으로 보인다는 뜻이지요. 레츠코의 눈에 레사스케가 그야말로 최고의 꽃미남으로 보이는 상황이 바로 이것입니다. 비슷한 표현으로는 屋烏^{おくう}の愛^{あい}(아내가 예쁘면 처갓집 말뚝 보고도 절한다), 惚れた欲^{よく}目^め(반해서 뭐든 좋게만 봄), 面^{めん}々^{めん}の楊^{よう}貴^き妃^ひ(사랑하는 아내나 연인의 결점도 아름답게만 보인다)가 있습니다.

烈子	え～どうしようかな？	레츠코 아아, 어떻게 할까?
鷲美	じゃ、教えなくていい。	수리미 그럼 말 안 해도 돼.
烈子	私が酔っ払ったとき、すっごく優しくしてくれたんですよ。でも、優しいだけじゃなくて……何だか、あの人の周りだけ空気が違ってて……いつもどこか遠くを見てる感じで……。理由は良く分からないけど、一緒にいると……不思議と心が落ち着くんです。	레츠코 제가 취했을 때 엄청 상냥하게 대해줬어요! 상냥하기만 한 게 아니고…… 왠지 그 사람 주변만 공기가 달라요……. 언제나 먼 곳을 보고 있는 느낌이에요. 이유는 잘 모르겠지만 같이 있으면…… 이상하게도 마음이 편안해져요.

ゴリと鷲美がやさしく微笑む。

릴라와 수리미가 다정하게 미소를 짓는다.

ゴリ	良かったわね。烈子。	릴라 잘됐네, 레츠코
鷲美	きっと素敵な人なのね。	수리미 분명 멋진 사람일 테지.

ニッコリ笑う烈子。その目に涙を浮かべる。

생긋 웃는 레츠코. 그 눈에 눈물이 고여 있다.

烈子	アハハ……恥ずかしいなあ。あれ？何か思い出したら泣けてきちゃった。変なの！ちょっとトイレ行ってきま～す。	레츠코 아하핫……, 창피하네요. 어엇? 생각하니까 눈시울이 뜨거워졌어요. 이상하네! 잠시 화장실 갔다 올게요!

そそくさと烈子が出て行く。ゴリと鷲美がケータイの写真に目を移す。

허둥지둥 레츠코가 나간다. 릴라와 수리미가 핸드폰 사진으로 눈길을 옮긴다.

鷲美・ゴリ	かっこよくはないわよね。	수리미·릴라 멋지진 않아.
鷲美	っていうか、この人あれに似てない？ほら、赤ちゃんが食べる軟らかいお菓子。	수리미 근데 이 사람 그거 닮지 않았어? 그 있잖아, 아기가 먹는 몰랑한 과자.

酔っ払う 만취하다
優しい 다정하다, 부드럽다
周り 주변
違う 다르다
遠く 멀리
感じ 느낌
不思議 신기함, 이상함

落ち着く 진정되다
微笑む 미소 짓다
素敵 멋짐, 근사함
浮かべる 띄우다, 표면으로 드러내다
泣ける 자꾸 눈물이 나오다
そそくさ 허둥지둥 (침착하지 못하고 서두르는 모양)

移す 옮기다
似てる 닮다
軟らかい 부드럽다
お菓子 과자

ゴリ　分かる！私も同じこと思ってた。

会社外観

営業部
マヌ丸がれさすけの元を訪れる。
合コンのチャラ男。

マヌ丸　何だよ。れさすけ、お前意外とやるじゃねえか！

れさすけ　えっ？何が？

マヌ丸　それだよ！

机の上の缶コーヒー等に大量の付箋が張ってある。
「そろそろ領収書を出して下さい ☆烈子☆」
「領収書の件お忘れでは？ ☆烈子☆」
「また自腹になっちゃいますよ！(笑) ☆烈子☆」
「ところで缶コーヒー片付けないんですか？ ☆烈子☆」
「今日の午後までにお願いします！ ☆烈子☆」

바로 이 장면!*

マヌ丸　「烈子」って、こないだ合コンに来てた子だろ？

れさすけ　うん、とても仕事熱心な人みたいだね。

マヌ丸　はあ？違えよ、バカ！何言ってんだ！どう見てもお前の気を引きたくてわざわざ用事作って来てんだろ！文面が醸し出す雰囲気で分かれよ！

릴라　알아! 나도 똑같은 생각 했어!

회사 외관

영업부
마누마루가 레사스케 곁으로 다가온다.
미팅에 있던 그 깔렁거리던 남자.

마누마루　뭐야. 레사스케, 너 의외로 제법이구나!

레사스케　어? 뭐가?

마누마루　저거 말이야!

책상 위의 캔 커피 등에 많은 메모가 붙어 있다.
'이제 영수증 좀 제출하세요. ☆레츠코☆'
'영수증 잊은 거 아니시죠? ☆레츠코☆'
'또 자비로 내야 한다고요(웃음) ☆레츠코☆'
'그런데 캔 커피는 정리 안 하세요? ☆레츠코☆'
'오늘 오후까지 부탁드려요! ☆레츠코☆'

마누마루　'레츠코'라면 저번에 미팅에 나왔던 그 사람이잖아?

레사스케　맞아. 열심히 일하는 사람인가 봐.

마누마루　뭐? 그게 아니잖아, 바보야! 무슨 소리를 하는 거야! 어떻게 봐도 네 관심을 끌고 싶어서 굳이 볼일 만들어서 오는 거잖아! 메모 내용으로 분위기 좀 파악해라!

訪れる 방문하다, 찾다
チャラ男 경박하고 행동이 가벼운 남자
意外と 의외로
付箋 포스트잇 (붙이는 메모지)
張る 붙이다
忘れる 잊다
片付ける 정리하다

仕事 일
気を引く 마음을 끌다
わざわざ 일부러
文面 문장에 기재된 사항, 문장에서 파악되는 취지
醸し出す (분위기 등을) 자아내다

マヌ丸	今度デート誘ってやれ。	**마누마루**	다음에 데이트 신청해.
れさすけ	誰を?	**레사스케**	누구한테?
マヌ丸	烈子ちゃんをだよ!	**마누마루**	레츠코 씨 말이야!
れさすけ	何で?	**레사스케**	어째서?
マヌ丸	「何で」じゃねえ! 俺が本当にお前をお飾りで合コンに連れ出したと思ってんのか? 俺はこれでもお前を超心配してやってんだぞ。	**마누마루**	뭐가 '어째서'야! 내가 정말 머릿수만 채우려고 널 미팅에 데려간 거 같냐? 내가 이래 봬도 널 얼마나 걱정해 주고 있는데.

エレベーター待ちしてるマヌ丸とれさすけ。 　　　　　　엘리베이터를 기다리는 마누마루와 레사스케.

れさすけ	何で?	**레사스케**	어째서?
マヌ丸	うああ……。お前に彼女いねえからだよ!	**마누마루**	으으……, 너한테 애인이 없으니까 그렇지!
れさすけ	でも……。	**레사스케**	하지만…….
マヌ丸	「でも」じゃねえ!	**마누마루**	뭐가 '하지만'이냐!
マヌ丸	いいか? 今からお前に彼女を作るべき理由を論理的に分かりやすく段階を踏んで説明してやる。まずひとつ……。	**마누마루**	알겠어? 이제부터 네가 애인을 사귀어야 하는 이유를 논리적이고 알기 쉽게 단계별로 설명해 줄 테니까. 먼저 첫 번째…….

デートに誘う 데이트 신청을 하다
お飾り 명색뿐이고 쓸모없는 사람, 장식
連れ出す 데리고 나가다
分かりやすい 이해하기 쉽다
段階を踏む 단계를 밟다

まず 우선

朝の東京	아침의 도쿄
朝日が昇る。	아침 해가 떠오른다.

通勤電車	통근 열차
乗客に揉まれる烈子。	승객들에게 치이는 레츠코.

烈子　今日も会えた。	레츠코　오늘도 만나네.

烈子の視線の先にれさすけがいる。ぼうっと外を見ている。	레츠코의 시야 끝에 레사스케가 있다. 멍하게 밖을 내다보고 있다.

れさすけ　……。	레사스케　…….

やがて、烈子の視界の中でれさすけがキリッと遠くを見ているイケメンになる。	이윽고 레츠코의 시야 속에서 레사스케가 또렷한 눈초리로 먼 곳을 바라보는 꽃미남이 된다.

烈子　[わあ……。]	레츠코　[와아……]

ゆっくりとこっちを向く。	천천히 이쪽으로 몸을 돌린다.

烈子　[えっ?]	레츠코　[엇?]

れさすけが満員電車の中、こっちに近づいてくる。乗客をかきわけて、烈子の目の前まで来る。	레사스케가 만원 전철 속에서 이쪽으로 다가온다. 승객들을 헤치고 레츠코 바로 앞까지 온다.

烈子　……。	레츠코　…….

ぎゅうぎゅう詰めの中、対峙する二人。	승객으로 꽉 차 있는 속에서 마주 보는 두 사람.

れさすけ　デートします?	레사스케　저랑 데이트하실래요?

烈子　はい。	레츠코　네.

朝日 아침 해
昇る 떠오르다
乗客 승객
揉まれる (큰 힘에 의해) 이리저리 밀리다
視界 시야
キリッ 또렷하고 야무진 모습
かきわける 좌우로 밀어 헤치다

ぎゅうぎゅう詰め 빈틈없이 꽉 찬 모양
対峙する 마주보고 서다

れさすけが戻っていく。

烈子　ああ……。

給湯室
烈子がケータイを見る。れさすけからのメッセージ。
「では、次の日曜日ということで。」
烈子、ケータイにメッセージを打ち込む。烈子の返信。
「何時にどこ待ち合わせにします？」

営業部、れさすけの机

れさすけ　10時に、現地集合……。

文字を打つれさすけ。頭をつかむマヌ丸。

マヌ丸　何で現地集合なんだよ！ **最寄駅から一緒に行きゃあいいだろうが！❸**

れさすけ　何で？

マヌ丸　「何で」じゃねえ！

れさすけのメッセージ。
「最寄駅から一緒に行きましょう。」

레사스케가 다시 돌아간다.

레츠코　아아…….

탕비실
레츠코가 핸드폰을 본다. 레사스케의 메시지.
'그럼 일요일에 만나요.'
레츠코, 핸드폰 메시지를 입력한다. 레츠코의 답.
'몇 시에 어디서 만날까요?'

영업부, 레사스케의 책상

레사스케　10시에 목적지에서 만나는 걸로…….

문자를 입력하는 레사스케. 머리를 덥석 쥐는 마누마루.

마누마루　왜 데이트 장소에서 만나나! 가장 가까운 역에서 같이 가면 좋잖아!

레사스케　어째서?

마누마루　'어째서' 같은 소리 하네!

레사스케의 메시지.
'가장 가까운 역에서 같이 가요.'

打ち込む 자판으로 입력하다
待ち合わせ 약속하여 만나기로 함
現地集合 현지 집합

つかむ 꽉 쥐다, 붙잡다

---

❸ 最寄駅から一緒に行きゃあいいだろうが！
가장 가까운 역에서 같이 가면 좋잖아!
最寄駅는 '목적지에서 가장 가까운 곳에 있는 역'이라는 뜻입니다. 일본의 부동산 거래 정보에서 자주 볼 수 있는 단어이며, 급행 정차역이나 유명한 역이 最寄駅로 크게 표시되어 있곤 합니다.

［月額契約家賃 (월액 계약 임대료)］119,500~204,000円(엔)
［間取り (방 구조)］2DK~4LDK
［最寄駅 (근처 역)］東京臨海新交通ゆりかもめ (도쿄 임해 신교통 유리카모메)、
お台場海浜公園 (오다이바카이힌 공원)

初デート

첫 데이트

🎧 27.mp3

東京の情景

烈子のメッセージ。
「今、着きましたー。」
「もう来てます?」
「れさすけさーん?」

れさすけの返信。
「来てます。」
改札外で待っていたれさすけが手を上げる。イケメン顔に変わる。

電車のシートに座っている烈子とイケメン顔れさすけ。

<u>烈子</u>　[今、私たち、カップルです。]

烈子、れさすけの横顔を見る。ピンク色に染まる電車内でじたばたする
烈子。

<u>烈子</u>　[どっからどう見ても……カップルです!]

駅で降りて、レジャー施設に向かう。

<u>烈子</u>　[休日をお楽しみの皆さん、大変お騒がせしております。
今、私達カップルが**テーマパークに入場いたしま～す!**❶]

レジャー施設の門をくぐる二人。大きなお城が迫ってくる。レジャー施
設で夢のようなひと時を送る。

도쿄의 정경

레츠코의 메시지.
'방금 도착했어요.'
'이미 오셨나요?'
'레사스케 씨?'

레사스케의 답장.
'도착했어요.'
개찰구 밖에서 기다리고 있던 레사스케가 손을 든
다. 꽃미남 얼굴로 바뀐다.

전철 좌석에 앉아 있는 레츠코와 꽃미남 얼굴 레
사스케.

레츠코　[지금 저희는 커플입니다.]

레츠코, 레사스케의 옆얼굴을 본다. 분홍빛으로 물
든 전철 안에서 바동거리는 레츠코.

레츠코　[어디서 어떻게 봐도…… 커플이에요!]

역에서 내려 레저 시설로 향한다.

레츠코　[휴일을 즐기고 계신 여러분, 너무 시끄럽
게 하네요. 지금 저희 커플이 테마파크에 입장합니
다!]

레저 시설의 문을 통과하는 두 사람. 큰 성이 가까
워진다. 레저 시설에서 꿈만 같은 시간을 보낸다.

_つ
着く 도착하다
_{へんしん}
返信 답신, 회신
_{かいさつ}
改札 개찰구
_{よこがお}
横顔 옆얼굴

じたばたする 허둥거리다,
바동대다
_む
向かう 향하다
_{みな}
皆さん 여러분

_{さわ}
お騒がせ 남을 걱정시키거나
동요하게 하는 것

くぐる 통과하다, 지나다
_{しろ}
城 성
_{せま}
迫る 다가오다, 육박하다
_{ひと　とき}
ひと時 한때
_{おく}
送る 시간을 보내다

❶ **テーマパークに入場いたしま～す!**
테마파크에 입장합니다!

레츠코와 레사스케의 첫 데이트 장소인 테마파크. 일본 테마파
크의 대표격은 도쿄에 있는 디즈니랜드겠지요. 테마파크는 특
별한 테마로 통일된 시설과 캐릭터 퍼레이드 등으로 공간 전체
를 연출합니다. 반면에 遊園地(유원지)는 우리가 흔히 생각하
는 '놀이동산'에 가깝습니다. 그래서 유원지에는 회전목마, 바이
킹, 관람차, 고카트, 롤러코스터 등의 놀이 기구가 있지요.

※音楽：ミュージカル風に歌い上げる二人。

烈子　　あの頃私は
　　　　いつも心で泣いてた♪

れさすけ　あの頃の僕は
　　　　　ずっとボーッとしていた♪

烈子　　あなたは自腹のプリンス♪

れさすけ　君はメタルのプリンセス♪

烈子・れさすけ　二人の出会いは合コン、
　　　　　　　　飲みすぎた社内合コン♪

太陽が傾き、二人の影が長く伸びる。二人が手を繋ぐシルエット。

烈子・れさすけ　部署は違うけど心はひとつ♪

二人で歩く。走る烈子の足元。**下ろし立てのパンプス。**❷

男子トイレ前
ケータイで話すれさすけ。

マヌ丸　　どうしてる？　ちゃんとエスコートできてるか？

れさすけ　うん、できてるよ。

マヌ丸　　沈み行く夕日を浴びながら手を繋いだか？

※음악 : 뮤지컬풍의 노래를 부르는 두 사람.

레츠코　그 시절, 저는
항상 가슴으로 울고 있었답니다♪

레사스케　그 시절, 저는
계속 멍하게 있었답니다♪

레츠코　당신은 자비 왕자♪

레사스케　그대는 메탈 공주♪

레츠코 · 레사스케　두 사람의 만남은 미팅.
고주망태가 된 사내 미팅♪

해가 지고, 두 사람의 그림자가 길게 늘어난다. 두 사람이 손을 잡는 실루엣.

레츠코 · 레사스케　일하는 부서는 다르지만 마음은 하나♪

둘이서 걷는다. 달리는 레츠코의 발. 새로 산 펌프스

남자 화장실 앞
핸드폰으로 통화하는 레사스케.

마누루　어때? 제대로 에스코트하고 있어?

레사스케　응, 그러고 있어.

마누루　저무는 햇살을 받으면서 손도 잡았고?

歌い上げる 소리 높여 노래하다
あの頃 그 시절
泣く 울다
出会い 만남
傾く 기울다
影 그림자
伸びる 늘어나다, 뻗다

手を繋ぐ 손을 잡다
足元 발밑, 발치
下ろす 새 것을 쓰기 시작하다
沈み行く 저물어가다
夕日 석양
浴びる 뒤집어쓰다

❷ **下ろし立てのパンプス。** 새로 산 펌프스.
～立て는 갓 ~해서 새로운, 신선한이라는 뜻입니다.
그래서 흔히 焼きたて(갓 구운), できたて(갓 완성된)
採りたて(갓 채취한), しぼりたて(갓 짜낸) 등의 표현
으로 활용되지요. 비슷한 뜻으로 ～たばかり(방금 ~했
다)도 있지만, ～立て에는 언제나 '새롭다, 신선하다'라
는 뜻이 포함되어 있으며 좋은 의미로만 사용된다는 뉘앙
스 차이가 있답니다.

れさすけ	うん、繋いだよ。	レサスケ 응, 잡았어.
マヌ丸	よーし、上出来だ！	마누마루 좋아, 잘했어!
マヌ丸	初デートってのは、男が最初に値踏みされる場だからな。彼女に男らしいとこ見せてやれよ！	마누마루 첫 데이트는 남자가 처음으로 평가받는 자리거든. 레츠코 씨한테 남자다운 모습을 보여줘!

苦痛の表情の烈子がベンチで休んでいる。靴を脱ぐ。

고통스러운 표정으로 레츠코가 벤치에서 쉬고 있다. 신발을 벗는다.

| 烈子 | 痛、痛たた……ああ……。 | 레츠코 아얏…… 아파라……. |

烈子の足はひどく靴擦れしている。そこにれさすけが戻ってくる。靴を履き直す烈子。

레츠코의 발이 구두에 쓸려서 심하게 까져 있다. 그때 레사스케가 돌아온다. 신발을 다시 신는 레츠코.

れさすけ	ただいま。	레사스케 저 왔어요.
烈子	あっ、お帰りなさい！ あの……ずっと歩いてて疲れません？ どこかお店でも入って休みませんか？	레츠코 아, 어서 오세요! 저어……, 계속 걸어서 힘들지 않으세요? 어디 가게라도 들어가서 쉬지 않을래요?
れさすけ	大丈夫。	레사스케 괜찮아요.
烈子	ん……。	레츠코 아…….
れさすけ	僕、全然疲れてないよ。行こう。	레사스케 저, 전혀 안 피곤합니다. 가죠.
烈子	はーい。	레츠코 네에.

気が利かないれさすけと先に進む笑顔のままの烈子。歩き出す烈子の足元。痛々しい傷。

눈치가 없는 레사스케와 앞으로 나아가며 미소를 짓는 레츠코. 걸음을 내딛는 레츠코의 발, 안쓰러운 상처.

夜
空に花火が上がる。

밤
하늘에 불꽃이 치솟는다.

上出来 성과가 훌륭함, 잘함
値踏み 평가, 값을 매김
苦痛 고통
脱ぐ 벗다
靴擦れ 구두에 쓸려서 까짐, 그 상처
履く (신발 등을) 신다
気が利く 눈치가 빠르다, 세심하다

進む 나아가다
痛々しい 애처롭다
傷 상처

烈子	ああ……。

花火を見上げるれさすけの横顔。風が吹く。少し肌寒い。烈子は身を縮める。

烈子	うう……。あの……寒くないですか?
れさすけ	大丈夫。僕、全然寒くないよ。
烈子	んん……。

本当に気が利かないれさすけ。烈子が笑顔のままで白い息を吐く。遠くで上がる花火が海に映る。

레츠코　아아…….

불꽃놀이를 올려다보는 레사스케의 옆얼굴. 바람이 분다. 살짝 으슬으슬 춥다. 레츠코는 몸을 웅크린다.

레츠코　으으……. 저어……, 춥지 않으세요?

레사스케　괜찮아요. 저는 전혀 안 춥습니다.

레츠코　아하…….

정말로 눈치가 없는 레사스케. 레츠코가 웃으면서 하얀 숨을 토해낸다. 저 멀리 솟아오르는 불꽃이 바다에 비친다.

바로 이 장면!

カラオケボックス 　　　　　　　　　　**노래방 개별실**

烈子	は……は……はくしょん! エへへ……。もう、すっごく楽しかったです!

레츠코　에…… 에…… 엣취! 에헤헤……. 정말이지, 너무 즐거웠어요!

ゴリ	良かったじゃない!

릴라　다행이다!

鷲美	ムカついたりしなかった? カップルでああいう場所行くと喧嘩するって言うじゃない。

수리미　마음 상하는 일은 없었어? 커플끼리 그런 데 가면 다툰다고 하잖아.

烈子	そんなこと全然なかったですよ。私を楽しませようと、積極的にリードしてくれて、意外と頼れる人だなあって。痛っ、痛たたた……。

레츠코　그런 거 전혀 없었어요. 저를 즐겁게 해주려고 적극적으로 이끌어줬어요. 의외로 듬직한 사람이랄까. 아앗, 아파라…….

鷲美	ちょっと、どうしたのよ? その足。

수리미　잠깐만, 그 발 어떻게 된 거야?

花火 불꽃(놀이)
見上げる 올려다보다
肌寒い 으스스하게 춥다
縮める 움츠리다
息を吐く 숨을 토해내다
映る 비치다
喧嘩する 싸우다

頼る 의지하다

烈子の**足首周辺が絆創膏だらけになっている。** ❸

レツコの 발목 주변이 반창고투성이가 되어 있다.

| ゴリ | 大分、引っ張り回されたのね。 | 릴라 | 사방팔방 끌려다녔나 보네. |

| 鷲美 | デートの相手って、男子中学生？ | 수리미 | 데이트 상대가 중학교 남학생이야? |

| 烈子 | 違いますよ〜。 | 레츠코 | 그런 거 아니에요. |

| 鷲美 | だとしたら随分気遣いのない男ね。私だったら、途中で帰るわよ。 | 수리미 | 그렇다면 엄청 눈치 없는 남자네. 나였으면 도중에 집에 갔어. |

| 烈子 | そんな……。新しい靴なんか履いていった私が悪かったんです。 | 레츠코 | 그럴 리가요……. 새 신발을 신고 간 제가 잘못했죠. |

鷲美がカラオケ端末にいつもの番号を入れる。カラオケボックスに、デスメタルのイントロが流れ始める。

수리미가 노래방 단말기에 평소의 그 번호를 입력한다. 노래방 개별실에 데스메탈 곡의 전주가 흐르기 시작한다.

| 鷲美 | いつものやつ歌ったら？ 何だかんだでストレス溜まったでしょ？ | 수리미 | 항상 부르던 곡 어때? 여러 가지로 스트레스 쌓였지? |

| ゴリ | そうよ！ 歌ってスッキリしちゃいなさい。 | 릴라 | 그래! 노래로 속 시원하게 다 풀어버려. |

デスメタルのイントロが流れ続ける。

데스메탈 노래의 전주가 계속 흐른다.

| 烈子 | 不満なんて全然ないですから。 | 레츠코 | 불만 같은 거 전혀 없는걸요. |

烈子、笑顔のまま端末を取り、停止ボタンを押して音楽を止める。

레츠코, 웃는 얼굴로 단말기를 들어 정지 버튼을 눌러 음악을 끈다.

| 烈子 | 私、今、とっても、幸せです！ | 레츠코 | 저 지금 정말로 행복해요! |

恋する乙女の顔の烈子。

사랑에 빠진 소녀의 얼굴을 한 레츠코.

絆創膏 반창고

〜だらけ 〜투성이

引っ張り回す 이리저리 끌고 돌아다니다

随分 대단히, 몹시

気遣い 마음을 씀, 걱정

途中 도중

いつも 언제나, 늘

何だかんだ 이것저것, 여러 가지

溜まる 쌓이다

スッキリ 상쾌하고 개운한 모양

押す 누르다

幸せ 행복

❸ **足首周辺が絆創膏だらけになっている。**
발목 주변이 반창고투성이가 되어 있다.

레츠코가 새로 산 신발을 신고 다니느라 발뒤꿈치가 심하게 까지고 맙니다. 이를 靴擦れ라고 해요. 새 신발이 발에 맞지 않거나 신발을 장시간 신으면 피부가 신발 표면에 쓸려 水ぶくれ(물집) 또는 皮むけ(살 까짐)가 생기지요. 신발에 살이 쓸리다가 나중에 각질이 굳어져서 생기는 '못, 굳은살'을 たこ라고 합니다. 심하면 사마귀 비슷한 굳은살인 魚の目(티눈)도 생기게 되죠.

その「恋」は演技では？

그 '사랑'은 연기가 아닐까?

 28.mp3

カラオケルーム   노래방 개별실

鷲美   ドゥドゥドゥン、ドゥンドゥン、ドゥンドゥンドゥンドゥン！ ドゥドゥドゥン、ドゥンドゥン、ドゥンドゥンドゥンドゥン！

수리미   두두둥, 둥둥, 둥둥둥둥! 두두둥, 둥둥, 둥둥둥둥!

ゴリ   箱根の山は天下の険！ 函谷関も物ならず！ 万丈の山！ 千仞の……。

릴라   하코네의 산은 천하에서 제일 험해! 중국 함곡관과도 비교가 안 되네! 아주 높은 산! 깊은…….

鷲美   やめましょう。

수리미   그만하자.

いまいち盛り上がらない二人。

좀처럼 흥이 나지 않는 두 사람.

ゴリ   ああ、やめないでよ！ 烈子が歌ってくれない今、私たちが歌うしかないじゃない！

릴라   아아, 그만두지 마! 레츠코가 노래해 주지 않는 지금은 우리가 노래 부르는 수밖에 없잖아!

鷲美   歌う必要ないし、第一知らないわよ、そんな歌。

수리미   안 불러도 되고, 무엇보다 난 이 노래 알지도 못해.

ゴリ   名曲『箱根八里❶』を知らないの？ 音楽の授業で習ったでしょう？

릴라   명곡 〈하코네 8리〉를 모른다고? 음악 시간에 배웠을 텐데?

鷲美   私たちの世代は習いませんでした。おいしい食べ物のあるお店行きましょう。

수리미   우리 세대는 안 배웠어. 맛있는 거나 먹으러 가자.

立ち上がる鷲美。ゴリ、烈子のいた場所を見つめる。

자리에서 일어나는 수리미. 릴라, 레츠코가 있던 자리를 바라본다.

天下 천하

険 험한 곳

函谷関 함곡관 (중국 동쪽 중원에서 서쪽 관중으로 통하는 관문)

物ならず 대단한 것이 아니다

万丈 아주 높고 대단함

千仞 (천 길이나 될 정도로) 깊은

いまいち 조금 부족한 모양, 조금 모자란 모양

盛り上がる (흥이나 기세가) 높아지다

第一 그보다, 우선

習う 배우다

場所 장소

❶ 箱根八里 하코네 8리

箱根八里는 작곡가 다키 렌타로(滝廉太郎)가 지은 곡으로, 일본인에게 익숙한 노래입니다. 여기서 말하는 箱根八里는 옛 東海道(에도시대에 에도를 중심으로 정비된 다섯 개의 주요 도로 중 하나)의 小田原에서 箱根의 関所까지 4리, 거기서부터 三島까지 4리, 총 8리(32km)의 거리를 뜻합니다. 돌이 깔린 길에 언덕이 많고, 의외로 험난한 지형이 많이 나와서 이 곡에서도 하코네 고개를 넘어가는 길이 얼마나 험난한지 노래하고 있답니다.

ゴリ	そうね。じゃあ、あそこ行こう、あのキッシュがおいしかったお店。	**릴라** 그래. 그럼 거기 가자. 키슈가 맛있었던 가게.

ゴリ そうね。じゃあ、あそこ行こう、あのキッシュがおいしかったお店。

릴라 그래. 그럼 거기 가자. 키슈가 맛있었던 가게.

鷲美 ゴリちゃん好きよね、あのお店。

수리미 릴라 넌 거기 정말 좋아하는구나.

ゴリ だっておいしいんだも～ん。

릴라 그거야 맛있으니까.

部屋を出る二人。

방을 나서는 두 사람.

休日の街
れさすけと食事している烈子。

휴일의 거리
레사스케와 식사를 하는 레츠코.

烈子 [私は今、幸せです。ちょっと食べ方がユニークだけど……。]

레츠코 [저는 지금 행복해요. 좀 특이하게 먹기는 하지만…….]

れさすけがパスタをずるずるとすする。顔に飛び散るパスタソース。

레사스케가 파스타를 주르르 빨아들인다. 얼굴에 튀는 파스타 소스.

烈子 [子供っぽくて可愛いから幸せです！ 人前で平気で爪のにおいを嗅ぐしぐさも……かっこいいから幸せです！ 素敵な彼氏とこうして歩いているだけで……私はとても幸せなんです。]

레츠코 [아이 같고 귀여우니까 행복해요! 사람들 있는 데서 아무렇지 않게 손톱 냄새를 맡는 것도…… 멋있으니까 행복해요! 멋있는 남자 친구랑 이렇게 걷기만 해도…… 저는 정말로 행복해요.]

二人で歩く。烈子の足元。絆創膏だらけの足が痛々しい。

둘이서 걷는다. 레츠코의 발밑. 반창고가 덕지덕지 붙은 발이 아파 보인다.

会社外観

회사 외관

経理部
書類を示しながら烈子を叱る坪根。

경리부
서류를 가리키며 레츠코를 꾸짖는 쓰보네.

ずるずる 주르르, 후룩 (끈적이는 액체 따위를 빨아올리는 소리)	爪 손톱
すする 후루룩 마시다	におい 냄새
飛び散る 사방으로 튀다	嗅ぐ (냄새 등을) 맡다
子供っぽい 어린애 같다	しぐさ 몸짓
人前 남의 앞	絆創膏 반창고
平気 태연함, 개의치 않음	～だらけ ～투성이
	痛々しい 애처롭다, 딱하다
	示す 가리키다
	叱る 꾸짖다

207

| 坪根 | ここーっ！ ここと、ここと、こことこことこことここ
とこことここ！ 全部間違ってる！ いくら何でも**ミスが**
多すぎるわよ！❷ こんなんじゃ安心して仕事任せらんな
いわ！ | 쓰보네 | 여기! 여기도, 여기도, 여기도, 여기도, 여
기도, 여기도! 전부 틀렸잖아! 아무리 그래도 실수
가 너무 잦잖아! 이러면 안심하고 일을 맡길 수가
없잖아! |

幸せそうな顔で怒られる烈子。

행복한 얼굴로 꾸중을 듣는 레츠코.

| 烈子 | すみません、直します。 | 레츠코 | 죄송합니다. 고치겠습니다. |

| 坪根 | ハア……あなた、最近おかしいんじゃないの？ 前はも
う少し見所あったわよ。何かあったの？ | 쓰보네 | 어휴……. 너 요새 좀 이상한데? 전엔 좀
더 잘했잖아? 무슨 일 있어? |

| 烈子 | 直します。 | 레츠코 | 고치겠습니다. |

書類を受け取ってその場を去る烈子。烈子を見るフェネ子とハイ田。烈
子の足元、絆創膏が増えている。座って、ゴルフクラブを磨いてるト
ン。烈子を見る。

서류를 받아 들고 그 자리를 떠나는 레츠코. 레츠
코를 보는 페네코와 하이다. 레츠코의 발에 반창고
가 더 많이 붙어 있다. 앉아서 골프채를 닦고 있는
황돈. 레츠코를 본다.

給湯室
烈子が笑顔でスマホを見ている。

탕비실
레츠코가 웃으며 스마트폰을 보고 있다.

休憩室
窓の外を見ているハイ田。

휴게실
창밖을 바라보고 있는 하이다.

| ハイ田 | なあ、フェネ子。 | 하이다 | 저기, 페네코. |

| フェネ子 | ん？ | 페네코 | 응? |

食事をしているフェネ子。

식사 중인 페네코.

いくら何でも 아무리 그래도
任せる 맡기다
怒る 혼내다
おかしい 이상하다
見所 볼 만한 곳, 장점
受け取る 받아 들다
増える 늘어나다

> **❷ ミスが多すぎるわよ！** 실수가 너무 잦잖아!
> ミスは英語の単語 mistake에서 유래한 말로 '실패, 과실'을 뜻합니다.
> ミスは 깜빡하고 실수했거나 나도 모르는 사이에 잘못을 범했다는 뉘앙
> 스를 품고 있어서, 책임이 다소 가벼운 실수를 지칭할 때 쓴답니다. 그래
> 서 ミスをする(실수하다), ミスを犯す(실수를 저지르다) 등으로 활용
> 되며, ミスる(실수하다)처럼 구어체로 사용될 때도 있어요. 또한 判断
> ミス(판단 실수)나 ケアレスミス(careless mistake, 부주의로 인
> 한 실수)처럼 활용할 수 있지요.

ハイ田	烈子がつきあってる男って誰？	**하이다**	레츠코랑 사귀는 남자가 누구야?

フェネ子、ぶふぉっと口の中のものを盛大に吹く。

페네코, '푸헵' 하고 입 안에 있던 걸 성대하게 뿜는다.

フェネ子	な……何の話？	**페네코**	무……. 무슨 소리야?!

ハイ田	しらばっくれんなよ。見てりゃ分かるよ。お前だったら、何か情報持ってんだろ？	**하이다**	모르는 척하지 마. 딱 보면 아니까. 너 뭐 아는 거 있지?

フェネ子	多分、営業のれさすけって人。私もノーマークだった。ごめん……。	**페네코**	아마 영업부 레사스케라는 사람인 것 같아. 나도 이럴 줄은 몰랐어. 미안해…….

ハイ田	何でフェネ子が謝るんだよ。 ハア……。そいつ、**ぶん殴りてえ。❸**	**하이다**	왜 네가 사과해? 후우……. 그 녀석, 한 방 먹이고 싶네.

ため息をつき、力のない顔で小さな声を絞り出すハイ田。

한숨을 쉬며 힘없는 얼굴로 작은 목소리를 쥐어짜내는 하이다.

経理部
笑顔で仕事をしている烈子。

경리부
웃는 얼굴로 일하고 있는 레츠코.

夜の東京

밤의 도쿄

바로 이 장면! *

ヨガ教室、シャワールーム
体重計の針が振れて、止まる。

요가 학원 샤워실
체중계 바늘이 흔들리더니 멈춘다.

烈子	ああ〜っ！	**레츠코**	와아!

嬉しそうな声を上げる烈子。

기쁜 듯 소리 지르는 레츠코.

盛大に 성대하게
吹く 내뿜다
しらばっくれる 시치미를 떼다
ノーマーク 노 마크, 주의하지 않음
謝る 사과하다
ぶん殴る 후려갈기다
ため息をつく 한숨을 쉬다

絞り出す 짜내다
体重計 체중계
針 바늘
振れる 흔들리다
声を上げる 목소리를 높이다, 소리를 지르다

❸ ぶん殴りてえ。 한 방 먹이고 싶네.
ぶん殴る 처럼 일부 동사에 ぶん이 붙어 동작이 매우 격렬하고 폭력적으로 이루어짐을 강조하는 단어들이 있습니다. ぶん의 어원은 打つ(때리다)인데, ぶち殺す(쳐죽이다)처럼 접두사로 쓰이기도 하죠. ぶつ가 더욱 구어적으로 변해서 ぶん이나 ぶっ으로 쓰이기도 합니다.

烈子　見てください、これ！ 3キロも落ちてるんだろう？ ヨガの成果が出始めたってことですかね。

<small>れっこ 이것 보세요! 3kg나 빠졌어요. 어떻게 된 걸까요? 요가를 한 효과가 나오기 시작하나 봐요.</small>

ゴリと鷲美がシャワー室のドアをバンと開ける。

<small>릴라와 수리미가 샤워실 문을 '쾅' 하고 연다.</small>

ゴリ　それ痩せたんじゃなくて……。

<small>릴라 그거 살이 빠진 게 아니라…….</small>

鷲美　やつれちゃったんじゃないの？

<small>수리미 여윈 거 아니야?</small>

ゴリ　思ったことを言うわよ。今の烈子は、幸せな彼女を演じてるだけ。職場で真面目な会社員を演じてたときと変わらない。そんなの、本当の烈子じゃない。

<small>릴라 내 생각은 이래. 지금 넌 행복한 여자 친구를 연기하고 있을 뿐이야. 직장에서 성실한 회사원을 연기할 때와 똑같은 거야. 그건 진짜 레츠코가 아니야.</small>

やんわり否定する烈子。

<small>살며시 부정하는 레츠코.</small>

烈子　そんなことないですよ。

<small>레츠코 그렇지 않아요.</small>

鷲美　私は別に演じたっていいと思うけど。

<small>수리미 나는 그런 척 연기하는 것도 좋다고 보는데.</small>

ゴリ　ちょっと鷲美！

<small>릴라 잠깐, 수리미!</small>

鷲美　恋愛なんてしたたかに演じたらいいのよ。それでお互い気分良くなれるんだもの。ただし、演じた自分を乗りこなすだけの度量が烈子と彼氏さんにあるならって話よ。ないでしょ？

<small>수리미 연애할 땐 연기해도 돼. 그렇게 해서 서로 기분 좋아질 수 있으니까. 다만, 끝까지 잘 연기해 낼 자신이 레츠코와 남자 친구한테 있어야 하겠지만. 할 수 있겠니?</small>

烈子　……。

<small>레츠코 …….</small>

落ちる (살 등이) 빠지다　　否定する 부정하다

～が出始める ～가 나오기 시작하다　　したたかに 세게, 몹시

痩せる 살이 빠지다　　お互い 서로

やつれる 여위다　　乗りこなす 올라타서 마음대로 움직이다

演じる 연기하다　　度量 도량

職場 직장

やんわり 온화하게, 살며시

ミス連発! 仕事から外された烈子

실수 연발! 업무에서 제외된 레츠코

🎧 29.mp3

ショッピングモール
ショップを見て回る烈子とれさすけ。

店員　いらっしゃいませ。ごゆっくりご覧くださ〜い。

烈子、服を選んでいる。

烈子　あっ、可愛い!

烈子、服を体にあてがう。

烈子　これ、どう思います?

れさすけ　……。

烈子　可愛いですよね?

れさすけ　うん。

烈子　こっちはどう思います?

烈子が別の服を体にあてがう。また感想のないれさすけ。

れさすけ　……。

쇼핑몰
가게를 둘러보는 레츠코와 레사스케.

점원　어서 오세요. 천천히 둘러보세요.

레츠코, 옷을 고르고 있다.

레츠코　아, 예쁘다!

레츠코, 옷을 몸에 대본다.

레츠코　이거 어때요?

레사스케　……。

레츠코　예쁘죠?

레사스케　응.

레츠코　이건 어때요?

레츠코가 다른 옷을 몸에 대본다. 또 아무런 감상도 없는 레사스케.

레사스케　…….

見て回る 둘러보다, 구경하며 돌아다니다
選ぶ 고르다

あてがう (어떤 물건을 다른 물건에) 꼭 대다
別の 다른

211

烈子	こっちのほうが可愛い？	레츠코 이게 더 예쁜가요?

れさすけ　うん。

레사스케 응.

烈子　でも、やっぱり最初のほうがいいかな？

레츠코 역시 첫 번째가 더 나을까요?

元の服をあてがう烈子。興味のなさげなれさすけ。

원래 옷을 다시 몸에 대보는 레츠코. 관심이 없어 보이는 레사스케.

れさすけ　うん。

레사스케 응.

烈子　やっぱりどっちもそんなに可愛くないですかね？

레츠코 역시 둘 다 별로인 것 같기도 하네요.

れさすけ　うん。

레사스케 응.

烈子、無言で服を売り場に戻して、その場を離れる。

레츠코, 아무 말 없이 옷을 매장에 되돌려 놓고, 그 자리를 떠난다.

れさすけ　買わないの？

레사스케 안 사는 거야?

烈子　お手洗い行ってきま～す。

레츠코 화장실 좀 다녀올게요.

れさすけ　うん。

레사스케 응.

靴擦れに激痛が走る。

신발에 발이 쓸려 극심한 통증이 밀려온다.

烈子　[いってえ……。]

레츠코 [아프네…….]

角をまがって歩く烈子の額に「烈」の文字が浮き上がる。額を押さえてあわててトイレに入る。個室の中から烈子の声が聞こえる。

모퉁이를 돌아 걷는 레츠코의 이마에 '열(烈)' 글자가 떠오른다. 이마를 누르며 황급히 화장실로 들어간다. 개별칸 안에서 레츠코의 목소리가 들려온다.

～なさげ ～가 없는 듯한 모양
売り場 판매장
戻す (원래 자리에) 되돌려 놓다
離れる 떠나다
お手洗い 화장실
角をまがる 모퉁이를 돌다
額 이마

浮き上がる 떠오르다
押さえる 누르다
個室 개별칸, 개별실

212

烈子	10数えたら私は幸せな彼女。 10数えたら私は幸せな彼女。 10数えたら私は幸せな彼女。 10数えたら私は幸せな彼女。 10数えたら私は幸せな彼女……。	레츠코 열을 세고 나면 난 행복한 여자 친구다. 열을 세고 나면 난 행복한 여자 친구다. 열을 세고 나면 난 행복한 여자 친구다. 열을 세고 나면 난 행복한 여자 친구다. 열을 세고 나면 난 행복한 여자 친구다…….

都内某所

雨が降っている。ずぶ濡れで歩くハイ田。烈子がれさすけのために買っていた同じ銘柄のコーヒーの缶を見つける。

도내의 어느 한 곳

비가 내리고 있다. 흠뻑 젖은 채로 걷는 하이다. 레츠코가 레사스케를 위해 샀던 것과 같은 상표의 커피 캔을 발견한다.

ハイ田	たーっ、畜生!❶ あっ!	**하이다** 으아앙! 젠장! 악!

思いっきり缶を蹴って転ぶ。倒れたまま雨を受けるハイ田。

힘껏 캔을 걷어차다가 자빠진다. 쓰러진 채 비를 맞는 하이다.

ハイ田	だっせえな、俺……。	**하이다** 나도 참 한심하네…….

바로 이 장면!*

会社外観

회사의 외관

経理部

경리부

トン	くっそー! ったくこの忙しい時によ!	**황돈** 젠장! 왜 하필 이렇게 바쁠 때!
小宮	ト……トン部長! い……いかがいたしましょう? 明日のゴルフは〜。	**고미야** 화…… 황돈 부장님! 어…… 어떡해야 할까요? 내일 골프는…….
トン	バカ野郎! キャンセルだ!	**황돈** 멍청하긴! 취소한다!

某所 어느 곳, 모처
ずぶ濡れ 흠뻑 젖음
銘柄 상표
見つける 발견하다
思いっきり 힘껏
缶 캔
蹴る 걷어차다
転ぶ 넘어지다, 자빠지다
倒れる 쓰러지다
受ける 받다
忙しい 바쁘다

❶ **畜生! 젠장!**
너무 심하지 않은 수준에서 매도의 말을 쏟아낼 때, 혹은 자신의 실수에 대해 분통을 터트릴 때 ちくしょう라는 말을 사용합니다. 한자로는 畜生라고 쓰며 불교의 육도(六道)와 관련한 말이에요. 육도란 중생이 자신이 저지른 업보에 따라 가게 되는 6개의 세계인데 지옥(地獄), 아귀(餓鬼), 축생(畜生), 수라(修羅), 인간(人間), 천상(天上) 등입니다. 그중 축생도(畜生道)는 본능의 충동에 따라 행동하는 어리석은 상태를 의미합니다.

四半期決算の締めが迫っているこの時期、我らが経理部に欠員が出た。一人目はハイ田！謎の高熱から肺炎を併発し、現在入院中！

4분기 결산이 코앞인 이 시기에 우리 경리부에 결원이 발생했다. 첫 번째로 하이다가 없다! 원인불명의 고열과 폐렴까지 발생해 현재 입원 중이다!

小宮 全く情けない男です！

고미야 정말 한심한 남자로군요!

トン 二人目は坪根さん！自宅で開かずの佃煮と格闘中、手首を粉砕骨折して、戦線離脱！

황돈 두 번째는 쓰보네 씨! 집에서 열리지 않는 쓰쿠다니 병을 열려고 애쓰다가 손목뼈가 부러져서 전선에서 이탈하고 말았다!

小宮 佃煮禁止令を出すべきです！

고미야 쓰쿠다니 금지령을 내려야 합니다!

トン 三人目はカバ恵！スパイ容疑で現在、某国当局が身柄を拘束中！

황돈 세 번째는 가바에! 스파이 혐의로 현재 모국의 당국에 구속된 상태다!

小宮 私達の手に負えません！
以上、3人の穴を埋めるべく、残された者は一丸となって、事に当たってください！

고미야 저희 힘으로는 감당이 안 됩니다!
이상, 세 사람 몫을 채워야 하니 남은 분들은 힘을 모아 일하세요!

トン いいや、欠員は4人だ。

황돈 아니, 결원은 네 명이다.

小宮 は？

고미야 네?

トン、烈子の元に現れる。上から見下ろすトン。

황돈, 레츠코 앞에 나타난다. 위에서 내려다보는 황돈.

トン 今のお前は使い物にならねえ。邪魔にならんよう、お茶汲みでもしとけ！

황돈 지금 너는 쓸모없다. 방해되지 않도록 차나 내와!

烈子 ……。

레츠코 …….

締め 마감하여 결산하는 일	戦線離脱 전선 이탈
迫る 임박하다	容疑 용의, 범죄의 혐의
併発 두 가지 일이 한꺼번에 일어남	某国 모국, 어느 나라
全く 전혀, 완전히	当局 당국
情けない 한심하다	身柄 신병, 몸
手首 손목	拘束中 구속 중
粉砕骨折 분쇄골절	手に負えない 감당할 수가 없다

穴を埋める 구멍을 메우다
一丸 한 덩어리
事に当たる 일에 임하다
見下ろす 내려다보다
使い物 소용되는 물건이나 사람
邪魔 방해
お茶汲み 차를 대접하는 직책

会社外観
経理部のある階だけ、電気がついている。

経理部
トンが高速でそろばんを弾く。

トン　次！

トンの周りに詰まる書類の束。

トン　次！　次！　次！

フェネ子が烈子に言う。

フェネ子　やばくない？　あのスピード。パソコン使ってる私らより全然速いじゃん。

トン　おい、フェネ子！　売り掛けの記載もう一度見直せ！　これじゃ判子押せねえぞ！

フェネ子　は……はい！
　　　　　　昭和のおっさん、すげえな。❷

トン　御破算で願わせろやーっ！

烈子　私、お茶いれてくる。

給湯室
お茶を沸かしている烈子。青い炎に照らされて不気味。そこにトンが入ってくる。

회사 외관
경리부가 있는 층만 불이 들어와 있다.

경리부
황돈이 빠른 속도로 주판을 튕긴다.

황돈　다음!

황돈 주변에 쌓이는 서류 다발.

황돈　다음! 다음! 다음!

페네코가 레츠코에게 말한다.

페네코　세상에, 속도가 장난 아니다. 컴퓨터로 하는 우리보다 훨씬 빠르잖아.

황돈　어이, 페네코! 청구서들 다시 확인해! 이래서는 결재 못 한다!

페네코　아……, 네!
쇼와 시대의 아저씨, 진짜 대단하네.

황돈　떨고 놓기를!

레츠코　나는 차를 끓여 올게.

탕비실
차를 끓이고 있는 레츠코. 푸른 불꽃에 비쳐서 음산한 분위기. 그때 황돈이 들어온다.

詰まる 쌓이다

やばい 장난 아니야, 대박이야(사전적 의미는 '위험'이지만 다양한 의미로 사용됨)

売り掛け 외상매출

見直す 다시 살피다

判子 도장

御破算で願いましては (주판에서) 떨고 놓기를 해주세요 (주판에서 알을 초기 상태로 되돌린다는 뜻)

沸かす (액체 등을) 끓이다

炎 불꽃

照らす 비추다

不気味 음산함, 섬뜩함

❷ 昭和のおっさん、すげえな。
쇼와 시대의 아저씨, 진짜 대단하네.
昭和(쇼와)는 大正(다이쇼) 다음과 平成(헤이세이) 전에 오는 일본의 연호(1926. 12. 25.~ 1989. 1. 7.)입니다. 그럼 현재의 일본 연호는 무엇일까요? 令和(레이와)인데, 2019년 5월 1일부터 현재까지입니다. 일본에는 연호가 참 많은데, 큰 자연재해나 상서로운 일이 일어났을 때도 연호를 새로 짓곤 했습니다. 연호를 지을 때는 쓰고 읽기 편하며, 국민들의 이상을 충분히 반영한 좋은 의미를 담아야 한다고 해요.

<u>トン</u>	コーヒーが飲みてえ。

황돈 커피 좀 마셔야겠다.

烈子	あっ、すぐ淹れます。

레츠코 아, 바로 만들어드릴게요.

<u>トン</u>	いや、自分で淹れる。

황돈 아니, 내가 하지.

インスタントコーヒーを淹れるトン。

인스턴트커피를 타는 황돈.

烈子	すみません。こんな時に私、何もお役に立てなくて。

레츠코 죄송합니다. 이 바쁜 시기에 저는 아무 도움이 못 되네요.

トン、その場でコーヒーをすする。

황돈, 그 자리에서 커피를 홀짝인다.

<u>トン</u>	1円たりとも、ごまかさねえ。 出てった金と、入ってくる金を正確に勘定する。それが経理の仕事だ。 一度ごまかした奴は、次もごまかす。ごまかしが積み重なれば、会社は病む。人も同じだ。 お前はいつまでごまかし続けるつもりだ？ 入るもんがないまま出るもんばかり多くなっちまったら、後はゆっくりと痩せ細るだけだぞ。分かるか？

황돈 단 1엔의 실수도 용납할 수 없다.
나가는 돈과 들어오는 돈을 정확하게 계산하는 것. 그것이 경리의 일이다.
한 번 실수한 사람은 다음에도 실수하지. 실수가 쌓이고 쌓이면 회사가 힘들어져. 사람도 마찬가지야.
넌 언제까지 실수만 할 거지? 들어오는 것 없이 나가는 것만 많아지면, 결국엔 천천히 말라갈 뿐이야. 알아듣어?

烈子	……。

레츠코 …….

烈子の脳裏に、れさすけとの日々が浮かぶ。烈子の目から涙が落ちる。

레츠코의 뇌리에 레사스케와 보냈던 나날들이 떠오른다. 레츠코의 눈에서 눈물이 떨어진다.

烈子	分かります。でも、悪い人じゃないんです。

레츠코 알아요. 그래도 나쁜 사람은 아니에요.

<u>トン</u>	フン、何の話だ？ おっと……クソ上司の長話は嫌いなんだったな。

황돈 흥. 무슨 말을 하는 거지?
아, 그래……. 빌어먹을 상사가 말 많이 하는 건 싫다고 했었지.

淹れる (차 등을) 달이다, 내리다

役に立つ 도움이 되다

すする 홀짝홀짝 마시다

～たりとも ～이라도 (예외가 아님을 나타냄)

ごまかす 어물어물 넘기다, 속이다

正確に 정확하게

勘定する 계산하다

奴 녀석, 자식

積み重なる 겹쳐 쌓이다

病む 병들다, 앓다

痩せ細る 여위어서 몸이 홀쭉해지다

脳裏 뇌리, 머릿속

日々 나날

浮かぶ 떠오르다

飲み干したマグカップを置き、給湯室を出て行くトン。

다 마신 머그컵을 놓고 탕비실을 나가는 황돈.

| 烈子 | 私にも仕事を下さい！

레츠코 저에게도 일을 주세요!

| トン | なら来い。会社ってのはな、一人じゃできねえことをやるためにあるんだ。

황돈 그럼 따라와라. 회사란. 혼자서는 할 수 없는 일을 해내기 위해 존재한다.

涙目の烈子、決意する。

울먹이는 레츠코, 결심한다.

経理部
怒涛の勢いで仕事を片付ける経理部。やがて、夜が明ける。❸

경리부
격렬한 기세로 일을 정리하는 경리부. 이윽고 날이 밝는다.

会社外観
朝日が差し込む中、経理部の机で寝ている烈子達。烈子が決意をもって目を覚ます。

회사 외관
아침 햇살이 들어오는 중. 경리부의 책상 위에 엎드려 자는 레츠코와 다른 직원들. 레츠코가 굳은 결심을 하며 눈을 뜬다.

飲み干す 다 마시다
涙目 눈물을 머금은 눈
怒涛 노도. 거칠게 밀어닥치는 것
勢い 기세
片付ける 정리하다
差し込む (빛 등이) 들이비치다. 꽂다
目を覚ます 눈뜨다. 잠에서 깨다

❸ **怒涛の勢いで仕事を片付ける経理部。やがて、夜が明ける。** 격렬한 기세로 일을 정리하는 경리부. 이윽고 날이 밝는다.

경리부가 바쁜 시기를 맞이하여 부득이하게 밤새도록 잔업을 하게 됐습니다. 残業(잔업)는 회사에서 노동법이나 근무 규칙 등에 기반하여 정한 '소정노동시간(所定労働時間)'을 넘겨서 하는 일이 해당됩니다. 야근도 잔업에 해당할 수 있겠지만, 일본어로 夜勤(야근)은 밤에 일하는 것으로, 시프트가 야근에 배당되어 하는 일입니다. 즉, 법정 노동 시간 안에서 일하되 낮이 아니라 밤에 일하는 것뿐이지요.

戻ってきた平穏な日常

다시 돌아온 평온한 일상

🎧 30.mp3

カラオケボックスの看板

カラオケ店内
フロントに進む烈子。烈子とれさすけを見る店員。

店員　いらっしゃいませ。3名様^{めいさま}……。2名様^{めいさま}ですね。

카라오케 店内

カラオケボックス内
向かい合って座る烈子とれさすけ。

烈子　ここ、いつも使^{つか}ってるんです。

れさすけ　カラオケ好^すきだったんだね。

烈子　ごめんなさい。今^{いま}まで嘘^{うそ}ついてました。

端末に数字を打ち込む烈子。

烈子　れさすけさんが見^みていた私^{わたし}はほんとの私^{わたし}じゃないです。

デスメタルのイントロが流れる。烈子、バッグからマイクを取り出す。ボリュームを上げ、リズムに乗って靴を脱ぐ。烈子、ゆっくりと息を吸い歌う。

デス烈子　ボアアアアアアアア！

노래방 간판

노래방 가게 내부
프런트로 나아가는 레츠코. 레츠코와 레사스케를 보는 점원.

점원　어서 오십시오. 세 분……. 두 분이시군요.

노래방 개별실 안
마주 보고 앉는 레츠코와 레사스케.

레츠코　여기 자주 와요.

레사스케　노래방을 좋아했구나.

레츠코　죄송해요. 여태껏 거짓말했어요.

단말기에 숫자를 입력하는 레츠코.

레츠코　레사스케 씨가 봤던 저는 진짜 제가 아니에요.

데스메탈 곡의 전주가 흐른다. 레츠코, 가방에서 마이크를 꺼낸다. 볼륨을 높이고 리듬을 타며 신발을 벗는다. 레츠코, 천천히 숨을 들이쉬었다가 노래한다.

데스 레츠코　후아아아아아아아아아아!

平穏^{へいおん} 평온
使^{つか}う 사용하다
嘘^{うそ}をつく 거짓말을 하다
取^とり出^だす 꺼내다
靴^{くつ} 신발
脱^ぬぐ 벗다
息^{いき}を吸^すう 숨을 들이쉬다

烈子の天をも貫くような雄叫びにも、れさすけは微動だにしない。

デス烈子 私の名前は烈子!
25歳独身!
さそり座のA型!
趣味はカラオケ!
歌う!
身を切る孤独を癒す。
テメエの知らねえ所でな!
テメエの知らねえ所でな!
テメエが知ろうともしない地の果て、
堅く閉ざされた小部屋でな!

カラオケボックス内
パチパチパチパチ、拍手をするれさすけ。

れさすけ すごく上手だね。僕はいいから続けて歌っていいよ。
次何入れる?

さっきまでイケメンに見えていたれさすけが、ボケ面に戻っている。

烈子 [終わった……。]

烈子の顔に開けられた防音ドアから漏れ出た光が当たる。振り向くとゴリと鷲美がいる。

鷲美 ほんと不器用な子ね。

ゴリ お帰り、烈子。

레츠코의 하늘까지 꿰뚫을 듯한 고함에도 레사스케는 미동조차 하지 않는다.

데스 레츠코 내 이름은 레츠코!
스물다섯 살의 독신!
전갈자리, A형!
취미는 노래방 가기!
나는 노래해!
숨 막히는 고독을 달래.
네가 모르는 곳에서!
네가 모르는 곳에서!
네가 알려고도 하지 않는 세상의 끝,
굳게 닫힌 작은 방에서 말이야!

노래방 개별실 안
짝짝짝짝, 박수를 치는 레사스케.

레사스케 잘 부르네. 나는 괜찮으니 계속 불러도 돼. 다음 곡은 뭐로 할까?

이까까지 꽃미남으로 보였던 레사스케가 멍한 표정으로 돌아와 있다.

레츠코 [끝났다…….]

레츠코의 얼굴에 열린 방음문에서 흘러나온 빛이 닿는다. 돌아보니 릴라와 수리미가 있다.

수리미 정말 서투른 애라니까.

릴라 잘 돌아왔어, 레츠코.

〜をも ~까지도	地の果て 땅의 끝
貫く 꿰뚫다	閉ざす 문을 닫다
雄叫び 우렁찬 외침	小部屋 작은 방
微動 미동	パチパチ 짝짝(손뼉 치는 소리)
〜だに ~조차	拍手 박수
身を切る 살을 에다	漏れ出る 새어 나오다
癒す 달래다, 치유하다	振り向く 돌아보다

烈子　ただいま。

레츠코 다녀왔습니다.

夜の東京

밤의 도쿄

れさすけのアパート
れさすけ、アパートの扉を開ける。中に入り、扉を閉める。部屋に入り
電気をつける。たくさんの植物が主人を出迎える。

레사스케의 아파트
레사스케, 아파트 문을 연다. 안에 들어가서 문을
닫는다. 방으로 들어가 불을 켠다. 많은 식물이 주
인을 맞이한다.

れさすけ　ただいま。

레사스케 다녀왔습니다.

病院外観
病室に寝ているハイ田。

병원 외관
병실에 누워 있는 하이다.

ハイ田　別に来なくていいって言ったのによ。

하이다 번거롭게 안 와도 된대도 그러네.

烈子　元気そうだね。

레츠코 건강해 보이네.

フェネ子　心配して損した。

페네코 괜히 걱정했어.

ハイ田　経理部、大変だったんだろ？

하이다 경리부, 힘들었지?

烈子　地獄だったよ。

레츠코 지옥 같았지.

フェネ子　**後で奢りな。**❶
　　　　　私、水替えてくる。

페네코 나중에 한턱내라.
나, 물 갈아 올게.

フェネ子、立ち上がって花瓶を持ち上げる。

페네코가 일어나 꽃병을 집어 든다.

フェネ子　じゃあね。ごゆっくり～。

페네코 그럼 이만. 좋은 시간 보내.

電気をつける 전깃불을 켜다
植物 식물
出迎える 마중하다
元気 기운, 기력
奢り 한턱냄
替える 바꾸다, 갈다
花瓶 꽃병

持ち上げる 들어 올리다

❶ **後で奢りな。** 나중에 한턱내라.
奢る는 '(먹을 것 등을) 쏜다'라는 상황에서 쓰는
말로, '한턱내다'라는 뜻입니다. 참고로 더치페이는
割り勘이라고 합니다. 비용을 인원수로 나누어
각자 같은 금액을 지불하거나, 자신이 먹은 만큼
내는 상황에서 사용합니다. 비슷한 표현으로 折半
이라는 말도 있는데, 이는 '돈 등을 공평하게 반으
로 나누다'라는 뜻으로 쓰지요.

ハイ田に意味ありげなポーズ。慌てるハイ田。

하이다에게 의미심장한 포즈, 당황하는 하이다.

ハイ田 烈子、大丈夫なのか？

하이다 레츠코, 좀 괜찮아?

烈子 えっ、何が？ それこっちの台詞じゃん。

레츠코 어, 뭐가? 그건 내가 할 말이지.

ハイ田 あの後いろいろ聞いたからさ。ほら、営業部の……。

하이다 그 후에 들은 말이 좀 있어서. 영업부의 …….

烈子 ああ……。

레츠코 아아…….

ハイ田が照れくさそうに告白する。

하이다가 부끄러운 듯 고백한다.

ハイ田 多分、そいつより俺のほうが烈子のこと分かってる。

하이다 내가 그 녀석보단 널 잘 안다고 봐.

烈子 ……。

레츠코 …….

ハイ田 ５年間見てきたからな。絶対分かってる。アハッ、と言いたいところだけど、ほんとは多分何にも知らねえんだよ。俺が分かってんのは、俺の頭ん中の烈子だからな。だから、もっとちゃんと知りたいっつうか……。言ってること分かるか？

하이다 5년 동안 봐왔으니까. 분명 잘 알아. 그렇게 말하고 싶지만, 사실은 아마 아무것도 모르겠지. 내가 아는 너는 내 머릿속의 레츠코니까. 그래서 좀 더 제대로 알고 싶다고나 할까……. 무슨 말인지 알아?

烈子 分かるよ。でもちゃんと言ってくれないと、こっちもちゃんと断れない。

레츠코 알아. 그래도 네가 확실히 말 안 하면 나도 확실히 거절 못 해.

笑顔で返す烈子。ハイ田が素直な烈子に励まされる。

웃음으로 답하는 레츠코. 하이다가 솔직한 레츠코의 모습에 격려를 받는다.

ハイ田 そっか……そうだよな。
あ……あのな……！

하이다 그래……. 그렇겠구나.
이…… 있잖아……!

意味ありげ 의미 있는 듯함

慌てる 당황하다

台詞 말, (연극의) 대사

照れる 부끄러워하다

断る 거절하다

返す 되돌리다, 돌려주다

素直 솔직함

励ます 격려하다

病院の外観
窓の中にハイ田と烈子。ハイ田が烈子に何かを伝えている。

병원의 외관
창문 안의 하이다와 레츠코. 하이다가 레츠코에게
무슨 말을 전하고 있다.

바로 이 장면!*

烈子 ［世界はいつだって、私たちの思いどおりになんてなっ
てくれない。人生は期待外れの連続で、誤解や擦れ違い
だらけだけど、私たちは不満や思いを吐き出しながら、
前に進むしかない。進み続ければ、昨日よりちょっとだ
け強くなれるから。］

레츠코 [삶이 언제나 우리가 생각한 대로 흘러가
진 않습니다. 인생은 기대를 벗어나기만 하고, 오
해와 엇갈림만이 가득합니다. 하지만 우리는 불만
이나 여러 마음을 표출하면서 앞으로 나아갈 수밖
에 없습니다. 계속 나아가다 보면 어제보다 조금
더 강해질 수 있을 테니까요.]

会社外観

회사 외관

経理部

경리부

トン 腰掛け！ 会議資料作っとけって言ったろ！ さっさと持
ってこい！

황돈 단기 계약직! 회의 자료 준비해 두랬잖아!
당장 가져와!

烈子 はーい！

레츠코 네!

坪根 烈子さん、佃煮開けて。

쓰보네 레츠코 씨, 쓰쿠다니 뚜껑 좀 열어줘.

烈子 はーい！

레츠코 네!

坪根 ほーら、食べさせて！

쓰보네 자, 어서 먹여줘!

烈子 はーい！

레츠코 네!

右手に包帯を巻いた坪根にご飯を食べさせる烈子。

오른손에 붕대를 감은 쓰보네에게 밥을 떠먹여 주
는 레츠코.

窓 창문
伝える 전하다
思いどおり 뜻대로, 마음대로
期待外れ 기대에 어긋남
擦れ違い 엇갈림
〜だらけ 〜투성이
吐き出す 토해내다

強い 강하다
さっさと 얼른
包帯 붕대
巻く 감다

小宮	烈子くん！電話は3コール以内だと、あれほど……。	고미야 레츠코 씨! 전화는 벨이 세 번 울리기 전에 받으라고 그토록…….

烈子	はーい！	레츠코 네!

カバ恵	あのね、ここだけの話なんだけど、アレがコレして、ナニがコレして……ブワ〜ッてなって……。	가바에 있지, 우리끼리니까 하는 말인데! 내가 이랬더니 그게 그렇게…… 됐지 뭐야…….

角田	先輩、これお願いしま〜す。	쓰노다 선배, 이것 좀 해주세요.

ホチキスで資料を留める。 　　　　　호치키스로 자료를 고정한다.

烈子	資料お待たせしました！	레츠코 자료, 오래 기다리셨습니다!

トン	フン。	황돈 흥.

烈子	失礼しま〜す。	레츠코 그럼 실례하겠습니다.

トン	ハッ！何だこりゃ？	황돈 허! 이게 뭐야?

烈子	……。	레츠코 …….

トン	会議資料も作れねえのか？ぼーっと仕事してんじゃねえぞ。ったく、これだからゆとりはよ〜。	황돈 회의 자료도 못 만들어? 정신 놓고 일하지 말라고, 진짜. 이래서 유토리 세대는 안 된다니까.

烈子	すみません、どこを直せばいいんでしょうか？	레츠코 죄송합니다. 어디를 고치면 될까요?

トン	あ？そんなことも分からねえのか？**目端の利かねえ女だな。❷** 常識的に考えりゃ分かんだろ。	황돈 엄? 그런 것도 몰라? 이 둔한 여자 같으니. 상식적으로 생각하면 알 수 있잖아.

あれほど 그토록
留める 고정시키다
ゆとり 유토리 세대 (일본에서 1987〜2004년에
　　　 태어나 자란 세대)

❷ **目端の利かねえ女だな。** 이 둔한 여자 같으니.
目端は '상황을 잘 파악하는 기지'를 뜻하고, 利く는 '본래의 기능을 충분히 발휘하다'라는 의미가 있습니다. 즉, 상황과 처지에 어울리는 재치와 기지가 잘 돌아간다. 그래서 '눈치가 빠르다'라는 의미로 쓰이지요. 예를 들어, この仕事は目端が利くあなたの力が必要だ(이 일은 눈치가 빠른 당신의 힘이 필요하다)처럼 쓰일 수 있으므로, 긍정적이고 좋은 칭찬의 의미로 사용되는 관용구랍니다.

マイクが空を飛んでいる。烈子の元にマイクが落ちてくる。

마이크가 하늘을 날고 있다. 레츠코 쪽으로 마이크가 떨어진다.

<u>トン</u>　いいか？ 書類の角を留めるときはな……。**斜め45度で留めるんだよ！**❸

황돈　알겠어? 호치키스로 서류 모서리를 찍을 때는 말이야……. 45도 각도로 기울여서 찍어야지!

<u>デス烈子</u>　ぎゃあああああ！

데스 레츠코　갸아아아아악!

と
飛ぶ 날다
お
落ちる 떨어지다
かど
角 모서리
なな
斜め 비스듬함

❸ **斜め45度で留めるんだよ！**
45도 각도로 기울여서 찍어야지!

호치키스를 찍는 방법에도 비즈니스 매너가 담겨 있다고 합니다. 호치키스 찍는 독자적인 규칙을 갖춘 기업도 있다는데요, 일반적으로 가로쓰기(橫書き) 한 문서는 왼쪽 상단부에, 세로쓰기(縱書き) 한 문서는 오른쪽 상단부에 호치키스 심을 찍는 것이 일반적입니다. 심의 방향은 비스듬하게 45도로 찍는 것이 일반적입니다.

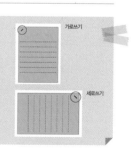

가로쓰기

세로쓰기

アグレッシブ烈子

225